ONETTI

FANTAISIES

BIBLIOGRAPHIQUES

PAR

GUSTAVE BRUNET

PARIS

CHEZ JULES GAY, ÉDITEUR

Quai des Augustins, 41

1864

FANTAISIES

BIBLIOGRAPHIQUES

125

Q

481

Tiré à 262 exemplaires numérotés
250 sur papier de Hollande
12 sur papier de Chine

N°

C.

Paris, impr. de Jouaust et fils, rue Saint Honoré, 338.

FANTAISIES

BIBLIOGRAPHIQUES

PAR

GUSTAVE BRUNET

———✦———

PARIS

CHEZ JULES GAY, ÉDITEUR

Quai des Augustins, 41

—

1864

AVANT-PROPOS.

Il s'est introduit de nos jours un usage dont nous sommes loin de nous plaindre, puisque nous lui devons d'excellents volumes : on recueille les articles que des érudits ou des littérateurs ont disséminés dans des publications périodiques, dans des journaux dont il reste souvent peu de traces. C'est à cette méthode que les lecteurs sérieux doivent de très-bons livres formés de morceaux épars sortis de la plume de M. de Sacy, de M. Egger, de M. J. Lemoine et de bien d'autres.

Pourquoi ce qu'on fait avec succès pour la critique littéraire, pour l'érudition, pour la politique même, ne serait-il pas tenté pour la bibliographie ?

1

Depuis plus de vingt ans, sans aucune préten-
tion quelconque et dans le seul but de chercher
des distractions conformes à nos goûts, nous
avons dispersé dans plus d'un recueil consacré
à la science des livres (1) des notices dont nous
connaissons fort bien toutes les imperfections,
mais qui renfermaient peut-être parfois des notions peu connues, des particularités [plus ou
moins piquantes.

A la demande de quelques amis, nous avons
relu plusieurs de ces pages, que nous avions
oubliées nous-même, et nous avons la témérité.
d'en réimprimer quelques - unes. Elles sont
mortes in-octavo ; elles remourront in-douze.

Nous y avons fait d'ailleurs plus d'une addition et correction, et nous y avons joint des notices inédites qui composent une grande partie

---

(1) Le *Bulletin du bibliophile* de Techener; le *Bulletin du biblió-
phile belge; le Journal de l'amateur de livres*, publié par M. Jannet de 1847 à 1849; le *Bulletin de l'Alliance des arts*, dirigé par
M. Lacroix; le *Serapeum*, dont le bibliothécaire de la ville de
Leipzig, le docteur R. Naumann, est directeur; le *Bibliophile
illustré*, entrepris à Londres par M. Berjeaud, etc. Plusieurs de
ces recueils ont cessé de paraître.

du petit volume dont un éditeur zélé et intelligent a bien voulu se charger.

Nous aurons soin de maintenir chacun des fragments qui composent ce recueil dans des limites restreintes; nous y mettrons de la variété sans nous assujettir à une méthode qu'un charmant écrivain, qui sut rendre la *bouquinographie* attrayante, ne s'est point imposée dans ses *Mélanges extraits d'une petite bibliothèque* (1826, in-8).

FANTAISIES
BIBLIOGRAPHIQUES

UN CATALOGUE DE LIVRES SINGULIERS

QUE JAMAIS NUL BIBLIOPHILE NE VERRA.

En 1862, un écrivain aussi instruit qu'actif, et bien connu de toutes les personnes qui s'occupent de livres nouveaux ou « vieilz et anticques », le bibliophile Jacob, a publié un très-curieux et très-savant travail sur le catalogue des beaux livres que Pantagruel rencontra dans la fort magnifique librairie de Saint-Victor. A la suite de ces recherches, nous avons placé un Essai de 56 pages contenant quelques études sur les bibliothèques imaginaires et les livres supposés.

L'oracle respecté de la bibliographie, notre illus-

tre homonyme (et sa bienveillance à notre égard
ne s'est jamais démentie), a bien voulu, dans la 5e édition de son admirable *Manuel* (tom. IV, col. 1070),
signaler cette étude comme un morceau curieux.

Nous ne nous sommes jamais dissimulé d'ailleurs
que ce n'était là qu'une ébauche imparfaite, et nous
nous efforçons de la perfectionner. Des renseignements nouveaux sont venus s'ajouter à ceux que
nous possédions déjà. Nous nous bornerons aujour-
d'hui à mentionner un livre tout à fait inconnu en
France, et dont l'existence nous a été révélée par un
article inséré dans le *Neuer Anzeiger für Bibliographie und Bibliothekwissenschaft* (1862, p. 832), publié
par M. Julius Petzholdt, à Dresde. Cet écrit présente
un titre allemand que nous traduisons ainsi : Catalogue de livres très-rares et de manuscrits qui n'ont
jamais été mentionnés encore dans l'histoire littéraire ; de tableaux, médailles, statues, antiquités,
machines et objets d'art de tous genres, qui seront
adjugés au plus offrant enchérisseur. *Francfort et
Leipzig*, 1720, pet. in-8 de 102 pages.

Ce prétendu Catalogue, rédigé par J. Wolrab, libraire et marchand d'objets d'art à Nuremberg, fut
saisi à cause des traits satiriques et licencieux qui y
étaient libéralement répandus ; il est devenu introuvable, même en Allemagne, quoiqu'il en ait été fait
deux réimpressions : l'une exactement conforme à la
première, et datée de 1726, 106 pages ; l'autre avec
quelques retranchements. (Le seul exemplaire que

M. Petzholdt ait jamais vu étant incomplet du titre, ce bibliographe n'a pu signaler la date.)

Passons à la version des titres de quelques-uns des écrits bizarres qu'a enfantés l'imagination du bibliopole nurembergeois :

Catéchisme chinois de Sixte-Quint, en langue hottentote, syriaque et française, rédigé sous forme de questions succinctes sans réponse, à l'usage des enfants qui sont encore dans le sein de leur mère. *Ochsfort*, l'an 31 3/4, grand in-folio.

Vie et Histoire de la grande prostituée de Babylone, par Crispin Schneidauf, censeur privilégié des pourceaux, en Mésopotamie. *Venise*, sur le canal des Brouillards, sans date, in-4, 15 volumes.

L'Abécédaire de l'âne ignorant, par Christophe, maître d'école à *Biledulgerid*, l'an de la création du monde 9762, 2 volumes in-folio imprimés sans pagination.

Mémoires d'un anonyme sur toutes les sciences et les arts qui n'ont pas encore été inventés, avec un catalogue fort étendu des auteurs qui écriront à leur égard. *Athènes*, l'an 1902, 3 volumes moitié in-folio et moitié in-12.

Le Parfait Cuisinier hottentot, par Horribilicribrifrax, indiquant le moyen de préparer à la mode française les rats et les souris, et de confectionner des ragoûts que le grand diable d'Enfer ne saurait digérer. *Cologne*, chez le bisaïeul de Pierre Marteau, l'an 890, in-folio.

Traité du célèbre Arabe Ahalcani sur l'art d'entendre pousser l'herbe et de voir les puces sauter pendant la nuit. *Tripoli*, 1572, in-4.

Explications des mystérieuses figures hiéroglyphiques qui se montrent souvent au bas des chemises des petits enfants, par Ernest Nusenstieber. *Xotingen*, 1553, in-4, avec un atlas in-folio de 100 planches coloriées d'après nature.

De l'Usage des cadrans solaires pendant la nuit, par un mathématicien célèbre. *En Corse*, l'an 772, 24 volumes in-8.

Mémoire sur l'emploi des chats dans l'art musical, et sur le procédé de leur mordre la queue afin qu'ils miaulent de concert. A *Utremifasola*, l'an 913, in-4.

Mémoire sur l'emploi du miroir magique au moyen duquel un homme renfermé dans un coffre pendant une nuit obscure peut se rendre invisible. *Hexenberg* (Mont des Sorciers), 1311, in-4.

Description d'un instrument mathématique employé chez le grand Mogol afin de constater la vertu des dames. *Syracuse*, 1973, in-folio.

Mémoire sur une machine au moyen de laquelle on peut, à une distance de 300 lieues, entendre ce que les gens se disent à eux-mêmes. *Schankenbourg*, 1868, in-folio.

Manuel de l'étudiant, le guidant dans l'emploi de son temps à l'Université, pour qu'il en revienne la bourse vide, en compagnie d'une servante de blanchisseuse et de plusieurs petits enfants, combler de joie ses infortunés parents. *Leyde*, 1610, in-folio.

Parmi les manuscrits, on distingue ceux-ci :

Détails des frais de construction de la Tour de Babel, écrits sur une peau de licorne.

Traité sur la fièvre quarte des baleines, écrit par un Groenlandais, avec un appendice composé par un chaudronnier qui a longtemps séjourné à Jérusalem, et qui indique un procédé destiné à remplacer le harpon par un fusil chargé avec une fourche.

Prosodie hébraïque d'Homère, écrite par ce poëte célèbre durant sa résidence à Paris, conformément à l'ordre de Tamerlan. Ce manuscrit a été mangé des rats au point qu'il n'en reste pas trois lignes entières ; il pourra cependant être fort utile lorsqu'il se présentera un savant en état de le déchiffrer.

Traduction faite par l'évangéliste Habacuc du sixième livre de Moïse, qui ne se trouve encore dans aucune Bible, et qui ne s'y trouvera point tant que le monde subsistera. L'écriture du traducteur est d'ailleurs tellement mauvaise qu'on perdrait infailliblement la vue avant d'avoir réussi à en déchiffrer un seul mot.

Lettre autographe de Sémiramis à son mari afin de lui proposer un voyage de plaisir en Hollande, proposition qu'il a si mal accueillie qu'il a fait partir la reine pour les Champs-Élysées par la voie la plus prompte.

Une grande peau de bœuf sur laquelle Vulcain avait reproduit, au moyen d'un fer rouge, les colloques amoureux de Mars et de Vénus tandis qu'il les guettait pour les prendre dans un filet.

Traité d'un rabbin de Westphalie sur le retour de la captivité de Babylone, avec un appendice relatif au moyen d'enlever les dents sans douleur par un coup de marteau.

Nous ne prolongerons pas davantage cette énumération; nous dirons seulement que les éditions complètes signalent 200 ouvrages imprimés, 50 manuscrits, et 200 objets d'art ou antiquités; mais une traduction fidèle aurait des titres incontestables à figurer dans l'*Index prohibitorum librorum.* Elle serait promptement saisie, car, en la lisant, l'inspecteur de la librairie se voilerait la figure, et l'agent de police rougirait.

LA BIBLIOTHÈQUE DU CARDINAL DUBOIS.

Nous ne prétendons nullement réhabiliter la mémoire du cardinal Dubois, précepteur et premier ministre du régent, quoique cette tâche ait été entreprise de nos jours (1) ; nous conviendrons, si l'on veut, que le cardinal Dubois fut avide, débauché, traître à son pays, qu'il se vendit à l'Angleterre, qu'il souilla la place qu'avait occupée Fénelon ; et cependant il a droit à un hommage sympathique de la part de tout ami des livres.

L'aimable et ingénieux auteur de *Jean Sbogar* et des *Mélanges d'une petite bibliothèque* parle quelque part d'un amateur qui, retenu sur son lit par les suites d'une chute, s'efforça de se distraire de ses souffrances en feuilletant des catalognes. Cette lecture lui enflamma le sang. Il serait mort dans le délire de

---

(1) Voyez l'ouvrage de M. le comte de Seilhac : *L'Abbé Dubois*. Paris, Amyot, 1862, 2 vol. in-8.

la fièvre s'il avait parcouru les quatre volumes passablement gros (2,252 pages) de la *Bibliotheca Duboisiana* (La Haye, J. Swart et P. de Hondt, 1725).

Classée par formats, suivant un usage auquel l'Angleterre n'a pas encore renoncé, cette collection renfermait 5,449 numéros pour les in-folio, 7,413 in-4, 17,060 in-8 et *infra;* total 29,922. Nous croyons qu'il y a bien peu de collections particulières aussi nombreuses. Le catalogue du maréchal d'Estrées (1740) n'offrait que 20,000 articles ; celui de Falconet (1763) avait 19,798 numéros, et ce sont là les plus grandes collections, ce nous semble, qui aient été mises en vente en France. A l'étranger, nous rencontrons la *Bibliotheca Thottiana,* à Copenhague, qui comptait 121,945 volumes imprimés, et la *Bibliotheca Heberiana,* à Londres, qui offre plus de 50,000 articles.

Les livres de théologie et de droit se rencontrent par légions chez le cardinal Dubois, mais on pense bien que le prélat n'eut jamais le temps d'en lire les titres, lui auquel il ne restait pas même, au milieu des occupations qui le surchargeaient, le loisir de jurer !

Dans la section de l'Écriture Sainte, nous remarquons, à côté de toutes les polyglottes, la Bible latine imprimée à Rome par Sweynheym et Pannartz (1471), et celle de Venise (1481), toutes deux sur vélin.

En fait d'éditions princeps d'auteurs anciens,

nous rencontrons le Strabon, en latin, vers 1469 ;
l'Homère, de 1488, l'Aristophane, de 1498 ; Manilius,
1474 ; les *Epistolæ* de Pline, 1471 ; le César de 1,469
et celui de Venise 1471, dont la rareté est extrême ;
le Tacite exécuté vers 1471, et attribué aux presses
de Vindelin de Spire (1). Mentionnons aussi la première édition avec date de Tite-Live (Venise, 1470),
et celle de Rome, 1472 : celle-ci est bien plus difficile
à trouver que les deux qui la précédèrent. Ne dédai-
gnons point l'édition originale de l'*Historia naturalis*
de Pline (Venise, 1469), et la traduction italienne,
1476.

N'oublions pas quelques précieux volumes de Cicéron : les *Officia*, édition de Mayence (Pierre de Gern-
shem, 1466), sur vélin (on trouve dans le *Catalogue*
de Van Praet, t. II, p. 55, une description de cette édition, dont le Musée Britannique a deux exemplaires sur
vélin, l'un faisant partie du fonds de Grenville) ; le
Traité *De Natura Deorum* (Venise, 1471) ; le *De Finibus*
(Venise, 1471), et les *Epistolæ ad Atticum* (1470).

Parmi les incunables qui n'appartiennent pas à la
littérature classique, nous mentionnerons l'édition
originale, *incastrata*, des *Facetiæ* de Brusonius

---

(1) Le texte de cette édition est donné d'après un excellent manuscrit aujourd'hui inconnu. Oberlin, dans la préface de l'édition de 1801,
entre à cet égard dans des détails étendus et intéressants. Aux adjudications indiquées au *Manuel*, 4ᵉ édition, ajoutez celle de 35 liv. st.
dans une vente à Londres en 1857.

(Rome, 1518), et le Pétrarque de Vindelin de Spire, 1470.

La poésie française n'offre qu'un petit nombre d'ouvrages remarquables ; nous avons distingué cependant le *Livre de Matheolus*, 1492. La classe si recherchée aujourd'hui des romans de chevalerie nous présente *Baudoin comte de Flandres*, 1478 ; *Tristan* (édition de Vérard, sans date); le *Jouvencel*, 1493 (1).

L'histoire de France, très-riche d'ailleurs en bons ouvrages, ne montre que peu d'articles de grande valeur; indiquons deux exemplaires sur vélin : l'un des *Grandes Chroniques de France*, de Robert Gaguin, publiées chez Galliot du Pré; l'autre des *Chroniques de Haynault*.

La section de la géographie est fort bien choisie; mentionnons l'édition latine de Ptolémée (Ulm, 1486).

La littérature espagnole présente des richesses vraiment surprenantes ; à cet égard, le cardinal avait été parfaitement servi par les agents sur lesquels il s'était reposé du soin de former sa bibliothèque.

Voici d'abord l'édition originale, 1605, de la première partie du *Don Quichotte*, bien différente de la seconde édition, mise au jour en 1608 ; le *Cancionero*

---

(1) Voir sur cet ouvrage une notice de M. de Barante, insérée dans la *Revue française*, n° 8, mars 1829, et reproduite dans les *Mélanges* de cet écrivain distingué (t. II, p. 137).

de Tolède, 1527; celui d'Anvers, de 1573, et le *Ro-mancero* de Madrid, 1604. Il est inutile de rappeler quelle valeur toujours croissante les bibliophiles attacheront à de pareils volumes.

Les romans de chevalerie espagnole (et il n'est guère de livres plus difficiles à rencontrer) abondaient chez le cardinal; on aurait dit qu'il avait eu le bonheur de faire l'acquisition en bloc de la bibliothèque de l'illustre chevalier dont Cervantes a raconté les hauts faits. Là se trouvaient le *Cirongilio de Thracia* (Séville, 1545) et le *Morgante* (Valence, 1533-35), livre rarissime dont le titre est donné fort en détail dans la *Bibliotheca Heberiana*, VI, 2615. Citons aussi *Renaldos de Montalvan* (Séville, 1535); les quatre livres d'*Amadis de Gaule* (Séville, 1526); les V°, VI°, VII°, VIII°, IX° et XI° livres de l'*Amadis*, imprimés de 1526 à 1536, à Séville, à Tolède, à Burgos; *Lisuarte de Grecia* (Séville, 1525); *Don Florisel de Niquea* (Valladolid, 1532), et sa continuation (Séville, 1546). Ajoutons la *Historia del invincible caballero don Policido, hijo del rey Paciano, rey de Numidia* (Tolède, 1526, non signalé, ce nous semble, au *Manuel*), et la *Cronica de Lydamor de Ganay* (Lisbonne, 1528, in-fol.).

Le *Libro del caballero Lydamor de Escocia* (Salamanca, 1539) est un livre dont l'existence n'est connue que par la mention qui en est faite ici; Nicolas Antonio ne le signale point dans sa *Bibliotheca hispana*. La *Coronica del famoso caballero Taurismundo, hijo del imperador de Grecia Solismundo*, imparfaite du titre, paraît également inconnue aux bibliographes. *El Enamoramiento del emperador Carlos* (Sevilla , 1535), la *Trapesonda*, l'*Espejo de caballerias*, le *Felix magno, hijo del rey Falanguis*, sont aujourd'hui impossibles à découvrir.

N'omettons ni la *Tragedia Policiana, en la qual se tractan los muy desdichados amores de Policiano e Philomena, executados por industria de la diabolica vieja Claudina, madre de Parmeno e maestra de Celestina* (Tolède, 1547), pièce fort rare qui se rattache à l'introuvable et ancienne collection des imitations de la Célestine (1); ni l'*Obra intitulada Florentina* (Naples , 1539), que nul bibliographe, à notre connaissance du moins, n'a décrite; ni les deux volumes des drames d'Alarcon (Barcelone, 1628 et 1634); ni les comédies de Tirso de Molina (Séville, 1627, 3 vol.). Une collection très-importante sur l'histoire de l'art dramatique en Espagne, et qu'il est impossible de réunir en

---

(1) On trouve dans le *Serapeum* (Leipzig, 31 juillet 1853) des détails sur cette pièce; le *Manuel* (5ᵉ édition, IV, 777) n'indique que l'édition de Tolède, D. Lopez, 1547, dont un exemplaire est conservé à la bibliothèque de Dresde; mais il existe une autre édition (Tolède, Fernando de Santa Catalina, 1548), qui renferme de plus que la précédente un épilogue que M. F. Wolf a reproduit. Voir les indications que cet érudit, si bien au fait de l'ancienne littérature espagnole, a insérées dans les *Sitzungberichte der K. Academie der Wissenschaften*, 1852, t. VIII, p. 122, et les additions à la traduction publiée à Madrid de l'*History of spanish literature* de Ticknor, t. 1, p. 525-528.

otalité, se trouve représentée par de nombreuses parties détachées.

Citons aussi les trois ouvrages si rares d'A. Ruiz, relatifs à la langue guarani, l'*Arte,* le *Tesoro* et le *Catecismo* (Madrid, 1639-40-41), et le *Catecismo* du P. Fr. Pareja, en espagnol et en timequana (Mexico, 1627). M. Ternaux-Compans n'a indiqué, ce nous semble, dans sa *Bibliothèque Américaine,* qu'un seul des écrits de Ruiz, le *Tesoro.*

La classe des beaux-arts était importante; on y remarquait de riches recueils de gravures d'après les plus grands peintres de l'Italie.

La littérature italienne n'offrait pas le même intérêt que celle de la Péninsule; le *Decameron* (Florence, 1574), les *Novelle* de Mori da Ceno (Mantoue, 1585), méritent toutefois une mention.

Les romans et les facéties sont rares, et le théâtre ne présente rien d'important.

En fait d'ouvrages décidément déplacés dans la bibliothèque d'un prince de l'Église, nous ne voyons guère que la très-rare *Camilletta* de Guttery, Paris, 1586 (n° 14,519), et le *Commento di Ser Agresto da Ficaruolo sopre la ficata del P. Siceo,* Baldaco, 1539 (n° 13,445).

Les manuscrits sont assez nombreux; nous indiquerons, sans prétendre choisir : *Le Livre des quatre dames et le Livre de la belle dame sans mercy,* in-fol. avec miniatures; la *Vie des hermites,* en vers français; le *Séjour de deuil pour la mort du bon seigneur Phi-*

lippe de Commines, 1511, en prose mêlée de vers, (17 miniatures parfaites) ; le *Livre de Marques et comment Dioclétian régna après la mort de son père* ; huit volumes divers d'*Heures* avec de très-belles miniatures.

Transportée à la Haye, l'immense collection réunie avec zèle par les bibliothécaires du cardinal Dubois fut livrée aux enchères et n'obtint que des prix bien inférieurs à ceux qu'atteindraient aujourd'hui les raretés qui y étaient accumulées. Il paraît que la plupart des livres importants passèrent en Angleterre et en Allemagne ; il en revint bien peu en France.

LETTERE FACETE E CHIRIBIZZOSE

CON ALGUNI SONETTI E CANZIONI PIASEVOLI;
EN EL FIN TRENTA VILLANELLE.
EL TUTTO COMPOSTO DA VINCENZO BELANDO,
DITTO CATALDO.

(Parigi, Abel l'Angelier, 1588, in-12, 150 feuillets.)

Ce petit volume, resté longtemps oublié, joue depuis une vingtaine d'années un rôle assez brillant dans les ventes, où il a été payé 75 et 93 fr. Il fut donné pour 50 fr. (exemplaire relié en vélin) dans une vente faite par M. Silvestre, en 1844 (*Catalogue du docteur Gratiano*, n° 688); une note dit que ce livre est écrit dans un style aussi graveleux que celui de l'Arétin (voir aussi la note du catalogue Libri, 1847, n° 2,465).

L'ouvrage débute par une dédicace adressée au célèbre financier Sébastien Zamet. Parmi les lettres, il en est qui sont envoyées au chancelier René de Biragues, à M. de Lansac, au poëte Desportes, que Belando qualifie de *majesté apollonesque*, de *prieur du mont Parnasse*, et qu'il nomme son *amigo osservandissimo*. Imitateur de la gaieté bouffonne et mordante de Rabelais, prédécesseur en droite ligne de Tabarin et de Bruscambille, Belando ne recule jamais devant une idée ordurière ; la méchanceté des femmes, les joies de la gueule, tels sont les sujets sur lesquels il donne surtout carrière à sa verve satirique. Il est prolixe, il est du plus mauvais goût ; mais on ne peut lui contester une gaieté désopilante, une grande facilité de style, une sorte d'érudition burlesque, dans le genre de celle qui éclate dans les *capitoli* italiens du seizième siècle. Un parallèle fort peu respectueux entre la femme et l'ânesse (tout à fait à l'avantage de cette dernière) mériterait d'être cité ; mais la licence des traits et la difficulté de faire comprendre un italien mêlé de vénitien et très-incorrectement imprimé nous interdisent toute citation.

Entre autres idées originales, nous avons remarqué celle d'invoquer l'autorité d'un livre composé par le grand-père d'Adam vingt-deux ans avant la création du monde. Beaucoup d'autres ouvrages imaginaires sont mentionnés par Belando ; mais il serait superflu de reproduire l'énumération que nous en avons donnée ailleurs.

Au milieu de ces gentillesses, notre auteur indique un remède contre la stérilité : Prenez deux œufs de phénix, les quatre pattes d'une anguille de montagne ; mêlez-y un peu de charbon blanc, ajoutez quelques grains de conscience de soldat et de silence de femme, et vous serez, aux pâques d'août, le père d'un beau garçon.

Au feuillet 113, les lettres en prose s'arrêtent, et le reste du volume est composé de vers; c'est d'abord une épître des plus louangeuses adressée à la maréchale de Retz :

> O tresse bionde, o fronte spatiosa,
> O occhi negri, o naso profilao,
> Denti di perle, o lingua savrosa,
> O gola ond' Amor dorma e si riposa,
> O petto, albergo de la sapientia...

Comme contraste à ces compliments viennent ensuite des flots d'invectives tout à fait dignes de l'Arétin et de Nicolo Franco, et dirigées contre des poëtes, des *ruffiani* (1), ou des dames dont Belando avait sans doute à se plaindre.

---

(1) Ce personnage jouait au XVIe siècle un rôle important sur le théâtre italien; il figure dans une foule de pièces; il en existe au moins trois qui portent son nom. *Il Ruffiano* de L. Dolce fut imprimé en 1560, 1587, 1630; et celui de L. Stellendo en 1643. *Il Ruffiano in Vinegia* Roma, 1672) est l'œuvre d'une actrice, Angela d'Orso. Une comédie de H. Salviano, *La Ruffiana*, eut un succès éclatant, et, de 1553 à 1627, elle fut réimprimée au moins sept ou huit fois. Voir ce qu'en disent les Catalogues Soleinne, no 4,278, et Torelli, no 191. Transcrivons aussi à cet égard quelques lignes assez singulières que nous rencontrons dans le curieux ouvrage de M. Charles Maurice, *Histoire*

Une pièce de vers à la *soa crudel Rizzolina* est en
trois langues différentes.

> La mas linda muger y mas hermosa
> Vaga, honesta, zentil, bella è publia,
> *Autant qu'il y en a en France ét en Italie,*
> Y en todo el mundo una muy milagrosá,
> Me disesperanzina; perche cosa
> *Tous estes si cruelle, ma douce amie...*

Le *Scudo d'amanti* est un petit poëme de 41 quatrains dans lequel sont exposés *gli inganni, astutie, for-
fantarie e truffarie* des courtisanes et de leurs *vecchie
ruffe col viso arcigno e con la carne muffa.* C'est une
composition dans le genre de cette *Tariffa delle P...*,
attribuée sans preuves à l'Arétin, dont elle est d'ailleurs tout à fait digne, et dont un exemplaire, le
même peut-être que celui qui avait été porté en
1818 au prix de 18 guinées sur un catalogue de la

---

anecdotique du théâtre (1856, t. II, p. 18) : « En 1806, j'ai vu dans
le vestibule du théâtre de la *Scala* à Milan, et fastueusement installé
dans une espèce de tribune à lui seul, un individu vêtu avec richesse,
la poitrine et les mains couvertes de diamants, se pavaner ni plus ni
moins qu'un sage de la Grèce. Lorsque je demandai qui c'était, on me
répondit : C'est le *Ruffiano.* Et comme je ne comprenais pas, on m'ex-
pliqua que cet homme attendait là que les étrangers vinssent s'enquérir
près de lui du nom, de la qualité, de la position des dames qu'ils voyaient
dans la salle et dont les charmes les séduisaient. Il donnait sur tout
cela les plus minutieux détails avec les prix du tarif, son courtage compris, en affirmant qu'il n'y avait pas un seul refus à craindre. »

maison Longman de Londres, s'est payé 395 et 355 fr. aux ventes Nodier (1844, n° 672) et Libri (1847, n° 1,509) (1).

La chanson nouvelle des Serruriers est un tissu d'équivoques grossières ; les trente *villanelle* sont des pièces fort courtes adressées à divers personnages dont l'auteur espérait sans doute obtenir quelque chose en retour des éloges outrés et sans esprit qu'il leur donne en face et à bout portant.

Parmi les *Lettere*, il en est une datée *del mese arcicoionesco che i asini van in amor ;* une autre, en patois bolonais, est signée : *Il dottor incognito, Accademico balord.* Il va sans dire que tout cela est intraduisible ; on ne peut, sans les défigurer, faire sortir ces images burlesques du patois qui les met en relief. Le dialecte de Venise est manié avec adresse et dextérité dans les écrits de Belando ; cette langue molle, efféminée, supprimant les consonnes, appelant avec une naïve impudeur chaque chose par son nom, a toujours été d'une effronterie sans exemple en tout autre idiome moderne (2).

---

(1) On trouve quelques détails sur cet opuscule dans les notes qui accompagnent les *OEuvres choisies* de Pierre Arétin (Paris, 1845, in-12 , p. 373).

(2) George Baffo, mort vers la fin du siècle dernier, offre en ce genre des choses vraiment effrayantes ; on a de lui beaucoup de *canzoni* et de *sonetti* ; il existe des éditions datées de 1771, en un volume, de 1789 (Cosmopoli, 4 vol. in-8°, imprimés, dit-on, aux frais d'un riche

En dépit de sa licence, un livre en italien et en latin ne parut sans doute pas fort dangereux sur les bords de la Seine. Il fut accordé au libraire L'Angelier un privilége lui conférant le droit de jouir seul, durant onze ans, des profits de la vente de ce sottisier. A cette époque, le Parlement et le Conseil du roi munissaient souvent de leur approbation des ouvrages où rien ne manquait pour effrayer le chaste lecteur.

Un bibliographe instruit et zélé, B. Gamba, dans sa *Serie degli scritti in dialetto veneziano* (Venise, 1832, in-12), a décrit le volume qui nous occupe et l'a qualifié de *libro zeppo di porcherie;* il a mentionné seulement, d'après une indication de Mazzuchelli, une comédie de Belando, *Gli Amorosi inganni* (Paris, 1609, in-12), pièce mêlée de sicilien, de vénitien, d'espagnol, et qui est suivie d'une *disperation satirica* et d'une énigme, toutes deux fort libres. Il s'est rencontré un exemplaire de cette rarissime comédie dans la célèbre collection dramatique de M. de Soleinne, vendue en 1844 (voir le n° 4,607 du catalogue).

Anglais, le comte de Pembrocke), de 1860 (*Italia*, 2 vol. in-12, annoncée comme complète). Beaucoup de vers de Baffo sont d'ailleurs restés inédits. L'édition de 1789, payée assez cher dans quelques ventes, est portée à 2 guinées sur un catalogue du libraire Thorpe; le *Manuel* la cite pour la première fois dans sa cinquième édition. M. Philarète Chasles et M. Mercey ont l'un et l'autre parlé de Baffo dans *la Revue des Deux Mondes.*

On trouvera d'ailleurs, au sujet du livre de Belando, quelques détails plus étendus dans le *Bulletin du Bibliophile belge* (t. II, p. 453). Des extraits assez considérables se rencontrent dans la *Bibliothèque bibliophilo-facétieuse*, éditée par les frères Gébéodé, *deuxième publication* (Londres, 1854, petit in-8, p. 22-37).

TABLEAU DES MŒURS DU TEMPS

DANS LES DIFFÉRENTS AGES DE LA VIE,

PAR LE RICHE DE LA POPELINIÈRE.

Nous ne redirons pas ce que chacun peut lire dans le *Manuel du Libraire* (article *Daïra*) au sujet de cet ouvrage célèbre. L'exemplaire unique qui en existe, après avoir appartenu au prince Galitzin et à un bibliophile français fort instruit (1), a passé, dit-on, dans le riche et très-curieux cabinet d'un Anglais établi à Paris.

---

(1) Ce volume s'est trouvé à la vente J. G. (Techener, 1844, n° 529); le catalogue annonce que le livre ne sera pas exposé, que la mise à prix sera de 5,000 fr., et que les peintures sont attribuées à Caresme ; mais nous croyons qu'il y a là une erreur, car Philippe Caresme, né vers 1740, était trop jeune pour avoir travaillé à décorer un volume qui doit avoir été imprimé vers 1750. Observons que, malgré son talent original, Caresme ne figure pas dans les biographies. Nodier possédait de cet ar-

On ne connaissait guère de ce livre que le titre, lorsqu'un littérateur contemporain, M. Ch. Monselet, en a donné dans *L'Artiste* (n° du 16 septembre 1855), une analyse reproduite récemment dans *Les Galanteries du dix-huitième siècle*, du même auteur (1862, in-12); elle fournit une idée des dix-sept dialogues dont se compose cette production.

L'héroïne, Thérèse de S..., est une pensionnaire qui se trouve au couvent avec son amie Auguste, jeune personne très-délurée. Elles se marient l'une et l'autre; Thérèse épouse le comte de ***, et prend pour amant Montade, un ami de son mari; Auguste devient Mme de Rustard, et se livre sans façon à son goût pour le plaisir. Des scènes beaucoup trop vives ne permettent pas de reproduire le texte original, mais on peut, comme l'a tenté M. Monselet, recueillir des passages qui, sans offenser la morale, initient le lecteur à la connaissance de la société française durant l'époque qui s'écoula entre la Régence et le règne de Mme de Pompadour.

---

tiste, « qui fut, à sa honte, le plus habile des rivaux de Clichtel », dix-neuf gouaches accompagnant le très-médiocre poëme du *Balai* de Du Laurens (149 fr. en 1844, n° 484). On peut consulter, au sujet de ce peintre, une notice de M. P. Mantz dans la *Chronique des arts* (n° du 21 décembre 1862). Un manuscrit, indiqué comme l'original des *Mœurs du temps*, figure sur un *Catalogue de curiosités bibliographiques* publié par le libraire Leblanc (Paris, 1837, n° 348).

Voici le début du premier dialogue :

MÈRE CHRISTINE, maîtresse des novices et des pensionnaires.

Mlle DE S..., pensionnaire, sous le nom de THÉRÈSE.

LA MÈRE.

Qu'est ceci, ma fille? A peine êtes-vous hors de table que vous vous mettez à votre toilette, sans vous donner le temps de prendre votre récréation.

THÉRÈSE.

Il est vrai, ma mère, que je suis entrée tout de suite dans ma chambre pour m'habiller; c'est qu'on m'a dit que ma chère maman pourrait bien venir me voir cette après-midi.

LA MÈRE.

Non, ma fille, elle ne viendra pas, j'en suis très-sûre; elle me l'a mandé.

THÉRÈSE.

N'importe, ma mère; puisque j'y suis, permettez que j'achève, quand ce ne serait que pour montrer à ma gouvernante, quand elle rentrera, que je sais bien, quand elle s'absente, me passer d'elle et me coiffer toute seule.

LA MÈRE.

Je vous trouve, ma fille, un air de contentement répandu sur votre visage.

THÉRÈSE.

Cela doit bien vous prouver, ma mère, le plaisir que j'ai de vous voir.

LA MÈRE.

J'ai bien peur que cela ne serve à prouver autre

chose. Vous ne voulez point de nous, ma chère fille, vous ne songez qu'à nous quitter. J'avais invoqué notre saint fondateur, je l'avais prié de vous appeler à lui, de vous inspirer le dessein d'embrasser sa règle. Soit qu'il n'ait pas voulu m'exaucer, soit que vous n'ayez pas voulu l'entendre, je m'aperçois, depuis quelque temps, que vous vous éloignez de ce chemin-là, et que les mauvais conseils qu'on vous donne aboutiront enfin à vous jeter dans les abîmes du grand monde.

THÉRÈSE.

Hélas! ma mère, je n'ai pas de conseils à écouter là-dessus; je n'ai que des ordres à suivre, et ma chère maman fera de moi ce qu'elle voudra.

LA MÈRE.

Vous n'auriez pas cette résignation, ma fille, si vous n'étiez bien assurée des sentiments de madame votre mère, et je les comprends aisément. Elle voudra vous avoir auprès d'elle, faire de vous une mondaine; elle n'a pas d'autres exemples devant les yeux; elle ne connaît que la vie profane et ses délices; elle compte pour rien les écueils qui s'y trouvent, les tourments qu'on y endure, par toutes les effroyables passions dont on y est agité; elle y goûte peut-être de faux plaisirs qu'elle croit véritables. Tel est l'aveuglement des femmes du siècle, qui ne se font aucune idée des suavités de la vie religieuse, et qui ne savent pas que, si nous nous imposons des privations temporaires, nous en sommes dédommagées au centuple par les consolations que goûte une âme bien épurée, mais surtout par ces ineffables jouissances spirituelles devant lesquelles toutes les choses terrestres ne sont dignes que de mépris.

Dans un dialogue suivant nous rencontrons Thérèse et sa gouvernante.

LA GOUVERNANTE.

Ah! ah! vous vous coiffez sans moi?

THÉRÈSE.

Il ne tiendrait qu'à moi de faire autre chose.

LA GOUVERNANTE.

Quoi donc, Mademoiselle?

THÉRÈSE.

Par exemple, une méditation.

LA GOUVERNANTE.

Ah! ah! ah!

THÉRÈSE.

Vous riez, ma bonne : savez-vous que c'est tout de
bon, et que notre maîtresse, qui me l'a proposé tout à
l'heure, croit actuellement que j'y suis.

LA GOUVERNANTE.

Vraiment! vraiment! j'ai bien autre chose à vous
dire.

THÉRÈSE.

Et quoi, ma bonne?

LA GOUVERNANTE.

On vous marie. Vous rougissez. Eh! bon Dieu! Vous
voilà tout interdite. Y a-t-il du mal à cela?

THÉRÈSE.

On me marie! ma bonne, et à qui?

LA GOUVERNANTE.

A quelqu'un.

THÉRÈSE.

Et qui? Dis-moi vite.

LA GOUVERNANTE.

C'est encore un mystère. On se garde bien de m'en parler. Mais je le sais de la femme de chambre de Madame, à qui Madame dit tout, et qui ne me cache rien.

THÉRÈSE.

Tu sais donc qui c'est.

LA GOUVERNANTE.

On vous marie avec le comte de...

THÉRÈSE.

M. le comte de...? Je n'en ai jamais entendu parler. Comment est-il fait?

LA GOUVERNANTE.

Quand je le saurai, je vous le dirai.

THÉRÈSE.

Et pourquoi ne l'as-tu pas vu? Tu es insupportable.

LA GOUVERNANTE.

Et où voulez-vous que je le cherche?

THÉRÈSE.

Bon! cela est bien difficile. Sûrement la femme de chambre de ma mère le connaît beaucoup, et te l'aurait fait connaître si tu l'avais voulu.

LA GOUVERNANTE.

Je ne sais pas cela. Tout ce qu'elle m'a dit, c'est que c'est un homme de grand mérite.

THÉRÈSE.

Ah! je t'entends, c'est un vieux.

LA GOUVERNANTE.

Non; c'est un homme revenu de la première jeunesse, voilà tout.

Les mêmes interlocutrices se rencontrent le matin
du jour des noces de Thérèse.

LA GOUVERNANTE.

Enfin, Mademoiselle, voilà ce grand jour, il faut son-
ger à vous habiller.

THÉRÈSE.

Ah! ma bonne, je n'ai pas dormi de toute la nuit;
cela me travaille l'esprit; je frémis en pensant qu'un
homme que je ne connais pour ainsi dire pas va m'emmener chez lui pour y vivre selon ses volontés. Et qui
sait si j'y serai bien ou mal, et comme les choses tour-
neront?

LA GOUVERNANTE.

Vos réflexions ne sont pas hors de saison; j'ai appris
des particularités.

THÉRÈSE.

Ah! ma bonne, qu'est-ce qu'on t'a dit? Dis-moi donc
vite, apprends-moi ce que c'est.

LA GOUVERNANTE.

Ma foi, je ne saurais jamais m'y résoudre.

THÉRÈSE.

Ah! ma bonne! tu me fais mourir; est-il temps de
me cacher quelque chose? Ne sais-tu pas la confiance
que j'ai en toi? Qu'est-ce donc, je te prie?

LA GOUVERNANTE.

C'est quelque chose qui ne vous plaira pas, qu'il est
bon cependant que vous sachiez.

THÉRÈSE.

Eh bien! eh bien!... donc?

LA GOUVERNANTE.

C'est que le comte de..., a une maîtresse.

THÉRÈSE.

Une maîtresse! ah! que dis-tu là?

LA GOUVERNANTE.

On dit même qu'elle est fort jolie.

THÉRÈSE.

Oh! ma bonne! il ne m'aimera sûrement pas, et je serai malheureuse!.. Et quelle est donc cette maîtresse qu'on dit si jolie?

LA GOUVERNANTE.

Une demoiselle de l'Opéra; c'est là le fâcheux.

THÉRÈSE.

Comment? explique-toi donc.

LA GOUVERNANTE.

C'est qu'il fait pour elle de fort grosses dépenses, et vous ne savez pas encore que les demoiselles de l'Opéra sont la ruine d'une maison.

THÉRÈSE.

Ma bonne! que m'apprends-tu là? Je suis confondue. Quoi! Monsieur le comte de..., qui, depuis trois jours, vient au couvent m'assurer de sa tendresse et me marquer ses empressements; monsieur le comte, qui me parle sans cesse d'amour, et qui m'avait persuadé qu'il en avait pour moi; monsieur le comte a une maîtresse!... Ah! que vais-je devenir?

LA GOUVERNANTE.

Quelquefois ce n'est pas un si grand mal; c'est suivant le caractère des gens. Il y en a qui ont des maîtresses, et qui ont le bon esprit d'en dédommager leur femme par de grands égards et de bonnes façons; mais

2*

il y en a aussi que ces sortes d'amours ne rendent que plus insupportables dans le ménage. A tout prendre, il en revient toujours une petite consolation, parce qu'à tout prendre, les femmes ont beaucoup plus de liberté avec ces hommes-là qu'avec ceux qui veulent être des modèles de l'union conjugale, et qui ne savent pas s'amuser ailleurs que dans leur propre maison; et je ne sais pas si cela doit tant vous fâcher. Vous êtes si jeune et si belle que monsieur le comte sentira de quelle conséquence il est pour lui de ne pas vous donner le moindre chagrin. Il vous verra si bien à portée de l'en punir, qu'il y prendra garde à deux fois.

Peu de temps après son mariage, le comte retourne chez la [maîtresse qu'il a momentanément quittée; c'est une danseuse de l'Opéra répondant au nom de Chouchette.

LE COMTE.

Eh bien ! Mademoiselle, vous fais-je peur ?

CHOUCHETTE.

Comment vous avisez-vous de revenir ici, Monsieur ? Je croyais que vous m'aviez quittée. Combien y a-t-il ?.... Un mois ?... que je n'ai eu de vos nouvelles.

LE COMTE.

Je vous ai écrit au commencement de mon mariage ; je vous ai expliqué la raison...

CHOUCHETTE.

Je me soucie bien de vos lettres et de vos raisons, quand je ne vous vois point.

LE COMTE.

J'ai continué votre pension à l'échéance du mois.

CHOUCHETTE.

Je me soucie bien de votre argent, quand vous ne m'aimez plus.

LE COMTE.

Oh! Chouchette! me croyez-vous capable de vous quitter! Vous savez que je n'aime rien au monde autant que vous. Si j'ai été un mois sans vous voir, comptez qu'il m'a coûté plus d'inquiétudes et plus de peine que je ne puis dire. J'ai eu vingt fois la pensée de prendre un fiacre ou de venir à pied tout seul ici, mais je me suis observé de toutes parts, et d'autant plus qu'on sait dans ma famille que j'ai une inclination, et ma femme me le reproche tous les jours.

CHOUCHETTE.

Quoi! c'est donc vous qui avez une femme!

LE COMTE.

Hélas! oui... par obéisssance. Je n'ai pu refuser cela à mes parents.

CHOUCHETTE.

Vous qui aviez tant promis que rien ne serait jamais capable de vous séparer de moi, vous qui savez combien je vous aime, et toutes les propositions que j'ai refusées pour vivre avec vous seul! Que je suis malheureuse! et combien on est à plaindre d'être sensible et d'avoir le cœur fait d'une certaine façon! Allez, vous ne méritez pas tout ce que j'ai fait pour vous.

LE COMTE.

Ma petite, je crois que tu pleures... Rends-moi plus

de justice; tu verras que je suis incapable envers toi d'aucun mauvais procédé.

CHOUCHETTE.

Ingrat que vous êtes! il y a un mois que je ne vous ai vu, et vous ne vous êtes occupé que de vos noces!

LE COMTE.

Oui, et, comme en un temps de noces on fait dés galanteries aux amis que l'on a, ma petite, je t'apporte ton présent de noces aussi. Tiens, prends ce diamant, mets-le à ton doigt, il ne le déparera pas.

CHOUCHETTE.

Perfide que vous êtes! Pensez-y bien. Si vous me faites un présent pour me donner un congé, je vous déclare que je le jetterai dans le feu dès que vous serez parti.

LE COMTE.

Non, ma chère petite, sois absolument sûre de moi, s'il est vrai que tu m'aimes toujours.

CHOUCHETTE.

Vous savez assez ma façon de penser et combien il faut que j'aime pour me résoudre à recevoir de quelqu'un. Mais moi, combien n'ai-je pas à craindre que vous ne deveniez amoureux de votre femme? On dit d'ailleurs qu'elle est si belle, si belle....

LE COMTE.

Elle est, pour une femme, plus belle même qu'il ne faut; ne l'as-tu pas vue?

CHOUCHETTE.

Vraiment si, à l'Opéra, dans les premiers jours de ce beau mariage. Vous souvenez-vous comme je dansais? Je ne savais pas un mot de mes entrées, j'étais

toute distraite. Voilà comme je suis ; quand j'aime , j
ne suis pas la maîtresse.

LE COMTE.

Oh ! ne me dis pas cela, car au contraire tu dansas
ce jour-là mieux que jamais ; tu fis même de nouveaux
pas qu'on applaudit si fort, je m'en souviens bien.

CHOUCHETTE.

C'était donc de colère et de rage ; il est vrai que j'é-
tais toute troublée. Au moins, vîtes-vous bien que, pendant tout le temps que je ne dansais pas, je m'étais mise
dans la première coulisse vis-à-vis de vous , et que je
jetais dans votre loge des regards furieux ?

LE COMTE.

Oui, ma mignonne, je remarquai cela, ma foi ; je fus
même embarrassé par la peur que j'avais que ma femme
ne s'en aperçût, et que cela ne lui fît de la peine.

CHOUCHETTE.

Moi, je me fiche bien de lui faire de la peine ; c'est
elle qui m'en a fait, et qui m'en ferait bien davantage,
si elle m'enlevait tout à fait mon amant ; car, au bout
du compte, un mari et une femme ne sont rien l'un à
l'autre que par un engagement de famille et un arran-
gement de fortune. Vous voilà à cette heure marié ; en
êtes-vous mieux ?

LE COMTE.

Ma foi non.

CHOUCHETTE.

Je gage qu'elle n'est pas aussi aimable que moi.

LE COMTE.

Ma foi non , il s'en faut de beaucoup.

CHOUCHETTE.

Voilà le fait ; c'est qu'elle ne vous aime pas.

Chouchette a une amie, une autre danseuse plus jeune et moins expérimentée : c'est Minette, qui vient un matin la trouver à déjeuner.

CHOUCHETTE.

Bonjour, Minette ; comment te portes-tu, mon enfant ? veux-tu prendre le café au lait avec moi ?

MINETTE.

Bien volontiers.

[CHOUCHETTE.

Mon laquais est en commission, mais n'importe. Eh ! ma mère ?

LA MÈRE.

Eh ben ! qu'est qui gnia ?

CHOUCHETTE.

Faites-nous bien vite du café... elle le fait à merveille. Bon ! Minette, approche la petite table. Fort bien.

MINETTE.

Je trouve ton appartement de plus beau en plus beau, et tu occupes tout le carré : c'est ce qui est gracieux ; on peut entrer et sortir par telle porte qu'on veut.

CHOUCHETTE.

Oui, c'est en effet assez utile. Mais dis-moi, Minette, comment ton robin en use-t-il avec toi ?

MINETTE.

Mais... pas trop bien.

CHOUCHETTE.

As-tu toujours cette vilaine tapisserie de Bergame ?

MINETTE.

Mon Dieu, oui... Il me promet bien du damas, mais cela ne vient point.

CHOUCHETTE.

Il faut le quitter. Qu'est-ce que cela signifie?

MINETTE.

Il dit que son père lui donne peu d'argent.

CHOUCHETTE.

Belle raison ! Il faut qu'il en emprunte.

MINETTE.

Aussi fait-il; mais il ne trouve pas tout ce qu'il voudrait, parce que, dit-il, on n'a pas confiance aux jeunes gens.

CHOUCHETTE.

Te paye-t-il régulièrement les cent écus au commencement de chaque mois ?

MINETTE.

Quelquefois ça traîne; mais je lui rends justice; quand il est dans ce cas-là, il jure comme un désespéré.

CHOUCHETTE.

Et les robes ?

MINETTE.

Oh ! j'en ai.

CHOUCHETTE.

Et le linge ?

MINETTE.

J'en ai aussi, et pas mal; mais, pour l'argenterie, j'en suis encore à mes six couverts.

CHOUCHETTE.

Et combien y a-t-il que cela dure ?

MINETTE.

Nous en sommes au quatrième mois.

CHOUCHETTE.

Va, va, ma pauvre enfant, tu n'as pas d'esprit, tu n'es qu'une bête.

MINETTE.

Vraiment, je le sais bien, et que je ne serai jamais qu'une pauvre malheureuse.

CHOUCHETTE.

Je ne dis pas cela pour t'affliger. Eh bien! que fais-tu? tu vas jeter des larmes dans ton café ; achève donc ta tasse ; il y a un remède à tout. Je veux te donner des idées, et tu te tireras d'affaire comme les autres. Dis-moi , ce petit gueux de robin qui te donne si peu, est-il amoureux de toi?

MINETTE.

Je le crois bien ; il vient me voir trois ou quatre fois le jour ; il y dîne souvent , parce qu'il fait accroire à son père qu'il est chez d'autres robins.

CHOUCHETTE.

Il est fort riche, son père?

MINETTE.

Oui ; je me suis laissé dire qu'il avait gagné plus d'un million au Mississipi, et il est fils unique.

CHOUCHETTE.

C'est donc sa faute s'il ne trouve pas d'argent pour te le donner. Imite-moi ; il n'y avait pas six mois que j'étais à l'Opéra, que j'avais quatre amoureux. Il est vrai que ma mère menait cela admirablement : elle avait toujours l'air fâché ; elle faisait si fort la sévère que mes amis ne venaient pas chez moi comme bon

leur semblait ; tantôt c'était l'un, tantôt l'autre, et toujours en cachette. Je faisais sortir ma mère, il s'en pré-
sentait un ; ma mère revenait, je tremblais de peur ; je
faisais cacher le monsieur, qui s'esquivait ensuite ;
puis c'était de rire entre ma mère et moi ; et tout cela
payait à qui mieux mieux. Au bout de huit mois, je me
trouvais bien nippée, avec plus de seize mille francs
d'argent, que j'ai mis à la tontine.

MINETTE.

Mais, malheureuse que je suis ! je n'ai ni père ni mère,
je suis toute seule.

CHOUCHETTE.

Bel embarras ! on prend une tante. Je te donnerai la
Leroux, si tu veux, qui entend le manége à merveille,
et qui n'est pas chère. Mais, si tu la prends, il faut que
devant le monde, et devant tes amoureux surtout, tu
lui paraisses soumise à toute épreuve, afin qu'on ne
soupçonne rien. Ne t'étonne pas s'il lui arrive devant
quelqu'un de te quereller, et de te détacher peut-être
quelque taloche pour qu'on voie qu'elle a de l'autorité
sur toi, et que tes amis ne se présentent chez toi
qu'aux heures qui te conviendront. Voilà comment la
drôlesse a commencé la fortune de cette Bibi, que tu
vois aujourd'hui si superbe, et qui se croit si fort au-
dessus de nous parce qu'elle est devenue riche sans
passer par l'Opéra. Mais je reviens à ton robin ; tu de-
vrais me l'amener un de ces jours : je lui ferai une belle
honte de te laisser aussi mal à ton aise. Il faut que ça
n'ait pas de cœur.

MINETTE.

Je lui ferai dire de venir ce soir me trouver ici.

CHOUCHETTE.

Ce soir, ça ne se peut pas; j'ai une grande affaire. Je souperai avec un quelqu'un fort aimable à qui je veux faire voir ce beau meuble de perse que j'ai là et le diamant que voilà, afin que nous sachions ce que cela vaut.

MINETTE.

Mais est-ce qu'on ne t'a pas donné tout cela?

CHOUCHETTE.

Oui, on me les a donnés, mais ce n'est pas là tout: il faut qu'on me les paye.

MINETTE.

Ah! je t'entends; c'est parler comme un ange; cela ne fait aucune difficulté; entre ces messieurs qui viennent ici, l'un fait un présent, et chacun des autres paye ce qu'il vaut. Ah! que c'est admirable!

CHOUCHETTE.

Ça n'est-il pas juste? Est-ce qu'il n'en jouissent pas également quand ils viennent chez moi? D'ailleurs, ça fait qu'ils s'attachent à la maison, ça fait que chacun se regarde comme de moitié dans ce qu'il y a, et qu'il y vient avec plus de plaisir.

Le dix-septième dialogue est, ainsi que le remarque fort bien M. Monselet, le plus spirituel, le plus piquant de tous; il y règne un ton léger qui donne une idée assez exacte de ce qu'était la société sous Louis XV; ceci rappelle les *Mémoires* de Madame d'Epinay. Les interlocutrices sont les deux amies que nous connaissons déjà.

LA COMTESSE.

Ah! ah!

Mᵐᵉ DE RUSTARD.

Oui, vraiment, c'est moi-même. Je viens savoir si vous avez bien dormi, si mon petit souper d'hier ne vous a point incommodée.

LA COMTESSE.

Moi! pas du tout. Il y a onze heures que je dors; je ne me suis jamais mieux portée. Votre souper était exquis. Je n'en ai point fait de plus délicat ni de plus friand.

Mᵐᵉ DE RUSTARD.

Il est vrai que j'ai un bon cuisinier. Je le paye pour tel.

LA COMTESSE.

Vous lui donnez sûrement de gros gages.

Mᵐᵉ DE RUSTARD.

M. de Rustard me le passe à 500 livres, mais moi, je lui donne mille francs de gratification en sus, secrètement.

LA COMTESSE.

A propos de votre mari, savez-vous que je suis presque honteuse d'avoir soupé déjà deux fois chez vous sans le connaître, sans l'avoir jamais rencontré?

Mᵐᵉ DE RUSTARD.

Bon! bon! qu'est-ce que cela fait? Il y a bien d'autres personnes qui viennent sans cesse chez moi et qui ne le connaissent pas mieux; et c'est de quoi je puis assurer qu'il s'embarrasse fort peu. Il a ses amis, moi j'ai les miens; il dîne, moi je soupe; il se lève quelquefois lorsque je me couche. Nous passons des jours en-

tiers sans nous rencontrer, et cela de la meilleure amitié du monde. Nos appartements sont trop séparés pour
que ma vie dérange la sienne. Il a même sur cela toutes sortes d'attentions ; c'est un fort honnête homme que
M. de Rustard, et en vérité un homme de mérite pour
son métier ; aussi j'avoue franchement que je l'estime
fort. Je ne suis point là-dessus comme nombre de femmes que je vois, qui se font un plaisir de tourner leurs
maris en ridicule.

LA COMTESSE.

Vous avez grand' raison.

Mme DE RUSTARD.

Et j'aurais grand tort. Il n'est point de bons procé-
dés qu'il n'ait pour moi : il me donne tout ce que je lui
demande ; il possède une grosse fortune, j'en jouis encore plus que lui. Il est bien vrai qu'en reconnaissance,
je ne lui manque en rien.

LA COMTESSE

Vous ne lui manquez en rien, dites-vous ?

Mme DE RUSTARD.

Non, et tout ce qui vient chez moi peut me rendre
cette justice.

LA COMTESSE.

Et.... le chevalier de B....? vous la rend-il ?

Mme DE RUSTARD.

Oh ! pour cela oui, mieux que personne.

LA COMTESSE.

Mais .. ce qu'on m'a dit de lui dans le monde n'est
donc pas vrai ?

Mme. DE RUSTARD.

Quoi?... qu'il est au mieux avec moi? Qu'est-ce que cela a de commun.....?

LA COMTESSE.

Oh! ma foi, ce serait à votre mari lui-même à vous répondre là-dessus.

Mme DE RUSTARD.

A moins qu'un mari ne soit assez fou pour vouloir être l'objet de l'inclination de sa femme, que peut-il lui demander autre chose que des attentions et des égards? et quelle est la femme qui en a plus que moi pour le sien? Quand il donne des dîners de cérémonie et qu'il me prie d'y paraître, est-ce que j'y manque? Quand il est incommodé, me voit-on sortir comme mille autres femmes? Non, je ne le quitte point. Comptez, Madame, que je sais sur tout cela remplir mes devoirs comme il convient. Mais, belle comtesse, dans votre façon de penser, vous qui parlez, vous conviendrez que vous manquez au vôtre.

LA COMTESSE.

Moi! pourquoi cela?

Mme DE RUSTARD.

Ah! ah! pourquoi cela? C'était à mon mari, disiez-vous, à me répondre là-dessus; je ne vous renvoie pas au vôtre : Montade y répondra mieux que lui.

LA COMTESSE.

Que voulez-vous dire de Montade? Il n'y a rien de si faux. Il vient ici comme mille autres. Si l'on a après cela des soupçons sur mon compte, on a grand tort. Il faut que ce soient de bien méchantes gens.

Mme DE RUSTARD.

Je vous avoue, Madame, que j'étais dans l'erreur, et vous me faites un grand plaisir de m'en tirer.

LA COMTESSE.

Oh oui ! je vous en tire. Je compte même que mes vrais amis feront cesser les mauvais propos qu'on peut tenir là-dessus.

Mme DE RUSTARD.

Cela est d'autant plus malheurenx pour lui, car vous ne sauriez croire le tort que cela lui fait.

LA COMTESSE.

Quoi ! d'être bien avec moi ? Le beau tort, vraiment !

Mme DE RUSTARD.

Oui, un tort réel.

LA COMTESSE.

Comment donc cela ?

Mme DE RUSTARD.

C'est qu'il y a une femme de ma connaisance qui s'est prise de goût pour lui.

LA COMTESSE.

Quoi ! pour Montade ?

Mme DE RUSTARD.

Oui, et il le sait bien, puisqu'elle lui en a fait l'aveu, mais en lui protestant aussi qu'elle ne l'écouterait jamais s'il continuait de mettre le pied chez vous.

LA COMTESSE.

Ah ! quelle est cette infâme créature-là, qui a pu lui faire une déclaration avec une telle impudence ? Si vous connaissez des espèces pareilles, Madame, je suis votre servante.

Mme DE RUSTARD.

Eh! mon Dieu, Madame, qu'est-ce que cela vous fait, si vous n'y prenez aucun intérêt?

LA COMTESSE.

En vérité, il y a trop de débauche parmi les femmes de Paris; il faudrait aller habiter des déserts.

Mme DE RUSTARD.

En vérité, comtesse, il y a trop d'humeur dans votre esprit. Vous ne voulez pas qu'on vous soupçonne d'avoir Montade, vous ne l'avez même pas, et vous commencez par invectiver contre une femme que vous ne connaissez pas, parce qu'elle a du penchant pour lui. Quelle injustice!!

LA COMTESSE.

Et... quelle est donc cette femme? n'est-ce pas vous-même? Je vous en crois très-capable.

Mme DE RUSTARD.

Vous êtes insultante, et bien hors de propos; mais je vous le pardonne: le feu vous monte au visage; je vois clairement que vous n'êtes pas dans votre état naturel. Votre servante, à mon tour, Madame.

LA COMTESSE.

C'est une vivacité; pardonnez-la-moi; nous sommes trop anciennes amies pour nous fâcher. Asseyez-vous là: je veux que vous me disiez le nom de la femme.

Mme DE RUSTARD.

Mais, encore un coup, qu'est-ce que cela vous fait? Pourquoi vous la nommerais-je, dès que vous n'y prenez nulle part? Non; je ne sais ce que c'est que de révéler le secret d'autrui et de trahir une confidence qui m'est faite.

LA COMTESSE.

Mais moi, si j'en avais une autre à vous faire? car je vois bien qu'il faut en venir là.

Mme DE RUSTARD.

Ah !... je commence à y entendre quelque chose.... C'est, je crois, que vous m'avez menti, et que Montade vous intéresse plus que vous ne dites.

LA COMTESE.

Oui, je l'avoue, cela est vrai; je croyais m'en défendre, n'imaginant pas qu'on le sût dans Paris.

Mme DE RUSTARD.

Dans Paris !... Il y a trois mois qu'on en parle et qu'on vous le donne.

LA COMTESSE.

Ah ciel! se peut-il? lorsqu'en somme, il n'y a pas encore trois semaines...

Mme DE RUSTARD.

Trois semaines ou trois mois... qu'importe? Vous l'avez, voilà tout; vous m'en confiez le secret, il est maintenant de mon devoir de vous servir en amie; je vous réponds bien que madame de C. ne l'ignorera pas davantage.

LA COMTESSE.

Quoi! c'est cette petite maîtresse-là qui voudrait empêcher Montade de remettre le pied chez moi! cela lui convient bien.

Mme DE RUSTARD.

Mais vraiment oui, cela lui conviendrait; Montade est fort joli garçon, il a de l'esprit; il a plus : c'est qu'il commence à être à la mode; on le recherche; et pourquoi croyez-vous donc qu'il va chez Mme de C., qu'il sait bien n'être pas d'un accès rebutant ?

LA COMTESSE.

J'avoue que je l'aime; mais, si je le croyais capable de me tromper, je ne lui en laisserais pas le temps; mon parti serait bientôt pris.

Mme DE RUSTARD.

Bon ! bon ! jetez-vous dans le tragique; cela en vaut bien la peine !

LA COMTESSE.

Quoi ! je me verrais trahie...

Mme DE RUSTARD.

Tenez, Madame, les hommes ne nous trahissent et ne nous manquent jamais que par notre faute; communément parlant, nous les gâtons, nous les aimons plus qu'ils ne le méritent, et quelquefois plus qu'ils ne veulent; car, entre nous, parlons franchement, quand un homme fait la cour à une jolie femme, croyez-vous que son but soit de former une liaison douce et tendre, commencée par un penchant naturel, soutenue par la douceur du caractère et par les charmes de l'esprit ? Vieilles fadaises, idées ridicules, qu'on ne croit plus nulle part, qu'on supprime même dans les romans. Que veut-il ? Se passer une fantaisie, voilà le fait; et voilà ce qu'une femme qui se sent poursuivie doit se dire à elle-même à tous les moments du jour : « Un tel me suit, il me recherche, je le trouve partout : il veut m'avoir et me mettre sur sa liste. »

LA COMTESSE.

Comment, sur sa liste ?

Mme DE RUSTARD.

Et vraiment oui : est-ce qu'ils ne font pas tous des listes vraies ou fausses des femmes qni lour ont passé dans les mains?

LA COMTESSE.

Quelle perfidie!

Mme DE RUSTARD.

Eh! bon Dieu! Est-ce que je ne me suis pas vue, moi, sur celle d'un petit agréable à qui je n'avais seulement pas donné ma main à baiser.

LA COMTESSE.

Mais sur quoi en faisait-il au moins voir l'apparence?

Mme DE RUSTARD.

Sur quoi? Sur trois ou quatre lettres qu'il m'avait écrites en présence peut-être de quelques amis, auxquelles sûrement je n'avais fait nulle réponse; sur l'air libre et dégagé avec lequel il était venu chez moi; sur un ton de plaisanterie et de familiarité que je lui passai sans y prendre garde; que sais je? sur quelques soupers où on l'avait vu se faire de la maison et servir tout le monde comme si je l'eusse chargé de faire les honneurs de ma table.

LA COMTESSE.

Mais comment cette infâme liste est-elle parvenue à votre connaissance?

Mme DE RUSTARD.

C'est le chevalier lui-même qui me l'a fait lire. En voici l'histoire en deux mots : Il se trouva, à souper avec deux de ces petits merveilleux qui ne se font pas prier pour tomber sur les femmes, sur celles entre autres qu'ils connaissent le moins. On s'échauffe de pro-

pos , chacun tire sa liste ; le premier lit les noms de
dix femmes aimables et presque toutes connues ; l'autre fait voir les noms de quinze ou seize. Le chevalier ,
qui n'avait pas encore ses affaires arrangées avec
moi, se sentit blessé de m'y voir comprise ; il prit son
temps : il l'escamota, il s'éloigna un moment ; il en
prit une copie, et la remit sur la table. Elle était longue, cette liste ; ce n'étaient pas les quinze ou seize noms
qui coûtaient à copier , mais les notes dont tous les
feuillets étaient remplis, et qui étaient mises , article
par article, à côté de chaque nom. C'étaient toutes
ces femmes prises ou quittées ; on y voyait le pourquoi, et je vous avoue que je ne pus m'empêcher d'en
rire d'abord, et que j'y aurais trouvé du plaisir, si je
n'y avais pas reconnu une méchanceté diabolique.

LA COMTESSE.

Ah! quels hommes! quelle abomination!... Mais qui
encore était donc sur cette liste ?

Mme DE RUSTARD.

Madame de K. était en tête.

LA COMTESSE.

Madame de K.!... ah! ah! Et quel rôle avait-elle ?

Mme DE RUSTARD.

Il y avait en tête de son nom : *Bonne créature, assez
belle, mais gauche, et sans agrément. Affaire finie.*

LA COMTESSE.

Ah! ah! Et dites-moi ce qu'il y avait sur votre
compte.

Mme DE RUSTARD.

Sur mon compte? Voici ce qu'il y avait : *Minois de*

*fantaisie, jolie tournure ; créature sans scrupule, mais
d'une bizarrerie... et cependant à revoir.*

LA COMTESSE.

Il ne vous traite pas si mal, puisqu'il vous met à
revoir. Eh bien donc! que disait-il des autres ?

Mme DE RUSTARD.

Des horreurs que je ne me rappelle pas.

LA COMTESSE.

Oh! je veux absolument voir cette liste.

Mme DE RUSTARD.

Volontiers; aujourd'hui ou demain, quand nous nous
reverrons.

LA COMTESSE.

Et ce beau fils, qui est-ce donc?

Mme DE RUSTARD.

Vous voulez le savoir ? C'est le marquis de R., qui,
en effet, a eu quelques aventure connues, et qu'il ne
méritait pas. Que fait-il maintenant? Des listes où il
déshonore qui bon lui semble.

LA COMTESSE.

Toutes les femmes ne devraient-elles pas, à frais
communs, exterminer un scélérat de cette espèce ?

Mme DE RUSTARD.

Il en resterait tant d'autres! Comptez, ma chère
amie, qu'ils se ressemblent tous, qu'ils sont tous des
coquins.

LA COMTESSE.

Vraiment! cela me rappelle que j'ai remarqué, der-
nièrement, un de ces petits messieurs-là au balcon de
l'Opéra, qui ne cessa de me regarder et de me fixer pen-

dant tout le temps du spectacle, et que j'en fus même embarrassée.

Mᵐᵉ DE RUSTARD.

Eh bien! pendant qu'il vous faisait cet honneur-là, il en faisait peut-être lorgner une autre par son valet de chambre ailleurs.

LA COMTESSE.

Par son valet de chambre! Qu'est-ce que cela veut dire?

Mᵐᵉ DE RUSTARD.

Oui, et il aura envoyé, le lendemain, ce même valet de chambre avec une lettre passionnée à cette autre femme, pour lui persuader que c'est par un excès de discrétion et de réserve qu'il n'a pas osé se faire remarquer en la lorgnant lui-même, de façon qu'elle lui sera fort redevable d'avoir été lorgnée par son valet. Il y en a qui, sans se donner tant de peine, écrivent tous les matins plusieurs lettres à différentes femmes qu'ils ne connaissent que de vue, dans lesquelles ils se supposent à leur suite systématiquement depuis longtemps, dévorés d'impatience de se jeter à leurs pieds pour leur porter l'hommage d'un violent amour qui ne peut plus se contenir. Toutes ces lettres renferment les mêmes choses, les grisons se cachent, et les font remettre par les femmes de chambre. Cela devient ce que cela peut, quitte à ne pas en entendre parler; on n'y pense même plus, de manière que, s'il se trouve quelqu'une de ces femmes assez touchée de ce que souffre pour elle un amant désespéré pour se déterminer à lui répondre et à lui permettre de venir chez elle, il lui reproche le temps qu'elle a été à lui répondre, les agitations que ce silence

lui a causées, et tout le dédommagement qui lui est
dû.

LA COMTESSE.

Ah ciel! quel enchaînement de faussetés! Que les
hommes sont haïssables! Mais comment savez-vous toutes ces choses-là, car vous n'avez pas plus d'expérience
dans le monde que moi?

Mme DE RUSTARD.

Non, mais j'ai été à bonnes écoles, et je connais sur
tout cela des femmes bien instruites, quelques-unes
même à leurs dépens. Au reste, ma chère comtesse, on
n'a lieu de haïr les hommes que quand on se sent leur
dupe, et, pour ne le point être, il n'y a qu'à les juger
d'abord, et se conduire ensuite d'après son jugement.
Tous les hommes sont des coquins, cependant il y en a
d'aimables, et l'on peut en tirer parti en se prêtant à
eux, et en ne s'y abandonnant pas. Il est bien certain
que c'est l'amour-propre qui les mène, et que c'est par
là qu'on les contient. Voilà donc ce qu'il faut exercer
chez eux; c'est ce beau petit amour d'eux-mêmes qu'il
faut incessamment tracasser, chiffonner, mortifier, suivant les cas. Pour moi, cette conduite-là ne me coûte
rien, et elle m'amuse tout à fait.

LA COMTESSE.

Et le chevalier, comment s'en accommode-t-il?

Mme DE RUSTARD.

Oh! il y est tout fait. Il me plaît fort et je l'aime
beaucoup; mais, lorsqu'il s'avisait, dans les commence-
ments, de vouloir prendre de ces tons qui leur sont
communs à tous, je le rangeais d'un coup d'œil.

LA COMTESSE.

Il fallait donc qu'il vous craignît, puisque de votre part un coup d'œil suffisait ?

Mme DE RUSTARD.

Savez-vous pourquoi? C'est que je ne l'adressais point à lui, mais à tel ou tel autre dont je le savais jaloux, dont je ne voulais point, mais qui me servait fort bien pour le ranger à sa place.

LA COMTESSE.

Ma chère amie, il y a bien de la coquetterie dans votre fait.

Mme DE RUSTARD.

Petite comtesse, une femme se perd sans cela.

LA COMTESSE.

Mais avec cela, au contraire, il me semble qu'une femme donne beaucoup de prise sur elle, et je crois qu'on risque beaucoup à distribuer des agaceries à tous ces petits messieurs, quand on sait qu'il ne leur en faut pas davantage pour donner à soupçonner des choses qui ne sont point.

Mme DE RUSTARD.

Ah! ah! il y a un bon remède. Quand il arrive chez moi de ces espèces qui, par un coup de tête, un mot à l'oreille, croient tenir déjà le bout du fil et se disposent à aller en avant, vous ririez de voir comme je les mène. Je leur sangle une mauvaise plaisanterie qui les terrasse et les anéantit les uns par les autres, et les remet à leur place sur-le-champ; et c'est avec ces petites attentions que j'exerce mon petit drôle, le chevalier, que je le conserve au point où je veux, et que je le garantis de l'in-

solence ordinaire aux hommes, qui ne croient pas leur
triomphe solide s'ils n'en jouissent en maîtres.

LA COMTESSE.

Cela ne me paraît pourtant pas trop mal pensé.

Mme DE RUSTARD.

Eh! toute cette coquetterie que je vous prêche,
croyez-vous qu'elle consiste en des attaques, des agaceries perpétuelles? Non, c'est une tactique grossière, et
il n'y a que des sottes qui s'y renferment. La vraie coquetterie, comtesse, c'est autre chose. C'est l'usage des
agréments que l'on a pour que les hommes s'y prennent
et pour en faire ce que l'on veut: car les hommes s'ac-
crochent à un fil comme des mouches, et les plus petites
choses de notre part sont souvent celles qui les tiennent
le mieux. Qu'est-ce que madame de T., par exemple,
a de ravissant pour avoir enlevé le marquis de R.? Un
sourire agréable, et voilà tout, et qui lui prend souvent
parce que la lèvre supérieure se remonte en souriant,
que les dents blanches se découvrent et qu'en effet cela
l'embellit. Madame de C. ne dispose-t-elle pas de qui
bon lui semble? Et en vertu de quoi, si ce n'est par
l'attention qu'elle a de faire remarquer ses petites
oreilles vermeilles par une mouche qu'elle y met souvent au lieu de pendeloques, ce qui conduit tout natu-
rellement les yeux des hommes sur son cou, qu'elle a
fort beau, et sur sa chute d'oreille, dont on fait tant de
cas. Elle a raison, et toutes les autres aussi. Il faut jouir
de ce qu'on a de joli, et l'on n'en jouit jamais bien que
par les yeux des autres; mais vous, ma chère, vous ne
savez seulement pas vous donner la peine de servir à
table. Si j'avais une petite main aussi blanche, aussi

fine, aussi potelée, un bras aussi beau que celui-là, je vous réponds bien que chez moi, ni même ailleurs, personne ne servirait à table que moi.

LA COMTESSE.

Tous ces agréments naturels sont, en effet, d'un grand prix, et les femmes qui n'en ont point ont quelques raisons de nous les envier.

MADAME DE RUSTARD.

Quand on manque de ceux-là, croyez-vous qu'on s'en désespère? Est-ce qu'il n'y en a pas mille autres qu'on peut se faire qui suppléent à tout et qui vont au même but? Ceux, par exemple, qu'on acquiert par les talents, ne l'emportent-ils pas quelquefois sur ceux que la nature donne? Pour peu qu'une femme ait le son de la voix joli, ne s'étudie-t-elle pas à chanter? et si elle y fait quelques progrès, ne chante-t-elle pas volontiers? Une autre qui sait déclamer ne trouve-t-elle pas le moyen de se faire valoir par là, de se jeter dans des sociétés où la mode est venue de jouer la comédie, et d'y jouer des rôles aimables dont les hommes lui savent tant de gré? Une autre, écolière de grand maître de danse, et qui danse avec grâce, n'est-elle pas toujours prête à aller au bal? Je ne parle pas des bals costumés, des déguisements, qui donnent le droit de se parer comme on veut, de se coiffer de l'air le plus galant, le plus tendre, ou, si l'on aime mieux, le plus déterminé, sans que ni mari, ni parents, ni amant même, osent y trouver à redire. Et l'habit d'homme, qu'en dites-vous, comtesse? Vous en avez un, sans doute?

LA COMTESSE.

Quoi, un habit de cheval? Non, je n'en ai point.

Mme DE RUSTARD.

Tant pis! Il faut vous en faire faire un incessamment. Je vous enverrai le mien avec mon tailleur; vous verrez comme cela est fait : cela est charmant.

LA COMTESSE.

Moi... je n'aime guère à monter à cheval.

Mme DE RUSTARD.

Ni moi non plus, mais qu'est-ce que cela fait? On s'habille toujours, on fait un tour d'allée; c'en est assez pour descendre, et pour demeurer le reste du jour dans ce déguisement, dont les hommes sont fous.

LA COMTESSE.

Mettez-vous ces habits-là souvent, et vous habillez-vous de la tête aux pieds?

Mme DE RUSTARD.

Sans doute, habit, veste et culotte. On en est cent fois plus jolie et plus piquante. Si vous rencontriez madame de E. dans cet équipage, indolente et langoureuse comme vous la voyez dans son état naturel, vous ne la reconnaîtriez pas du tout. Avec sa taille dégagée, ses cheveux tressés de rubans jaunes, son petit chapeau à plumes retapé, ce n'est plus une femme, c'est un petit garçon joli à manger, et qu'on prendrait pour un petit vicieux, car elle devient vive et hardie sous ce déguisement.

LA COMTESSE.

Mais... l'air résolu qu'on prend sous cet habit ne vous fait-il pas ressembler aux hommes un peu plus que de raison? Et le prétexte de la ressemblance ne leur inspire-t-il pas des manques d'égards et de respect, des familiarités?

Mme DE RUSTARD.

Vous avez raison, ce déguisement-là n'a rien qui leur en impose ; il semble, au contraire, donner faveur à des badinages qui mettent avec nous les hommes fort à leur aise, et qu'ils pousseraient volontiers très-loin pour peu qu'on fût d'humeur à s'y prêter. Je me souviens, vraiment, que l'autre jour le vicomte de F. me surprit, chez moi, habillée de cette façon, qu'il hasarda sur cela des manières et des tons de polissonnerie, qu'il s'avisait déjà de vouloir jouer des mains.

LA COMTESSE.

Qu'en arriva-t-il ?

Mme DE RUSTARD.

Rien ; je lui détachai un soufflet et je le renvoyai.

Ne donnons pas plus d'étendue aux conversations de ces deux dames, et disons quelques mots de l'histoire de Zaïrette, et de sa résidence dans le sérail de l'empereur Moufthack. Il y a là bien des traits qu'il faut laisser de côté, mais on peut très-bien tenter une analyse de cette composition, qui ne semble pas d'ailleurs avoir été terminée.

Zaïrette est la fille d'un homme fort riche et d'une actrice ; elle fut élevée dans un couvent avec le plus grand soin ; elle avait treize ans lorsque son père, qui n'était pas marié et qui n'avait pas d'autres enfants, la prit chez lui. A seize ans, elle écouta un jeune seigneur génois qui l'enleva ; ils s'embarquèrent pour aller à Naples, mais le navire qui les portait fut capturé par un corsaire algérien. Le capitaine, voyant à quel point Zaïrette était charmante, la conduisit à Alexandrie, et la vendit dix mille sequins à un vieux pacha, qui ne l'acheta que pour s'en défaire avec un gros bénéfice. Il y avait alors en Égypte un Indien qui était venu faire emplette d'esclaves pour l'empereur de Karakatou ; il donna, en échange de Zaïrette, des diamants d'une grosseur énorme ; elle passa à bord d'un navire qui descendit la mer Rouge, et après un long voyage elle arriva dans la capitale des États de l'empereur Moufthack.

Conduite au sérail, elle y passa plusieurs jours sans voir personne, si ce n'est des esclaves qui la servaient avec respect, et qui, pour la distraire, lui offraient des robes à choisir ; elle en changeait à tout moment.

Le septième jour, elle fut conduite dans un cabinet où se trouvait une grande femme, d'une beauté majestueuse et coiffée à la grecque. La dignité du maintien de cette inconnue imposa d'abord à la jeune française et l'intimida. La dame s'en aperçut ; elle jeta sur Zaïrette un regard bienveillant, et elle lui dit : « Jeune étrangère, venez m'écouter, et qu'une sainte joie vous réveille et vous rassure. Levez les yeux, promenez vos regards sur tout ce qui vous environne. La splendeur de ce palais vous apprend que vous êtes chez le roi des rois, et vous saurez plus tard que votre esclavage ici vaut des sceptres et des couronnes. Asseyons-nous sur ces carreaux et causons. »

Zaïrette, tout interdite, s'assit en face de la dame,

qui continua de parler ainsi : « Fille fortunée, vous voilà l'esclave d'un prince dont l'empire comprend les plus belles régions de la terre, d'un monarque qui parmi ses sujets compte des rois sans nombre, qui d'un coup d'œil élève ou précipite les hommes, et qui n'emploie sa puissance sans bornes qu'à faire des heureux. Vous êtes, ma fille, une des roses qu'il veut pour ses jardins. Votre éclat s'est fait jour jusqu'à son trône. Je n'en suis pas surprise ; la tendresse de vos yeux, la finesse de vos traits, l'élégance de votre taille, justifient tout ce qu'on en a dit. Vous avez paru aux yeux de l'empereur, d'après le portrait qu'il a de vous, une beauté dont il ne possédait pas de modèle, lui qui en possède mille dans ce sérail, mille beautés qu'il a rassemblées de tous les pays, de toutes les tailles, de toutes les couleurs.

« L'empereur m'a commandé, ma fille, de vous annoncer aujourd'hui votre fête. « Va, m'a-t-il dit, au- « près de Zaïrette, mon esclave nouvelle, et apprends- « lui qu'elle a trouvé grâce à mes yeux. » Ces paroles, sorties d'une bouche que je révère, m'ont frappée comme l'éclat d'une trompette. »

Zaïrette, que le début de la dame avait d'abord interdite, reprit peu à peu sa sérénité. « Vous êtes sans doute, Madame, reprit-elle d'une voix tendre, une princesse dans ce palais ? — Vous voyez, en effet, répondit la dame, une femme que le ciel semblait avoir fait naître pour régner, et dont le destin n'a voulu faire qu'une esclave comme vous. Je suis la

fille du roi d'Hayacan, dont le fleuve l'Indus arrose
les États. J'aurai le temps de vous faire son histoire
et la mienne ; il me suffit aujourd'hui de vous dire
que, depuis que le grand Moufthak règne en paix dans
l'État sublime où le ciel l'a placé, je me suis vue at-
tachée au destin de ce prince. J'ai été quelque temps
moins son esclave que sa compagne, et quelquefois la
plus chérie de ses compagnes ; j'ai passé près de lui
des jours filés d'or et de soie ; mais il faut que tout
passe, que tout se succède : la plus belle fleur se fane
et tombe à la fin ; les fruits de la terre ont leur saison, la lumière du jour a son temps. Je ne suis plus
de la classe brillante des femmes qui entourent le
prince ; je vis retirée dans ce sérail, j'y jouis de la
liberté et d'un loisir qui m'est cher. Le temps n'a
point fait d'impression sur mon cœur ; mon zèle pour
Moufthak est le même, et j'ai la douceur de le servir
en instruisant les jeunes esclaves comme vous. »

La dame, dont le nom est Karikaberga, continue
d'instruire Zaïrette ; elle lui décrit la splendeur, le
luxe tout à fait digne des *Mille et une nuits* qui règne dans le palais de Moufthak ; elle lui expose l'é-
tiquette qu'on y observe, les passe-temps auxquels
l'empereur se livre. Mais tous ces récits sont assez
fastidieux lorsqu'ils ne sont pas émaillés de détails
que suggérait à La Popelinière une imagination trop
échauffée.

ZOLOÉ ET SES DEUX ACOLYTES

OU QUELQUES DÉCADES
DE LA VIE DE TROIS JOLIES FEMMES.

HISTOIRE VÉRITABLE DU SIÈCLE DERNIER, PAR UN CONTEMPORAIN

A Turin, de l'imprimerie de l'auteur, thermidor an VII.
(In-18, 112 pages.)

Ce livret est attribué au trop fameux marquis de
Sade (1), et il est à peu près certain qu'on est en

---

(1) Bornons-nous à signaler une intéressante notice de M. Paul
Lacroix : *La Vérité sur les deux procès criminels du marquis de Sade ;*
elle fait partie des *Dissertations sur quelques points curieux d'his-*
toire, mises au jour par ce littérateur aussi instruit qu'actif. On trouve
dans le tome Ier de la *Revue rétrospective,* dirigée par M. Taschereau,
des documents curieux et des rapports de police sur ce personnage
Rétif de la Bretonne en a parlé à diverses reprises : il s'en occupe dans
Monsieur Nicolas, et il lui consacre une page dans *Les Nuits de Paris,*
mais sans le nommer en toutes lettres.

On a mis sur le compte de de Sade plusieurs ouvrages dont il n'est pas

droit de lui en faire *honneur* : car le roman immonde
auquel ce personnage doit sa funeste célébrité y est
mentionné avec complaisance. Hâtons-nous de dire
que, si *Zoloé* outrage la décence, elle n'est pas, du
moins, plus coupable qu'une foule d'autres œuvres
plus ou moins lestes qui se sont multipliées depuis
un siècle. Quant au but que poursuit ce pamphlet, on
suppose que c'est une satire violente, et, dans ce cas,
un tissu de calomnies dirigé contre Joséphine Beau-
harnais, alors épouse du premier consul. Les deux
acolytes que lui assigne l'auteur, et qu'il affuble des
noms de *Laureda* et de *Volsange*, passent pour avoir
été mesdames Tallien et Visconti. Dès l'avant-propos,
la situation de l'héroïne est tracée de manière à
dissiper toute incertitude :

« Qu'avez-vous, ma chère Zoloé? Votre front sour-
« cilleux n'annonce que la triste mélancolie. La for-
« tune n'a-t-elle pas assez souri à vos vœux? Que
« manque-t-il à votre gloire, à votre puissance? Vo-

---

sûr qu'il soit l'auteur. M. Paul Lacroix lui attribue (*Bulletin du bibliophile*, mars 1857, p. 153) un roman intitulé *L'Étourdi* (1784, in-12),
où se rencontrent, ainsi qu'il l'a observé, des épisodes entiers copiés
dans d'autres livres, et il le désigne également (*Catalogue Soleinne*,
n° 3876) comme auteur d'une composition dramatique rare et recherchée (41 fr., vente Baillet, en 1836, n° 356) : *La France f......* (Voir
la note au catalogue en question, et la *Bibliographie des principaux
ouvrages relatifs à l'amour et aux femmes*, par le C. d'I***, 1861,
page 56.)

« tre immortel époux n'est-il pas le soleil de la
« patrie ? »

Vient ensuite un portrait dans lequel l'âge, la patrie, la famille, tout s'accorde point pour point avec
la personne que l'on a supposée attaquée par le
libelliste avec tant d'audace :

« Zoloé a l'Amérique pour origine. Sur les limites
« de la quarantaine (1), elle n'en a pas moins la pré-
« tention de plaire comme à vingt-cinq. A un ton
« très-insinuant, une dissimulation hypocrite con-
« sommée, à tout ce qui peut séduire et captiver, elle
« joint l'ardeur la plus vive pour les plaisirs, une
« avidité d'usurier pour l'argent, qu'elle dissipe avec
« la promptitude d'un joueur, un luxe effréné qui
« engloutirait les revenus de dix provinces. Elle
« n'a jamais été belle ; mais, à quinze ans, sa co-
« quetterie déjà raffinée avait attaché à son char un
« essaim d'adorateurs. Loin de se disperser par son
« mariage avec le comte Bermont, ils jurèrent tous
« de ne pas être malheureux, et Zoloé, la sensible
« Zoloé, ne put consentir à leur faire violer leur ser-
« ment. De cette union sont nés un fils et une fille,
« aujourd'hui attachés à la fortune de leur illustre
« beau-père. »

Quant à Laureda, elle justifie l'opinion qu'on a

---

(1) Joséphine, née en 1763, avait près de trente-huit ans lorsque
Zoloé fut livrée à l'impression.

conçue de la nation espagnole; elle est tout feu et tout amour. Fille d'un comte de nouvelle date (1), mais extrêmement riche, sa fortune lui permet de satisfaire tous ses goûts.

L'auteur raconte en style très-négligé et très-incorrect des orgies où figurent ces trois dames; il les met en scène avec *Fessinot*, époux de Laureda, avec l'ex-domestique *Parmesan* et l'ex-capucin *Pacôme*. Il serait assez inutile de rechercher quels sont les personnages cachés sous ces divers noms.

Chemin faisant, on rencontre de vives attaques contre des gens alors en évidence et dont la conduite n'était pas édifiante. Les mésaventures du sénateur D..., libertin perdu de vices, l'ardeur de S... pour le jeu, sont l'objet de sarcasmes violents; l'intempérance du représentat du peuple C... fournit le sujet d'un tableau repoussant.

« En traversant le Carrousel, je rencontrai deux
« forts qui portaient sur un brancard une espèce
« d'homme couché et enveloppé dans un grand man-
« teau bleu. Je m'imaginai d'abord que quelque af-
» faire d'honneur avait envoyé le personnage dans
« l'autre monde, et qu'on allait le remettre à sa fa-
« mille pour en disposer. Je demande à un des por-
« teurs, avec un air d'intérêt, de qui il s'agissait.

(1.) Le comte François de Cabarrus, né à Bayonne, mort en 1810, célèbre par ses opérations financières en Espagne.

« — Suivez-nous, me dit-il, vous en jugerez. Le
« brancard s'arrête à la maison du citoyen C..., car
« c'était lui-même qu'on promenait en cet état. Sa
« figure couperosée, des yeux qu'il roulait pleins de
« vin, des paroles sans suite, des gestes d'un insensé,
« des restes impurs qui sortaient de sa bouche et
« dont ses habits étaient tout dégouttants, me firent
« bientôt connaître la cause de l'état où je trouvais
« l'un des représentants de la France.

« Comme ce spectacle paraissait m'affecter, l'un
« des porteurs me dit : « Vous êtes bien bon de plain-
« dre le citoyen C... Cinq fois par décade, notre mi-
« nistère lui est nécessaire. »

Il est permis de croire que l'histoire de *Zoloé* entrait pour quelque chose dans le parti que prit la
police de faire enfermer le marquis de Sade à Cha-
renton. Ce fut en 1801, peu de temps après la date
indiquée sur le titre de ce pamphlet.

Nous avons lieu de penser qu'aucun libraire ne
voulut se charger de la publication d'un libelle qui
devait susciter de redoutables colères. Les mots :
de l'imprimerie de l'auteur, écrits sur le frontispice,
s'accordent avec une phrase de la préface : « Je me
procurerai moi-même l'honneur d'être imprimé, et je
n'en aurai d'obligation à personne. » Nous ignorons
si de Sade possédait une imprimerie particulière ; en
tout cas, il était très au fait des mystères de la typographie clandestine.

Saisi par la police, le petit volume que nous indiquons est devenu rare; nous le rencontrons sur quelques catalogues (40 fr. Saint-Mauris, n° 276; 38 fr. 50 exempl. broché, Bignon, n° 1832).

Transcrivons le dernier paragraphe de Zoloé :
« Qu'on se rappelle que nous parlons en historien.
« Ce n'est pas notre faute si nos tableaux sont char-
« gés des couleurs de l'immoralité, de la perfidie et
« de l'intrigue. Nous avons peint les hommes d'un
« siècle qui n'est plus. Puisse celui-ci en produire
« de meilleurs et prêter à mes pinceaux les charmes
« de la vertu. »

On sait que, tout en traçant avec une infatigable complaisance des tableaux où s'étalaient tous les vices et tous les crimes, de Sade avait la manie de vanter la vertu.

Zoloé ne figure point parmi les divers ouvrages de de Sade que mentionnent la *Biographie universelle* et la *France littéraire*, de M. Quérard.

LES BIBLIOTHÈQUES DE M. LIBRI.

Nous ne voulons nullement nous occuper ici des déplorables accusations qui ont été dirigées contre le savant dont nous venons d'écrire le nom, et qui ont donné lieu à des polémiques passionnées. Nous n'avons en vue que les services rendus à la bibliographie par un homme dont on ne saurait méconnaître les connaissances et le zèle (1). Un article intéressant, dû à la plume de M. Laboulaye, et inséré dans la *Revue des Deux Mondes*, s'est étendu sur le penchant qui portait M. Libri à réunir un grand nombre de livres peu communs, souvent d'une rareté extrême et d'un prix fort considérable, et à les livrer aux chances des enchères, en les faisant figurer dans des catalogues détaillés offrant à chaque page

---

(1) L'*Histoire des sciences mathématiques en Italie*, en 4 vol. in-8, offre divers renseignements utiles à la science des livres; M. Libri a d'ailleurs donné des preuves de ses connaissances bibliographiques dans les articles qu'il a, au sujet du *Manuel du libraire*, communiqués au *Journal des savants*.

des notes instructives souvent très-longues. Ce système peut soulever diverses critiques, mais la science des livres y trouve matière à des progrès importants.

Quelques petits catalogues avaient vu le jour sans faire sensation; mais en 1847 il en parut un contenant 3025 articles et composé en grande partie de livres italiens. Nous n'en parlerons point, puisque, ayant été publié à Paris, il est très-connu des bibliophiles français; ils se rappellent les prix fort élevés qu'atteignirent certains articles, et les détails aussi curieux qu'étendus dans lesquels cet inventaire entrait au sujet des ouvrages rares (1).

Les catalogues imprimés à Londres et en langue anglaise, par conséquent assez peu répandus en France et inintelligibles pour bien des amateurs, doivent surtout nous occuper.

Ils sont au nombre de trois.

---

(1) Parmi les notes répandues dans ce catalogue, nous mentionnerons, sans choisir, celles qui se rapportent à l'*Introductio in chaldaicam linguam* de Théséo Ambrosius (n° 11), au *Dictionnaire* de Richelet (n° 57), aux *Rime* de Bernardo Belinzone, 1493 (n° 844), au petit poëme chevaleresque *Falabacchio e Chattabrigha* (n° 1041), à la *Regina d'Oriente* (n° 1105), au *Decamerone* imprimé à Florence vers 1485 (n° 2859), au *Ciento novelle antiche* (n° 2355).

Dans le nombre des ouvrages remarquables par l'élévation des prix qu'ils atteignirent, rappelons le *Catholicon* de Jean (Balbus) de Janua, 1,505 fr.; les *Opera* d'Alione d'Asti, 1521, 1,750 fr.; la *Lettera dell'isole che a trovate il re d'Ispagna*, 1,700 fr. (opuscule de 4 feuillets seulement, acheté pour l'Angleterre); l'*Orlando furioso*, Milan, 1524, et Venise, 1530, 1,480 et 1,530 fr.

Arrêtons-nous d'abord à celui qui concerne la vente opérée du 1er au 15 août 1859. La collection est annoncée comme l'élite de la *magnificent library formed by M. Guglielmo Libri*. Le catalogue contient 2845 articles, tous dignes de l'attention des biblio-philes.

Parmi les notes, nous indiquerons celles qui se rapportent (n° 72) aux *Voyages avantureux du capitaine Jan Alfonce* (Poictiers, 1559), lequel affirme que dans l'île de Mann naissent « des hommes queuez » ; à une mention non citée des *Chroniques de Bretaigne*, par Alain Bouchard (n° 405) ; un *Cæremoniale romanum*, imprimé à Venise en 1516, in-folio, et qui donna lieu à une accusation de plagiat et à un ordre du pape Léon X de brûler le livre et *l'éditeur*; mais en ce dernier point l'arrêt pontifical ne fut pas exécuté (n° 474); à la *Reforma sancta e preciosa*, ou moyens proposés par J. Cecchi pour réformer les lois de Florence en 1496 : des peines rigoureuses et étranges sont indiquées à l'égard de certains vices (n° 578).

Nous traduirons comme spécimen, et à l'ouverture du livre, quelques-unes de ces annotations :

Lois et ordonnances du Consistoire de la ville de Berne, 1640, in-fol. Ces règlements sont souvent remarquables : le mariage avec une belle-sœur est rigoureusement interdit, l'adultère est puni avec sé-vérité ; « putains manifestes et publiques » doivent être fouettées et expulsées de la ville. Toutes danses, même dans l'intérieur des familles, entraînent une forte amende.

Doni. *I Marmi*, 1522. Recueil de dialogues écrits avec une verve spirituelle. On y trouve plusieurs nouvelles et des pièces en vers, une entre autres d'Arnaud Daniel en dialecte provençal. Quelques figures en bois peuvent passer comme étant les modèles des personnages qui se montrent dans les *Songes drôlatiques de Pantagruel.*

De Jezabelis Anglæ actis varii generis poemata (sans lieu ni date). Ce volume, inconnu aux bibliographes, est un recueil de satires très-vives dirigées contre la reine Elizabeth au sujet de l'exécution de Marie-Stuart. L'impression eut lieu sans doute en 1587 ou 1588; il n'y a pas de frontispice, plusieurs des pièces de vers sont en français (Il nous semble que le *Bibliographer's Manual* de Lowndes, ce répertoire spécial des vieux livres anglais, ne cite pas ce volume.)

Guillelmus de Saliceto. *De Salute corporis.* La note n° 1197 entre dans de longs détails au sujet de ce livre, qui a été attribué au fameux Laurent Coster. M. Leigh Sotheby, l'auteur du bel ouvrage intitulé *Principia typographica*, développe à cet égard des considérations étendues que nous ne pouvons reproduire ici, mais elles sont fort dignes de l'attention des bibliographes qui étudient les origines de la typographie. Elles complètent tout ce qu'on peut lire à cet égard dans le *Manuel du Libraire*

(5ᵉ édit., III, 283), lequel parle aussi (IV, 805) du livre de Pontanus de Rome, joint à l'exemplaire Libri. Ce livre offre la singularité d'avoir été exécuté avec un gros caractère gothique qu'on ne retrouve pas ailleurs. Le volume qui réunissait ces vieilles productions typographiques a été porté à 20 livres sterling.

Historia de Liombruno (s. d., in-4), seul exemplaire connu d'un conte de fées en vers. Il s'agit d'un pêcheur qui, réduit à la misère, promet au diable de lui livrer son fils pourvu que ses filets soient toujours pleins. Il expose, en effet l'enfant dans une île déserte, mais le jeune Liombruno fait le signe de la croix, et le diable ne peut se saisir de sa proie. Une fée bienfaisante prend la forme d'un aigle, l'emporte dans son château et l'élève. Il devient un chevalier accompli, et il est vainqueur dans un tournoi que fait célébrer le roi de Grenade. La main de la fille de ce monarque est promise au triomphateur, mais Liombruno déclare qu'il ne peut l'accepter, puisqu'il a déjà la plus belle femme du monde. Il promet même au roi de la lui faire voir; mais la fée, irritée de l'indiscrétion de son mari, le punit en le chassant, après lui avoir enlevé tout ce qu'il possède. Liombruno, réduit au désespoir, s'en va errer dans divers pays. Il a le bonheur d'obtenir, grâce à d'habiles stratagèmes, le *manteau invisible* et les *bottes de sept lieues*; il réussit à rejoindre sa femme et il obtient son pardon. On voit ainsi dans cette narration le germe de contes devenus populaires depuis.

Péroti (A). *Francisco Guarnerio*.... (Venise, sans date), lettre importante pour l'histoire de l'imprimerie. C'est la première fois que se montre l'idée d'une censure ou d'une inspection de la librairie. On trouve dans cet écrit le vers : *Incidit in Syllam, cupiens vitare Charybdim*, signalé comme étant *in veteri proverbio*, de sorte qu'il est douteux que cette expression ait réellement, comme on l'a prétendu, sa source dans l'*Alexandreis* de Ph. Gautier.

Tolosani de Colle. *Compendio di Sphera e Machina del monde*. Firenze, 1514, in-4. Cet ouvrage, en vers, écrit par un moine de l'ordre des frères prêcheurs et inconnu aux bibliographes, est curieux parce qu'il ne fait aucune allusion à la découverte de l'Amérique ou au passage par le cap de Bonne-Espérance. La surface de la terre y est représentée sous la forme d'une croix inscrite dans un cercle, et ayant à l'entour l'Asie, l'Europe et l'Afrique.

Vite de' Sancti Padri. Ferrare, 1471, in-4. Parmi ces biographies figure celle de sainte Thaïs, *merétrice*, et l'ouvrage se termine par une relation d'*Il Purgatorio di Santo Patricio*. Les anciennes Vies des Saints publiées au XVe siècle et au commencement du seizième sont curieuses, parce qu'elles contiennent une multitude de miracles extraordinaires et de traits naïfs qui ont disparu de l'hagiographie à mesure que la foi est devenue moins entière.

Nous nous bornerons à indiquer les notes relatives à l'édition originale de *Télémaque* (1699) et celles qui accompagnent (nᵒˢ 1719-1791) une réunion fort précieuse d'anciens ouvrages sur la musique. Les détails donnés (nᵒ 1344) sur deux anciens calendriers latins et allemands (vers 1476) ont de l'intérêt. Une collection curieuse de *Rappresentationi sacre* mérite une mention, ainsi qu'un exemplaire du très-rare volume intitulé *Poesie da fuoco*, imprimé en 1651, avec l'indication de Lucerne, et qu'on peut regarder comme ayant été imprimé à Genève, par les soins de Gregorio Leti, qui très-vraisemblablement faisait, à la même époque, mettre sous presse dans la même ville l'*Alcibiade fanciullo*, dont Ferrante Pallavicino est regardé comme l'auteur (1). Quoi qu'il en soit, on trouvera à l'égard de ce volume, dont on ne connaît que deux ou trois exemplaires, de curieux détails dans l'introduction mise en tête d'une réimpression de la *Zaffetta*, faite à Paris en 1861.

Ce qui donnait à cette partie de la bibliothèque de M. Libri un aspect tout particulier, c'était l'importance de la réunion d'anciennes reliures (2). Il y avait là des volumes ayant appartenu à des amateurs célèbres (Grolier, Maioli, le président de Thou, Colbert, le comte de Hoym, Girardot de Préfond, etc.), ou à

---

(1) Consulter à cet égard la *Dissertation sur l'Alcibiade fanciullo*. Paris, 1861, petit in-8.

(2) Les plus belles de ces reliures sont représentées dans un somptueux volume publié en 1862 : *Monuments inédits ou peu connus faisant partie du cabinet de Guillaume Libri*, in-folio.

des souverains (François Ier, Henri IV, Louis XIII;
divers rois d'Angleterre, des princes allemands ou
italiens, des papes, des cardinaux); l'avant-propos
du catalogue entre à ce sujet dans des détails qu'il
serait inutile de reproduire : ils sont connus des
amateurs qui ont suivi cette vente; et quant à l'ardeur avec laquelle on s'est disputé ces précieux volumes, il suffira de rappeler qu'un seul in-8, le *Libro
del arte di guerra*, de Machiavel (Venise, 1540), a été
adjugé 150 liv. sterl., grâce à la devise de Grolier
qu'il portait sur ses plats.

Nous indiquerons à peu près au hasard, et en ne
nous occupant que de ce qui a dépassé 20 l. st.
(500 francs), quelques-unes des adjudications; on
saura bien faire pour certaines d'entre elles la part
de ce qui revient aux reliures :

Amadis de Gaula, 1533, in-fol., 26 l. st. 10 sh.;
Jo. Ambertani, *Silvæ*, Paris, 1516, in-8, exempl. de
François Ier, 36 l. st.; Arioste, *Orlando furioso*, Venise, 1530, in-8, 29 l. st., et 1533, in-8, 25 l. st.;
Sancti Basilii *Opera*, Venise, 1535, in-fol., 85 l. st.
(exempl. aux armes de Diane de Poitiers); la Bible
en allemand, Wittemberg, 1561, in-fol. sur vélin,
28 l. st. 10 sh.; *Breviarium*, Ferrare, 1592, in-8 sur
vélin, 47 l. st.; *Canones concilii Tridentini*, Rome,
1564, in-fol. sur vélin, 59 l. st.; Ciceronis *Opera*,
Leyde, 1642, 10 vol., exempl. du comte d'Hoym,
61 l. st. 10 sh.; Ciceronis *Rhetorica*, Venise, Alde,
1546, in-8, grand papier, 29 l. st.; Ciceronis *Epis-*

tolæ ad Atticum, Venise, Alde, 1540, in-8, grand pa_
pier, 40 l. st. 10 sh.; Dante, *Comedia*, Milano, 1477,
40 l. st. (revendu 825 fr. Solar) ; *Decor puellarum*,
1461, 22 l. st.; S. Epiphanii *Opera*, Basileæ, 1544,
80 l. st. (exempl. aux armes de Diane de Poitiers) ;
Martial, Alde, 1517, in-8, grand papier, 26 l. st.
10 sh.; *Officium B. Mariæ Virginis*, in-8, (*circa* 1520)
sur vélin, 28 l. st.; Petrarca, Venise, 1478, in-fol.,
29 l. st. (revendu 825 fr.) ; *Coustumes de Normandie*
(Rouen, 1483), in-fol. sur vélin, 50 l. st. (revendu
1,300 fr. Solar) ; *Coutumes de Poitou*, 1560, in-4 sur
vélin, 28 l. st.; *El caballero Primaleon*, Venise, 1533,
in-fol., 33 l. st.; Ptolomæi *Cosmographia*, 1478,
in-fol., 34 l. st. 10 sh.; Quintilien, Alde, 1514, in-8,
exempl. en grand papier bleu, 22 l. st.; Rhenani
Res germanicæ, Bâle, 1531, in-fol., 30 l. st. (exempl.
de Grolier); Sannazari *Poemata*, Naples, 1526, in-fol.
sur vélin, 28 l. st.; Tacite, Venise, (*circa* 1470,) in-fol.,
48 l. st.; Vesputii *Mundus novus*, (Paris, vers 1504,)
in-8, 36 l. st. 10 sh. (opuscule de 8 ff. seulement,
inconnu aux bibliographes).

Le catalogue publié en 1861, à l'occasion de la
vente qui eut lieu du 25 avril au 8 mai, et du 18
au 26 juillet, est considérable; il présente 7,618 articles, sans compter les numéros doubles. Ce n'est
plus, comme dans le catalogue de 1859, des raretés
remarquables, des reliures somptueuses; les ouvrages
de travail y dominent; les livres d'histoire, les ouvrages relatifs aux sciences mathématiques et physi-

ques, sont fort nombreux. Des notes multipliées renferment, au sujet des progrès de la géométrie et de
l'algèbre, des détails très-utiles ; les mots *America*,
Arithmétique, *Facéties*, *Musique*, présentent surtout
des réunions très-remarquables d'ouvrages pleins
d'intérêt.

Nous allons, sans nous astreindre à aucun choix
méthodique, traduire quelques-unes des notes que
nous rencontrons presque à chaque page, et qui nous
apprennent toujours quelque chose de neuf.

ABBANO P. *di. Conciliator differentiarum*, 1476,
ouvrage rempli de détails curieux. Dans la *differen-
tia* LXVI, l'auteur signale, au sujet de l'extrême Orient,
des particularités qu'il avait apprises dans ses conversations avec divers voyageurs, parmi lesquels il
nomme Marco Polo. Il parle de la tentative audacieuse
que firent, vers la fin du XII° siècle, deux navigateurs
génois (Doria et Vivaldi) pour arriver dans l'Inde en
traversant l'Atlantique. C'était deux siècles avant
Christophe Colomb.

FERRARI (L.) et NICOLO TARTAGLIA. *Cartelli di dis-
fide scientifiche.* Milano et Venetia, 1547. La note
jointe au n° 178 donne des détails étendus sur ce
recueil curieux relatif aux défis que s'adressèrent
mutuellement deux mathématiciens en renom ; il s'a-
gissait de la solution des équations algébriques. Ces
défis étaient portés par des hérauts qui marchaient
en grande cérémonie, bannières déployées, et accompagnés d'une foule nombreuse. Le recueil se compose

de douze opuscules qui furent découverts par le professeur Silvestre Gherardi. Il en fit l'objet d'un mémoire qu'il fit paraître à Bologne, en 1840, mais il ne connaissait alors que onze des pièces en question. La bibliothèque de Saint-Marc, à Venise, possède un seul de ces opuscules, et on croit qu'il n'en existe pas d'autre exemplaire en Italie.

ALLÆI (F.) *Astrologiæ Nova Methodus.* Rhedonis, 1654. On attribue cet ouvrage à un capucin, le père Yves. Il fut supprimé à cause des prédictions qu'il renfermait au sujet des divers États de l'Europe. Une réimpression eut lieu, mais elle est sans valeur, parce qu'elle ne présente pas ces singulières prophéties. Ce qu'il y a de singulier, c'est que les assertions que le capucin mettait en avant à tout hasard ont quelquefois été d'accord avec l'histoire. Signalons quelques-unes de ses prédictions en ce qui concerne l'Angleterre :

En 1666, *magna calamitas* (ce fut l'année du grand incendie de Londres); en 1691, *magna Reipublicæ turbatio* (guerres civiles en Irlande); en 1705, *adversa omnia* (erreur, le duc de Marlboroug obtint de brillants succès) ; en 1756, *minatur maximum excidium* (la guerre éclate avec la France); en 1884, *maxima adversitas*, ceci est le secret de l'avenir.

Œuvre très-subtille et profitable de l'art et science de arismetique et géometrie (par *Jehan de Lortic*), *translaté d'espagnol en françoys* (par *frere Glaude Platin*). Lyon, 1515, in-4. C'est le premier livre sur l'arithmétique imprimé en français. Il contient aussi, au sujet de l'algèbre, des notions importantes (voir la note n° 756). L'ouvrage espagnol d'Ortiga est perdu; une traduction italienne, publiée à Rome en 1505, offre des différences très-considérables avec le volume français.

La Théorique des cielz, mouvemens et termes pratiques dés sept planètes. Paris, Simon Dubois pour Jean Pierre de Tours, 1528, in-fol. Cet ouvrage, inconnu aux bibliographes, est le premier livre sur l'astronomie qui ait été publié en français. Il contient de nombreuses figures sur bois, et dés diagrammes à la manière noire. Ce n'est point une traduction de la *Theoria planetarum* de Purbach, mais une rédaction faite d'après divers auteurs. En tête du volume, imprimé, en gros caractères gothiques, on lit un *rondeau* en vers, et à la fin on trouve deux petits traités de Ptolémée sur les armilles et le météoroscope.

BARBARO. *Prudentissimi e gravi documenti circa la elettion della moglie.* Vinezia, 1548. Traduction d'un ouvrage latin de Fr. Barbaro, *De Re uxoria*, plusieurs fois réimprimé. Entre autres singularités, on remarque la répugnance de l'auteur pour les femmes de petite taille : « *Le donne di statura picciola esser, più tosto atte all' ufficio di concubina che di moglie.* »

BERIGARDI (CLAUDII) *Circulus Pisanus.* Uteni, 1643. Cet ouvrage d'un Français, Beauregard, qui fut professeur à Pise, puis à Padoue, et qui avait des idées très-avancées pour l'époque, fournit matière à

des détails curieux (voir la note n° 968). Des écrivains italiens ont cité le *Circulus* comme prouvant
que, dès 1643, Torricelli avait découvert le baromè-
tre et son application pour déterminer la hauteur des
montagnes. Les travaux de Pascal exécutés en 1647
semblaient donc avoir été devancés ; mais il faut obser-
ver que le passage dans lequel Beauregard parle du
baromère est dans la seconde édition du *Circulus*, mise
au jour en 1661, tandis qu'il ne se trouve nullement
dans l'édition de 1643, qui est extrêmement rare, et
qu'on a citée dans l'idée que les deux éditions
étaient conformes. Le fait est que l'ouvrage a été
complétement refondu et divisé dans un autre ordre.
Cette circonstance est d'un intérêt réel au point de
vue de l'histoire des sciences.

Castalioniis terræ communitatis statuta. Perugiæ,
1535, in-fol. Ces règlements contiennent des détails
curieux. On y voit que les femmes de mauvaise vie
ne pouvaient séjourner dans la ville ; que des lois
somptuaires réglaient le costume des dames ; que les
criminels, même les plus grands, pouvaient se tirer
d'affaire en payant une amende. Un article spécial
autorise les barbiers à sortir la nuit, avec une lanterne, afin d'aller raser leurs pratiques. On rencontre aussi dans ce recueil une liste curieuse des reli-
ques appartenant à la communauté : la verge avec
laquelle le Sauveur fut flagellé ; un morceau de l'é-
ponge qu'on lui présenta sur la croix ; une portion
de la table qui servait au festin des noces de Cana.

4*

THURECENSIS (*sic pro* Thuricensis) *Phisici Tractatus de cometis.* 1484, in-4. L'ouvrage d'Arzel sur les comètes, que Lalande mentionne, d'après la seule autorité de Beughem, comme ayant été imprimé en 1472, n'est point indiqué dans le *Repertorium* de Hain, consacré aux éditions du XVe siècle, et on peut regarder cette édition comme fort douteuse. D'un autre côté, la date de 1472 placée à la fin d'un traité médical sur les comètes, par Angelus Cato, est regardée comme indiquant la composition et non l'impression de cet écrit. Il s'ensuit que le *Tractatus* daté de 1484 est probablement le premier ouvrage relatif aux comètes qui ait jamais été imprimé.

CERVIO (V.). *Il Trinciante ampliato et a perfectione ridotto.* Rome, 1593, in-4. Cet ouvrage, sur l'art de découper, est intéressant pour l'histoire de l'art de la cuisine. On y trouve les menus des festins donnés à l'occasion du mariage du duc de Mantoue, en 1581, ainsi que pour les noces du connétable Colonna avec la nièce de Sixte-Quint. Les banquets qui eurent lieu lorsque les ambassadeurs portugais vinrent rendre hommage au pape, et lorsque les trois fils du duc de Bavière séjournèrent à Rome, sont aussi l'objet de détails étendus. On servait des paons avec leur queue ornée de bijoux ; on donnait *acqua odorifera alle mani.* L'ouvrage fut si bien accueilli qu'une autre édition parut à Venise la même année.

FREYGII *Pædagogus.* Basileæ, 1582, in-8. Il y a dans ce livre des détails sur toutes les sciences, des dialogues en français, et la première ode d'Horace mise en musique (1).

BELLASO. *Il Vero Modo di scrivere in cifra.* Bressa, 1564. La première édition est de 1553. On trouve dans ce volume sept propositions écrites en chiffres, et l'auteur promet de les expliquer au bout d'un an si, dans cet intervalle, personne n'a pu en percer le mystère. Mais ce qui donne à ce livre un intérêt tout spécial, c'est qu'une de ces propositions énonce sur la chute des corps pesants un principe dont Galilée a toujours été regardé comme l'inventeur, et qui se trouve pourtant formulé l'année même de la naissance de ce grand homme. Aucun bibliographe ne paraît avoir fait mention du livre de Bellaso.

Catalogue des livres rares et curieux en vente chez J. Néaulme, libraire à La Haye, 1765. Les prix imprimés démontrent combien la valeur de certains ouvrages a augmenté depuis un siècle. Néaulme mettait

---

(1) Le *Manuel du libraire* (5ᵉ édition, III, 326) mentionne les travaux de divers musiciens au sujet d'Horace, mais nous pouvons ajouter quelques indications à cet égard. On a publié à Ulm, en 1539, des odes d'Horace à 3 et 4 parties mises en musique par Benedictus Ducis; M. de Coussemaker en parle (*Mémoires de la Société d'émulation de Cambray,* 1843, p. 126). M. Libri lui-même a signalé dans le *Journal des savants,* janvier 1842, un manuscrit du Xᵉ ou du XIᵉ siècle qui est à la bibliothèque de Montpellier et dans lequel l'ode à Phillis : *Est mihi nomen,* présente dans les interlignes la notation musicale. D'autres poëtes latins ont été l'objet de tentatives semblables, nous nous contenterons de citer les *Melodiæ Prudentianæ.*

les chroniques de Saint-Denys, édition de Vérard, sur vélin, à 190 florins ; le Monstrelet, édition de Vérard , *exemplaire de Grolier*, à 36 florins ; le roman de la Rose, sur vélin, avec miniatures, exemplaire de Charles IX, à 100 florins. Peu d'années après, en 1776, on livrait aux enchères, à Paris, une collection de manuscrits formée par un amateur (Pigache) dont le nom est resté obscur, mais qui était certainement un curieux fort distingué ; on adjugeait alors à 100 fr. un manuscrit sur vélin du *Livre du roi Modus*, avec miniatures , et à 77 fr. un volume, également sur vélin, contenant Merlin, Lancelot du Lac, Arthur et le Saint-Gréal.

MALFI *(Tiberio)*. *Nuova prattica della decoratoria manuale*. Napoli, 1629, in-4. Ce volume, fort rare, relatif à l'art de raser et de saigner, contient des portraits de barbiers célèbres, tels qu'Olivier le Daim (le compère de Louis XI) et le poëte Florentin Burchiello.

Novariæ civitatis statuta. Novariæ, 1583, in-folio. Plusieurs des prescriptions contenues dans ce volume sont singulières : l'adultère *per vim* est puni d'une amende de 100 livres impériales, laquelle est réduite à 50 si le crime a lieu *sine vi* ; mais l'épouse, coupable doit être brûlée vive si l'époux le demande. Le viol entraîne une amende de 100 livres ; le blasphème, et même les outrages aux images des saints, sont frappés de peines pécuniaires, et, si le coupable est hors d'état de payer, il est fouetté. Il est interdit de porter en noir le deuil des morts.

Une dernière vente (nous ignorons s'il n'y en aura pas quelque autre dans l'avenir) a eu lieu à Londres du 25 au 28 juillet 1862 ; le catalogue, bien moins étendu que les précédents, offre 575 articles. Il en est parvenu à Paris un certain nombre d'exemplaires imprimés en français, ce qui doit nous rendre sobre de détails à son égard.

De même que ses devanciers, ce catalogue se fait remarquer par un grand nombre de notes bibliographiques intéressantes ; nous signalerons celles relatives à un livret allemand imprimé vers 1505, sur les découvertes des Portugais (n° 2) ; au *Liber de distinctionibus*, d'Aluin de Lille (vers 1475), volume qui offre le plus ancien exemple connu d'une gravure avec date certaine (n° 4) ; à la *Cosmographiæ introductio*, Deodate, 1507, ouvrage important au sujet de la découverte de l'Amérique (n° 15) ; à la *Geographia* de Berlinghieri (vers 1480), in-folio (n° 67) ; à une traduction allemande de Boccace (vers 1471), in-folio (n° 81) ; aux *Peregrinationes* de Breydenbach (n° 99) ; au *Compendio spiritual da vida christiana*, imprimé à Goa en 1561 (n° 157) ; aux *Coloquios dos simplos*, de Garcia Dortu, Goa, 1563 (n° 207), volume qui a longtemps été regardé, mais à tort, comme le premier livre imprimé dans les Indes orientales ; aux *Patrons et pourtraits* de J. B. de Calen *pour toutes sortes de lingerie*, 1597 (n° 253) ; au volume italien imprimé à Venise vers 1471, sous un titre latin : *Gloria mu-*

lierum (n° 254); au *Tractatus racionis* de Matthieu de Cracovie, attribué aux presses de Guttenberg (n° 264, adjugé à 25 l. st. 10 sh.); à un exemplaire, sur vélin, d'*Heures* imprimées par Vérard (n° 271, adjugé à 32 l. st.); à l'édition de Lactance, Rome, 1468 (n° 410); à une édition faite à Amsterdam en 1673, de la réception d'un médecin, en latin macaronique, insérée par Molière dans le *Malade imaginaire* (n° 333); à un *Vocabuliste*, Venise, 1513, in-4 (n° 362).

Des détails étendus sont fournis au sujet de diverses impressions xylographiques, telles que l'*Art de chyromance* d'André Corum (n° 568); l'*Opera nova contemplativa*, imprimé à Venise (n° 571, seul livre xylographique italien que l'on connaisse).

Historia del emperador Carlo Magno, Sevilla, 1547, in-fol., 23 l. st. 10 sh.; Cicero, *De Officiis*, Mayence, 1465, 145 l. st.; Cuspianus, *De Imperatoribus romanis*, 1540, in-folio. 51 l. st. (c'est à cause de sa belle reliure du XVI° siècle, à compartiments de différentes couleurs, que ce volume, sans valeur en condition ordinaire, s'est élevé aussi haut.); Giamballari, *Apparatie feste nelle noze dello duca de Firenze*, 1539, in-8, sur vélin, 20 l. st. 10 sh.; Thoma de Aquino, *Summa de articulis fidei* (regardé comme imprimé par Guttenberg), 25 l. st.; *Horæ beatissimæ Virginis*, Alde, 1497, 22 l. st. 10 sh.; *Horæ ad usum sacrum*, pro *Simone Vostre*, 1498, sur vélin, 30 l. st.; Petrarca, Alde, 1501, in-8 sur vélin, 125 l. st.; *Tewrdanackh*, 1517, in-fol. sur vélin, 125 l. st.; Vitruvio, *Archi-*

tettura, 1535, in-fol., 30 l. st., prix qui est le résultat d'une somptueuse reliure aux armes de Paulo Giordano Orsini : la note jointe à cet article constate que cet amateur de beaux livres étrangla de ses propres mains sa femme (Isabelle de Médicis, fille du premier grand-duc de Toscane), en faisant semblant de la caresser).

Nous occupant surtout des ouvrages imprimés, nous nous arrêterons peu au catalogue spécial de manuscrits réunis par M. Libri, et vendus à Londres du 28 mars au 5 avril 1859. Cet inventaire contient 1190 numéros, tous accompagnés de longues notes, et il est suivi de 36 planches donnant des *fac-simile* d'écriture, d'ornements, etc. Les renseignements utiles à l'histoire des sciences et des lettres abondent dans ce volume, qui mérite de tenir une place distinguée dans le cabinet de tout amateur. Parmi les manuscrits qui ont été payés des prix élevés, nous indiquerons une copie de la *Divina Commedia*, du XIVe siècle (n° 300), adjugée à 58 l. st., et un *Portalis* du commencement du XVIe siècle (n° 827), payé 91 l. st.

Ces catalogues multipliés sont loin d'ailleurs de faire connaître en leur entier les immenses collections qu'avait formées M. Libri. Trois autres ventes ont eu lieu à Paris : en 1855 (5,886 numéros), 1857 (7,179), et 1858 (5,608); elles offrent donc un total de 18,727 articles. Quelques ouvrages fort précieux y figurent (*Pétrarque*, Padoue, 1472, in-4 sur vélin, adjugé à 2,700 fr.; le *Livre de Baudoyn*, Chambéry, 1485, 1,200 fr.; Bonau, *De la Généalogie des Dieux*, Paris, Vérard, in-fol. sur vélin, 5,900 fr.); et certaines adjudications ont montré à quel point, depuis le siècle dernier, la valeur des livres rares s'est accrue : on a payé 390 fr. deux ouvrages italiens sur l'art de broder, qui n'avaient pas, en 1779, dépassé 8 livres à la vente Sandraz; un exemplaire non relié, *Morgante maggiore*, de Pulci (Venise, 1569), s'est élevé à 590 fr.; un exemplaire en maroquin avait été laissé à 9 fr. à la vente la Vallière, en 1784. Mais en général ces trois catalogues offrent surtout de bons ouvrages de travail. Dans celui de 1858 on remarque une série de plus de 800 articles concernant les sciences mathématiques, et une collection unique d'*œuvres de musique*, tant imprimées que manuscrites, des plus célèbres compositeurs des XVIe, XVIIe et XVIIIe siècles. On trouve d'ailleurs fort peu de notes, et toujours très-succinctes, dans ces catalogues, qui sont assez connus à Paris pour que nous soyons dispensés de nous en occuper davantage.

NOTES SUR QUELQUES LIVRES FACÉTIEUX.

On s'est proposé de faire connaître, par des citations pas trop longues et par des analyses succinctes,
divers ouvrages appartenant à la classe aujourd'hui
si recherchée des *facéties*. Il serait facile d'écrire à
cet égard plusieurs volumes grand in-8 à deux co-
lonnes, mais prudemment on s'en est tenu à un petit
nombre de pages, sauf à revenir sur ce sujet si les
bibliophiles pantagruélistes auxquels on s'adresse
veulent bien nous encourager.

*Relations du royaume de Candavia envoyées à ma-
dame la comtesse de ***, imprimées à Jovial, chez
Stuket le goguenard, rue des Fièvres Chaudes, à l'enseigne des rêves.* Paris, Jacques Josse, in-12, 46 p.

Une note de Ch. Nodier (*Description d'une jolie
collection...* 1844, n° 946) a signalé à l'attention des
bibliophiles ce livret peu connu, imprimé en 1715,
et qui fournit le prototype d'une langue factice, dont
le secret consiste à former des phrases de mots éton-
nés d'être ensemble, et qui ne présentent aucune

espèce de sens, quoiqu'elles semblent se rapporter à un sens suivi et continu (1). En transcrivant le début de cette *Relation,* nous en donnerons une idée suffisante :

« Nous partîmes le 15 des réchauds de l'année climatérique, pour arriver dans la province du Dexa. Nous prîmes une litière. Les litières de ce pays ne sont autre chose que des étuis à peigne de faïence, tirés par trois chats-huants et un poireau. Nous rencontrâmes un navire, porteur d'une cargaison de tambours de basque, d'amidon gris pommelé, et de castagnettes de verre battu à froid. Nous passâmes devant le promontoire des manches à balai : on le nomme ainsi parce qu'un turbot et deux truites, ayant pris la résolution de quitter le monde, se retirèrent dans cet endroit, s'occupant à filer des pierres à fusil. Le roi de Candavia est fait comme un etc. : il a un œil sur chaque épaule et trois cors aux pieds sur la langue ; les rideaux de son lit sont faits de neige fondue au soleil, et on lui sert, à chacun de ses repas, un plat de béquilles bouillies. La reine a la tête en flageolet cassé, et les mains en

_____

(1) L'exemplaire Nodier, relié en maroquin, fut adjugé à 49 fr. En 1849, à une époque peu favorable à la bibliomanie, il fut revendu 14 fr. 50 seulement, vente Taylor, et nous le retrouvons offert au prix de 40 fr. sur un catalogue de M. Potier (1855, n° 2648). Nous en avons eu une réimpression augmentée : *Paris,* Louis de Heuqueville, 1731, 51 pages.

chapon gelé; pour chaussures, des bas de cire d'Espagne. Sa robe est de paille d'avoine avec des agréments de plâtre; elle porte, sur une perruque de
groseilles blanche, une couronne d'ébène bleue,
fermée à deux crochets de langues de scorpions,
bouts-rimés, surmontés de culs d'artichauts avec un
ruban de fer-blanc à triples blondes. Sa Majesté fit
des cadeaux à plusieurs de ses courtisans. A l'un
elle donna un cochon de lait de fruit de Raguse, qui
parlait dix-sept sortes de langues sans savoir ce qu'il
disait; à un autre, une puce danoise qui jouait de la
flûte traversière à livre ouvert. Celui-ci reçut le miroir de toilette de la mère nourrice de Rémus et de
Romulus, doublé du mois d'avril; et celui-là, un car-
rosse de points à l'aiguille, attelé de deux poules
d'eau. Quatre grives à l'étuvée, attelées à un enton-
noir de cresson, nous conduisirent ensuite à la capitale d'une autre province. Les habitants sont vêtus
d'étoffe faite avec des soupirs de bouleau de vermeil,
et leurs maisons sont bâties d'appeaux pour attraper
des cailles de bois de cèdre. On nous montra un chariot de gomme arabique, dans lequel la reine prend
souvent le plaisir de la chasse aux escargots, lorsqu'ils savent leurs syllogismes. »

Vadé a imité ce genre de plaisanteries; nous nous
bornerons à rappeler ce qu'on lit dans ses *Œuvres
posthumes* (Londres, 4071701, in-8, p. 270). Il s'agit
d'une fiole conservée à Dieppe, autour de laquelle
« règne l'histoire de saint Alexis, en relief d'un

marbre rouge sterling, soutenu par quatre pyramides
à fleur de tête à perruque, sur l'air : *Tous les ca-*
pucins du monde ; mais, lorsqu'on s'en approche,
comme pour y toucher, on découvre une perspective
de bois flotté qui fait éternuer par les deux bouts.
Ensuite on passe dans un endroit d'où l'on tire
d'une petite boîte, ovale par les extrémités et ronde
par les quatre coins, de façon qu'elle forme une
espèce de moulin à café ; on tire de cette boîte une
pierre de tombe qui représente les oyes du frère
Philippe, gravées par les trois anges dans la four-
naise. C'est la mode dans ce pays, comme c'est à
Paris, de manger des épinars de maroquin. Savez-
vous aussi qu'on montre à l'observatoire de Paris
un éperlan taillé dans le roc à manche d'agathe,
enveloppé d'un coton cardé à neuf, enrichi d'une
cornaline de bronze peinte sur coutil à façon de
garde-robe sauvage ; et les yeux de cet animal
ressemblent précisément à deux casse - noisettes
dont les paupières sont de plomb laminé. Il y a,
de plus, une armoire de cire vierge, incrustée en
brique, d'où sort un tableau soutenu par trois ché-
rubins de pâte de guimauve, un peu marqués de la petite vérole. Le sujet de ce tableau est l'histoire du cochon de saint Antoine, et la bordure représente
une campagne voûtée à jour, remplie d'hannetons
du nord perchés sur des palmiers apprivoisés, dont
le tronc est de cire d'Espagne, que les Suisses ap-
pellent catéchumène : c'est une pensée traduite de

l'hébreu, parce que dans ce temps-là le peuple aimait tellement le fromage mou, que l'on était obligé de leur mettre trois fois le jour des papillotes pour chasser le tonnerre. »

Tout ceci nous mène aux amphigouris de Collé ; mais nous n'avons point à nous en occuper, ils sont trop connus.

Priape, opéra en musique, orné de machines, décorations, feux d'artifice. 1694, in-12.

Ce livret, fort rare, se trouvait dans la bibliothèque de M. de Solleinne, n° 3,837 (voir la note) ; un autre exemplaire figure au catalogue (n° 1,715) de la bibliothèque de M. Cigongne, achetée par le duc d'Aumale.

Le tout est orné de jolies vignettes représentant un sorcier lisant dans un grimoire, tandis qu'un autre personnage s'enfuit par la cheminée; sept singes dansant en rond, quatre autres jouant du tambourin et de la cornemuse, etc.

Malgré son titre un peu alarmant, cette œuvre n'a rien de bien libre; ce n'est qu'une plaisanterie qui ne mérite point le feu. L'auteur, resté anonyme, dédie son écrit *aux dames*, et sa dédicace débute ainsi :

« J'ai un sottisier dans un jardin qui porte toutes sortes de sottises. Comme nous avons eu cette année une assez bonne récolte, j'ai cru que vous ne prendriez pas de mauvaise part si je vous dédiais cet opéra, fruit nouvellement cueilli d'un arbre qui fut planté du temps d'Ésope, lorsque les animaux savaient parler (1). »

L'auteur annonce ensuite aux dames que bientôt ce sera à elles à faire la cour aux hommes.

Les personnages qui figurent dans le prologue sont : Platon, Borée, la Fatalité, le Sommeil, Diane, Momus. Ce dernier dit à la déesse :

> Je viens vous offrir un cœur
> Farcy de confitures.

Elle lui réplique :

> Tu prends mal tes mesures,
> Nargue à tant de douceurs.

La pièce met en scène beaucoup d'acteurs différents : Phœbus, la Jalousie, les Furies, l'âne de Si-

---

(1) Ceci est imité de Rabelais (liv. 2, chap. 91), et cette idée a depuis été reproduite maintes fois. Contentons-nous de citer le *Différent des chapons et des coqs*, inséré dans les *Variétés littéraires*, éditées par M. E. Fournier (IV, 277), et les *Fabula primera* de l'Espagnol Yriarte :

> Alla en tiempo de entomes
> Y en tierras muy remotas,
> Cuando hablaban los brutos.

Mais, avant Rabelais, le moine qui avait rédigé les *Chroniques de Saint-Denys* avait dit : « En ce temps que les bestes parloient. » (*Historiens des Gaules*, in-fol., III, 165.)

lène, les trois Parques, Hébé, des chœurs de druides, de dieux marins, de démons, etc.

Voici un échantillon très-court des couplets que chante une des femmes :

> Le jour d'après mes noces,
> Mon mari vit croître deux bosses
> Qui l'embellissaient au front ;
> Mais, au lieu d'en venger l'affront,
> Il éclata de rire.

L'opéra se termine par la réception de Priape au rang des dieux :

> Je suis affamé comme un diable ;
> Seigneur, je m'asseois à votre table.

Et le tout finit par un chœur que répètent les habitants de l'Olympe :

> Chantons le grand satrape
> Du sexe féminin ;
> Chantons le dieu Priape :
> Buvons, rions sans fin.

Description de la superbe et imaginaire entrée faicte à à la royne Gillette, passant à Venise, traduicte de langue caractérée. 1582, in-8°.

C'est l'édition la plus ancienne de cette facétie, qui fut très-bien accueillie. Il en existe six ou sept éditions devenues rares et qui se payent cher. La reine Gillette est un nom qui se retrouve dans divers écrits du temps et jusqu'assez en avant sous le règne de Louis XIII.

Dans le récit de l'entrée à Venise de cette souveraine, l'auteur s'est amusé à réunir des extravagances et des singularités qui ont été fort dépassées plus tard dans quelques autres écrits facétieux.

« Messieurs de la seigneurie de Venise, sachant que la royne Gillette étoit à Padoue, envoyèrent au devant de Sa Majesté cent barons avec deux cents pages et vingt-cinq gentilshommes, cinquante comtes et vingt-cinq ducs.

« Les barons estoient vestus à la mode parisienne; leurs habillements estoient de velours vert gay, chamarrés de passements d'or et d'argent; ce qu'ils avoient en teste étoit faict de satin blanc goffré, et au bout pendoient trois sonnettes d'argent.

« Les pages estoient vestus en velours vert couleur de merdoye, leurs cazaques de chrysolyte, leurs chapeaux de maroquin du Levant faicts en tuyaux d'orgue.

« Les vingt-cinq gentilshommes qui accompagnoient les barons avoient leurs chappeaux plats comme couvercles à lessive, mais non si grands et tous de cuir de poule; ils étoient montez sur chevaux de bois de canne.

« Les cinquante comtes vestus à la mode d'Antioche, leurs chappeaux faicts comme cygongnes, et montés sur jeunes chameaux.

« Les pages qui suivoient les ducs avoient l'habillement de teste de la plus estrange et joyeuse façon qu'il soit possible d'imaginer, estant faict comme grandes cages, et furent faicts expressément, d'autant qu'ils portoient tous un petit perroquet vert de Barbarie dedans.

« Trois cents chameaux portoient le fatras de la royne Gillette. Ils estoient conduits par soixante centaures fort gaillards, car ils avaient esté nourris six semaines durant de biscuits de cantharidez.

« La royne estoit dans un chariot de nacre de perle, enrichi de pierreries semblables à celles de la mitre de l'évêque de Cappadoce au diocèse de Bagnolet, et attelé de deux lièvres, deux cerfs-volants et deux licornes. Sa Majesté estoit avec un singe, présent du prestre Jehan (1). On remarquoit dans le cortége vingt-quatre rhinocéros montés par jeunes filles éthiopien-

---

(1) Nous résistons à la tentation d'entrer ici dans quelques détails bibliographiques sur ce personnage fabuleux, célèbre au moyen âge; nous en avons déjà parlé dans notre *Notice sur une édition inconnue de Pantagruel* (1844, p. 13). Ajoutons qu'un résumé plein d'érudition de ce qui concerne les Prêtres Jean (car il y en eut plusieurs), et dû à M. d'Avezac, se trouve p. 147-168 de la *Relation des Mongols*, par Jean de Plan du Carpin, publiée par la Société de géographie (Paris, 1838, in-4). La *Revue de l'Orient* (mai 1862, p. 287-328) a inséré un chapitre du texte original de Marco Polo relatif à ce monarque, et accompagné d'un savant commentaire de M. Pauthier. De tous les ouvrages anciens qui se rattachent à cette traduction, l'un des plus rares sans doute est un opuscule anglais imprimé à Anvers vers 1520, in-4, *Pope John and his Isles.* Il est indiqué au catalogue de la *Biblio-*

nes, blanches comme pruneaux du pays, et mené chacun au son de vingt-cinq rebecques.

« A dîner, la royne mangea un porc épicé farci de dattes ; elle but dix-sept grands voirres pleins de Malvoisie, ce qui est son ordinaire quand elle fait diette, et elle fit largesse au peuple de neuf cent quatre-vingt-neuf mil huit cent quatorze sultanins. »

Le Carabinage et matoiserie soldatesque, par Drachier d'Amorny. Paris, 1616, pet. in-8.

Le nom de l'auteur, déguisé sous le voile de l'anagramme, est celui d'un écrivain d'ailleurs très-peu connu. Aux adjudications indiquées au *Manuel* nous pouvons ajouter celle-ci : 29 fr. Aimé-Martin, et 51 f. Lefèvre Dallerange en 1851. Nous reproduirons quelques-unes des lignes du prologue :

---

theca grenviliana (p. 13), aujourd'hui annexée au Musée britannique.

Nous venons de mentionner l'œuvre de Rabelais ; qu'il nous soit permis d'ajouter que, dans la notice citée ci-dessus, nous avons été les premiers à corriger, d'après l'édition de Poitiers 1533, une erreur qui s'était glissée dans toutes les éditions suivantes, sans en excepter celles de De l'Aulnaye et celle *variorum*. Elles portaient (liv. II, chap. 24) que Pantagruel « espousa la fille d'un roy d'Inde nommé Presthan », ce qui ne signifie rien. La véritable leçon donne : « *La fille d'un roy d'Inde, dit prestre Jehan.* » Cette rectification a été introduite dans une édition récente (t. I, p. 397), celle de MM. Burgaud des Maretz et Rathery, 1857 ; mais dans celle de M. Jannet (1858, p. 336), la leçon vicieuse a été conservée, et la bonne indiquée comme variante.

« Amy lecteur, ie ne doute aucunement que les cerveaux demontez et jugements mal tymbrez qui voudroient tondre sur un œuf, contrefaisant les Aristarques et critiques, ne taschent de censurer ce livre, et que certains chagrins et effeminez nez soubs l'horoscope infortuné *de frigidis et maleficiatis*, ne pouvant produire aucunes œuvres, blâment celle-cy. »

« Par ma jacquette! on ne sait comment les hommes sont faits aujourd'huy : le sage est estimé fol et sot; le téméraire, hardy; le prodigue, avare. Les poussins de ce temps-cy ne sont pas plus tost sortis de la coque qu'ils font les coqs. Certainement, si j'eusse appréhendé les freslons piquants, les meschantes cantharides, les venimeuses araignées, les hommes stoïcques et rébarbatifs, qui, par le poinçon de la vivacité de leur esprit, veulent se graver un renom immortel dans le blasme d'autruy, je n'eusse jamais faict voir le jour à ce facétieux discours. »

Arrive ensuite une série d'entretiens remplis de coqs-à-l'âne et de ce gros sel fort goûté alors des lecteurs. La conversation à lieu entre un aubergiste et un carabin revenant de l'armée, fanfaron, pillard, ivrogne, au demeurant fort peu courageux.

« Belles-Oreilles, voyant entrer chez lui le Poltronesque, fut estonné en fondeur de cloches, et tout ainsi que si cornes luy feussent creues à la teste; car depuis l'année mil cinq cent vingt et onze, que l'on portait des chausses en forme de bouteilles, qu'il quitta la cour pour aller demeurer au pays de Cocagne, où *chi più orme più guadagna*, l'on n'avoit point ouy de ses nouvelles, et croyait-on asseurément qu'il fust descendeu au royaume des Taulpes. Belles-Oreilles donc s'en va à la rencontre de son amy Poltronesque pour le recevoir, et luy fait la révérence à la trotte qui mode (1), se levant sur le pied droit comme une oye qui veut voler, et chassant avec le gauche à la façon de ceux qui dansent les cinq pas. »

Indiquons un passage relatif aux modes de l'époque : « Tu verrois les dames porter des collets si proprement montez, des robes bouillonnées, des juppes de toutes couleurs, des chaisnes de senteurs, des perruques à triples estages qu'elles mettent et ostent comme les gens d'armes leurs casques et salades ; des oreillettes de velours, des lunettes sur leurs masques pour conserver leurs beaux yeux du vent et de la poussière, voire appliquer proprement la mousche. »

Voici une petite anecdote que nous prenons au hasard.

---

(1) On rencontre souvent dans Rabelais et dans les auteurs facétieux du XVIᵉ siècle des contrepetteries de ce genre. Peignot, dans ses *Amusements philologiques*, 1842, p. 83, en fournit divers exemples; on en trouve aussi chez les auteurs étrangers. Nous nous contenterons d'une seule citation que nous fournit la *Trinuzia* de Firenzuola : *Tu faresti invergiliar Parezzio*, pour *impazzar Virgilio*. Une petite pièce de la même époque que le *Carabinage*, la *Mode qui court au temps présent* (Paris, 1612), est indiquée au *Manuel du Libraire*, et le catalogue Nodier (1844, nᵒ 588) en signale une autre édition : Rouen, Jean Petit.

« Aux pays septentrionaux, deux hommes parlant en hyver posés aux deux bords d'une rivière, leurs parolles se gelèrent en l'air, de façon que, le temps s'estant adoucy, le degel arrivé, l'on entendit distinctement les paroles qui avoient esté proférées par ces deux hommes (1). »

L'auteur du *Carabinage* aime à faire parade d'érudition; il cite Martial, Ovide, Merlin, Boccace et maint autre auteur; il nomme quelques-uns des illustres farceurs de l'époque : « Angoulevent et maître Guillaume ne se sçauroient opposer à mon droit de bourgeoisie »; mais il ne fait nulle mention de l'immortel Tabarin. Il enseigne une manière de détruire les fortifications d'une ville, moins malséante d'ailleurs que celle qu'indique Panurge pour les construire :

« Un habile mathématicien, discourant des fortifications, artifices de feu et autres belles inventions pour attaquer et deffendre les citadelles, fut interrompu par un lourdaut qui dist qu'il lui vouloit enseigner un admirable secret pour miner une ville : c'étoit de prendre grande quantité de taupes et les mettre sous terre, et qu'à force qu'elles pousseroient, elles feroient bouleverser la ville. »

---

(1) Ces paroles qui *glassent à la froideur de l'air* sont un épisode du *Pantagruel* (liv. IV, chap. 55). Rabelais avait emprunté cette idée au *Libro del Cortegiano*, du comte B. Castiglione; elle se retrouve dans la *Nouvelle fabrique des excellents traits de vérité*, par Ph. d'Alcrippe, livre amusant, réimprimé en 1853 par M. Jannet.

A la page 71, on rencontre une chanson avec la *musique notée* du *Carabin* chantant le plaisir d'être soldat :

>   Tant que la guerre durera,
>   Le paysan nous nourrira ;
>   Mais que le moule du pourpoint n'y demeure,
>   Mais que le moule du pourpoint n'y demeure point.

>   Si le paysan a du bon vin,
>   Son bon vin est nostre ,
>   Le vaisseau à l'hoste ;
>   Mais que le moule.....

>   Si le paysan a des poulets,
>   Les poulets sont nostres,
>   Et la plume à l'hoste ;
>   Mais que le moule.....

Der im Irrgarten der Liebe..., Le Cavalier égaré dans le labyrinthe de l'amour, ou Voyages et intrigues galantes d'un gentilhomme distingué de l'Allemagne, M. de St...*, qui, après beaucoup d'excès, a dû enfin reconnaître que le Ciel punit dans la vieillesse les péchés de la jeunesse. 1738, in-8°.*

Il existe plusieurs éditions de ce roman satirique, qui trouva de nombreux lecteurs le siècle dernier. Le savant auteur du *Manuel* l'a en dernier lieu jugé digne d'une mention. C'est un livre tout à fait ignoré en France, et nous serons, nous le croyons du moins,

les premiers à le faire connaître par une courte analyse.

Après avoir résidé dans quelques petites cours de
l'Allemagne, le jeune homme qui est le héros de cette
narration se rend en Italie afin d'y perfectionner son
éducation ; il arrive à Venise au mois de février 1656,
et il entre au service d'un prince italien. Il a le bonheur (ou le malheur) de voir toutes les dames devenir éprises de lui ; une de ses premières maîtresses
est une religieuse à laquelle il adresse des vers latins :
cette poésie rappelle plutôt les fadeurs des poëtes du
dix-septième siècle que les accents des élégiaques de
l'antiquité. En voici un échantillon :

> Cor saxeum probavi hactenus,
> Ac glacie frigidiorem mentem ;
> Nunc autem nunc, eheu ! non amplius
> Persentio amoris vim ardentem :
> Impugnat me jam formosissima
> Angelica.

Une Italienne, femme d'un baron établi dans un
vieux château du Tyrol, et diverses autres belles, sont
subjuguées par le cavalier allemand, et il s'en trouve
une dont il ne peut jamais voir les traits, car elle ne
se montre à lui que masquée. Une rencontre tragique
du genre le plus sombre, et embellie de fantômes, de
souterrains dignes des *Mystères d'Udolphe*, lui fait
courir de grands dangers ; il y échappe, mais peu de
temps après il est enlevé de force lorsqu'il se ren-

dait de Venise à Padoue, et enfermé dans un château isolé au milieu d'une forêt. Il est traité en criminel d'État; on lui fait subir des interrogatoires au sujet de ses relations avec la dame masquée; il persiste avec fermeté dans un système de dénégation, et il est condamné à mort. Il se prépare pieusement à subir son arrêt; mais au moment où, placé sur l'échafaud, il attend le coup mortel, une voix, émanant d'un personnage qui reste inconnu, proclame sa grâce. Rendu à la liberté, il n'est nullement effrayé des périls qu'il a courus; il fait les plus grands efforts pour retrouver la belle mystérieuse, et, après des obstacles accumulés, après des difficultés extrêmes, il y parvient. Cette belle est une princesse mariée à un vieil époux qui aux torts de son âge ajoute ceux de l'absence, car il est allé faire un voyage en Espagne. Les deux amants passent ensemble, dans une retraite profonde, des jours qui ne leur paraissent que des instants, et, il faut le dire, la princesse finit par accoucher d'un beau garçon. L'époux revient un peu tard; et comme il y a de grands ménagements à garder, le cavalier quitte sa maîtresse, et se dispose à retourner dans sa patrie. Il prend à son service un valet allemand qui, pour charmer les ennuis du voyage, raconte l'histoire des intrigues galantes d'un ancien maître qu'il a eu, et qui a payé de sa vie ses audaces amoureuses; ce récit est tout à fait dans le genre de ceux qu'ont multipliés les *novellieri* italiens. Le héros s'établit à D... (Darmstadt probablement), et il y mène une vie assez tranquille, sans renoncer à son culte pour la beauté. Cette partie du livre présente un tableau assez curieux de l'existence dans les petites villes allemandes à cette époque. Des malheurs qui viennent frapper notre héros le décident à penser sérieusement à s'amender ; il forme le projet de se marier ; mais la guerre qui éclate avec la France l'empêche de réaliser ses intentions. Il se rend à M... (Munich), et s'y livre encore à la galanterie ; l'électeur veut lui choisir une épouse ; il refuse, tombe en disgrâce, et entre comme lieutenant dans un régiment de cavalerie. Récit d'une campagne en Flandre ; mœurs militaires ; amours de passage. Une trêve survient ; il retourne dans sa patrie et il épouse enfin la belle dont il avait fait choix. Une nouvelle campagne s'ouvre ; il se rend à l'armée, et, pendant qu'il combat, sa femme et un enfant qu'elle vient de mettre au monde sont enlevés par une mort prématurée. Désespoir profond. Il renonce au service ; il se rend à la cour d'un autre prince ; de nouvelles intrigues l'y attendent. Il se marie derechef, mais la fatalité le poursuit, et sa seconde femme lui est ravie. Il ne se décourage pas ; il convole à de troisièmes noces, et, dégoûté enfin de vivre auprès des grands, il se retire dans ses domaines, afin d'y rétablir sa fortune, qui se trouve fort ébréchée. Il mène une vie assez triste dans sa solitude ; il reçoit la visite d'une ancienne connaissance, le baron de A***, qui, lui-même, a éprouvé bien des vicissitudes, et qui lui raconte

longuement son histoire. Le cavalier se rend un jour
au château de F., et là une vision effrayante s'offre à
ses regards : la nuit, au moment d'un ouragan, il
voit toutes les femmes qu'il a aimées livrées à d'affreux tourments. Cet aspect décide sa conversion dé-
finitive ; il jeûne, il prie, et sa carrière se termine
dans les sentiments d'un repentir sincère.

Malgré les nombreux défauts de cette production,
on ne saurait y méconnaître de la vie, parfois des intentions poétiques, un tableau fidèle des petites
cours de la Germanie à la fin du dix-septième siècle.
Quant au fond du récit, il n'y a point de doute qu'il
repose sur des faits réels que l'imagination de l'écrivain a amplifiés. Une singularité assez étrange consiste dans un mélange de tableaux licencieux et de
pensées pieuses ; après des pages très-peu édifiantes viennent de chaleureuses exhortations à la péni-
tence.

*Nouvelles des régions de la lune, où se voient les
beaux faicts d'armes de feu Jean de Lagny.* Sans indication de lieu, 1595. Pet. in-8, 113 pages.

Cet écrit facétieux et politique est une satire dirigée contre le duc de Parme, l'Espagne et les Jésuites. Il est signalé comme fort rare dans le catalogue
Leber (n° 4137).

Dans sa préface, l'auteur cite les *Chroniques panta-
gruélines de feu de beuveuse mémoire Rabelais*, et en
maint endroit l'imitation de maître François est évi-

dente. Nous avons remarqué ce passage : « Chacun jouyoit à *J'en suis;* puis fut joué à *Rendez-moy ma vache.* » Le second de ces jeux ne figure pas dans la longue énumération de ceux auxquels se livrait Gargantua. Ailleurs l'écrivain, dont l'anonyme reste à découvrir, nous présente deux personnages dont Racine n'a fait qu'un seul, et dont il a rendu le nom immortel : « L'hôtesse nous ouvrit la porte, et entrant dedans nous trouvasmes encore à table Perrin et Dandin, qui estoient sur leur gageure à qui beuroit le mieux. La semonce avoit esté faicte de Perrin à Dandin dès le poinct du jour ; il ne fut refusé. Dandin s'y trouva avec deux tesmoins, et Perrin aussi avec les siens. » Nul des commentateurs de Racine n'a, ce nous semble, signalé ce passage.

La dédicace d'un jésuite au roi d'Espagne est inspirée par une ironie amère : « C'est de nostre invention toutes ces sortes de tourments et gehennes qui se pratiquent aujourd'hui par tous les pays de vostre obeïssance, et principalement ès nouveaux conquis. Les seize, naguères piliers de Paris, et maintenant de Montfaucon, estoient par nostre moyen pourveus. »

L'Enfer de la mère Cardine, traitant de l'horrible bataille qui fut aux enfers, 1583, in-8.

On connaît trois éditions anciennes de cette facétie en vers, dont deux indiquées au *Manuel du libraire ;* un exemplaire de l'édition originale (le

seul connu) figure au catalogue La Vallière-Nyon
(n° 10862), et doit se trouver à la bibliothèque de
l'Arsenal. La réimpression faite chez Didot l'aîné en
1793, in-8, est elle-même devenue peu commune.
Des exemplaires sur vélin se sont payés (en sus des
adjudications indiquées au *Manuel*) 101 f., Chabrol,
en 1829; 93 fr., Renouard, en 1854. Celui que possède la Bibliothèque impériale est décrit par M. Van
Praët dans le *Catalogue des livres imprimés sur vélin*.

Le sujet de cette composition est fort simple : la
mère Cardine, qui était ce que dans le style adminis-
tratif moderne on appelle une dame de maison,
avait sans doute donné des sujets de plainte à quelque bel esprit qui, pour se venger, s'avisa de raconter la descente de cette matrone dans les Enfers. A
peine arrivée, elle inspire une vive passion à Cerbère, qui s'écrie :

« Hélas ! je suis perdu, car je sens que mon cœur
Est atteint asprement de l'amoureuse ardeur. »
Pluton, qui eut pitié de cette forte rage,
Dit : « Avant que ce feu accroisse davantage,
Et craignant qu'il devienne enfin plus vigoureux,
Je veux faire à ce jour un accord de vous deux. »

Les deux époux étaient dignes l'un de l'autre :

Cerbère avoit au col trois monstrueuses testes,
Comme un arbre fourchu ; et puis ses yeux affreux,
Rouges comme charbons, flamboyoient furieux....

Quant à sa prétendue, elle

> Avoit le poil chesnu mêlé d'estrange sorte
> Sur son chef descharné, couvert d'une peau morte.
> Les joues lui pandilloient ridées en tous lieux;
> Jaunastres et rouillez estoient ses deux gros yeux.

Toutes les *demoiselles* les plus en renom de Paris furent invitées au festin de noces ; elles y accoururent avec empressement.

> Le nombre en feust si grand qu'il y en eut dix mille
> Qui ne peurent entrer en l'infernalle ville.

L'auteur nomme l'élite de ces *dames* :

> Marguerite Remy, surnommée aux gros yeux ;
> La femme de celuy qui est Renard le vieux,
> Avec la maquignonne et sa fille boiteuse ;
> Paquette avec sa mère en tous lieux cauteleuse ;
> La Picarde cresmière, yvrognesse touiours,
> Qui tromperoit un diable en ses ruses et tours.

Laissons de côté Michelle la menuisière, Margot la laronesse, Perrette au corset bleu, la Ragouze, l'Englische (l'*Anglaise*) et bien d'autres.

Le tout finit par une rude bataille entre ces femmes et les sujets de Pluton, et la morale du récit est qu'il n'y a aucun diable qui puisse l'emporter sur une femme.

On a dit que cet *Enfer* était l'œuvre de Flaminio

de Birague (personnage auquel les *Biographies* ont accordé quelques articles insignifiants), et qu'Etienne Forcadel énonçait ce fait dans ses poésies latines; mais, vérification faite dans les vers latins de Forcadel, et même dans ses œuvres françaises, il paraît qu'il ne se rencontre rien à cet égard.

Parmi les pièces qui accompagnent ce petit poëme, on distingue la *Chanson des Bourgeoises* en quinze strophes de sept vers. Nous transcrirons les quatre premiers :

> Toujours quelque nouveauté
> Ou quelque chose incivile
> Il advient, en vérité,
> Dedans Paris grande ville...

L'ouvrage eût d'ailleurs une certaine vogue, car la mère Cardine se retrouve dans diverses pièces facétieuses imprimées sous le règne d'Henri IV et sous celui de Louis XIII; on en rencontrera l'indication au *Manuel*. L'une d'elles, la *Response de gestes de Arlequin au poëte fils de la mère Cardine*, a été insérée dans le tome XIV de la collection des *Joyeusetés*, in-16, publiée à petit nombre, il y a plus de trente ans, par les soins de M. Aimé Martin.

✚ *Harangues burlesques sur la vie et la mort de divers animaux*, par M. Raisonable. Paris, 1651, in-4.

Il faut bien que ce livre soit devenu rare, puisque la cinquième édition du *Manuel* est forcée, pour en

citer une adjudication, de remonter jusqu'à la vente
Méon, faite en 1803. Nous l'avons en vain cherché
sur de nombreux catalogues de collections riches en
livres de ce genre et dispersées depuis plus de trente
ans. Nous laissons à gens plus heureux et plus habiles que nous à découvrir le vrai nom de l'auteur de
ces harangues, facéties peu divertissantes d'ailleurs,
burlesques sans agrément. L'œuvre se compose de
trois harangues sur la mort d'une fourmi, d'un chien
et d'une chouette; viennent ensuite les éloges de
l'âne et du coq, de la brebis, du ver à soie, de la
mouche; une apologie du pou termine le recueil. De
l'Aulnaye, qui, à la suite de son édition de Rabelais,
a placé quelques extraits d'une *Bibliographie enco-
miastique* qu'il avait entreprise sur un plan fort étendu,
mais qui est demeurée inédite, qui s'est probablement perdue (et c'est dommage); de l'Aulnaye, di-
sons-nous, n'a point connu les *Harangues* de M. Rai-
sonnable; il n'indique aucun panégyrique de la brebis et de la chouette.

*Capitoli burleschi d'incerto autore, dedicati al gen-
tilissimo et virtuosissimo signor Pietro Angeli.* L'an-
no ɪxɪc, petit in-8. Ce mince livret de 24 feuillets est
fort rare; un exemplaire fut adjugé à 60 fr., en 1847,
à la vente Libri, n° 1571.

Il existe divers recueils très-recherchés aujour-
d'hui de ces *capitoli*, qui furent quelque temps à la
mode en Italie, et auxquels M. Audiffret a consacré

un curieux article dans le *Dictionnaire de la Conversation*. La dédicace est signée *Gandolfo Milesio*. « Depuis que ces poésies sont tombées entre mes mains, on m'en a demandé tant de copies, et on m'en réclamé encore si souvent, que je trouve plus court de les livrer à l'impression. »

Le premier *capitolo* se compose de 85 tercets et d'un quatrain, le tout adressé *Al illustrissimo Virginio Orsino* ; il contient l'éloge de la cithare, instrument de musique dont la physionomie joviale plaît à tout le monde.

Le second et le troisième *capitoli* sont offerts au seigneur Michel Piretti : l'un, en 53 tercets, célèbre l'arquebuse ; l'autre, de pareille étendue, fait le panégyrique du cadeau, de la gratification.

C'est à Marc-Antoine Colonna, connétable du royaume de Naples, qu'est adressé le quatrième *capitolo* de 43 tercets ; il expose les règles de l'art de l'escrime.

Enfin le cinquième *capitolo* est présenté à la *signora Orsina Peretti, principessa de Paliano* ; c'est un tissu d'éloges chaleureux.

Il faut d'ailleurs l'avouer, à l'exception de cette dernière pièce, les autres ne sauraient être lues à haute voix dans une assemblée honnête. La licence des pensées se cache fort peu sous le voile d'une allégorie des moins gazées ; l'équivoque ne cesse pas un instant et se laisse très-facilement deviner. Ces capitoli se rangent dans une classe de productions assez nombreuses dans la littérature italienne. Reje-

tant tout mot grossier, toute image crûment cho-
quante, l'indécence s'y couvre d'un voile diaphané,
et ce qu'on dit fait parfaitement entendre ce qui ne
s'énonce pas. C'est dans ce genre d'écrits que se pla-
cent le *Commento di Ser Agresto da Ficaruolo* (A. Caro)
sopra la prima ficata del padre Sicco, le *Vendemmia-*
tore de Tansillo, et le célèbre *Capitolo del Forno* de
J. de la Casa (1), La littérature facétieuse française
présente aussi quelques compositions analogues ; nous
ne citerons que la *Fluste de Robin*, production singulière dont le *Manuel* (5e édition, II, 1314) signale cinq
éditions différentes, auxquelles il faut ajouter la réimpression qui fait partie du tome XIV de la collection
des *Joyeusetés* éditées par M. Techener.

Las Ordenansas et coustumases del Libre blanc, obser-
uadas de tota ancianetat, compausadas per las sabias
femnas de Tolosa. Tolosa, Colomiés, 1555, petit in-8.

Il n'existe, nous le croyons du moins, qu'un seul
exemplaire de ce livre curieux, écrit en vers. Après
avoir fait partie de la bibliothèque d'un amateur
anglais, il est venu à Paris, et en 1849, à la vente
Baudelocque, il fut adjugé à 184 fr. Nous ignorons

---

(1) Nous ne voulons pas nous arrêter ici sur cette composition célèbre qui a fait tant de bruit et tant de scandale. Nous dirons seulement que M. Graesse a cru devoir la reproduire en entier dans son
Histoire universelle de la littérature (*Lehrbuch einer allgemeinen lite-*
rargeschichte, tome II, 3e section, p. 719).

quel est aujourd'hui son heureux propriétaire. Le texte des *Ordenansas* a été réimprimé à petit nombre à Bordeaux, en 1845, mais on n'y a pas joint diverses pièces qui l'accompagnent, et qui sont énumérées au *Manuel du libraire*.

Ces prétendues *ordonnances* sont tout simplement les décisions rendues par diverses commères sur toutes sortes de sujets.

Chacune de ces matrones bavarde et fait connaître les résultats prétendus de son empirisme. Par la forme et par le fond, c'est une imitation de ces *Évangiles des Quenouilles*, dont M. Jannet, l'habile et zélé éditeur de la Bibliothèque elzevirienne, restée malheureusement interrompue, a donné en 1855 une excellente édition. A Toulouse, comme dans les Flandres, pays où ces étranges *Évangiles* prirent naissance, ce sont bien là des propos de vieilles femmes, parlant de tout et d'autre chose, de Dieu. du diable, de la pluie, du beau temps, de sorcières, de remèdes, de secrets, de pronostics. Les préjugés les plus étranges sont mis en avant, et on a sous les yeux un répertoire extrêmement curieux des croyances et des erreurs populaires de l'époque. Parfois le le *Libre blanc* ne fait que traduire les assertions énoncées dans le vieux texte français. Citons-en quelques exemples.

> Una filha que vol scauo
> Le nom de son futur marit
> Et per vese s'auia esperit,

Le premier fiel que filara
Devant la porta boutara
Tout à travers de la carriera,
Et peys, qu'espie la maniera
D'aquel que premier passara,
Car son marit aytal sera,
Coma es escrint en nostre dreyct :
Se marque le fiel del pe dreyct
Del nom d'aquel so nomara.

« Fille qui veult savoir le nom de son mari à venir doit tendre devant son huis le premier fil qu'elle filera cellui jour, et de tout le premier homme qui par illec passera savoir son nom. Sçachez pour certain que tel nom aura son mari. »

Una femna prengs que souuen
Caualga ung tymon de charreta
Ou que desmargua vna ferreta
Le cinquiesme iour de septembre,
Si porta filb aura gros membre
Plus redde et fort que no son osses ;
Si porta filha aura potz grosses,
Molletz coma bels pescayos,
Autant dessus coma deious.

« Quant une femme grosse engambe le tymon d'un char, si c'est un filz, il aura un gros menbre et dur à merveilles, et se c'est une fille, elle aura moult grosses lèvres et vermeilles, aussi bien dessoubs comme dessus. »

Ces similitudes se rencontrent en maints autres endroits dans les *Ordenansas*. Il est recommandé à une femme qui veut avoir un garçon

> Que tengua los dus puntz serratz,
> Les talos fermes , los œilhs barratz.

Le texte français se contente (5° journée, 18° chapitre) de dire, que la femme doit « tenir ses mains closes » ; l'auteur languedocien ajoute, pour la satisfaction des épouses qui désirent un garçon, une recette peu difficile :

> Si vna femna vol empreigna
> Plus leau d'vng filh que d'vna fumella,
> Portara deiotz sa gonella
> Cousut le pe dreyt d'vua agassa.

Voici une recommandation que nous ne rencontrons pas dans les *Évangiles des Quenouilles*, et où intervient , d'une façon peu catholique , l'un des plus illustres pères de l'Eglise :

> Petitz enfans no miageàran
> Sur les carbos de pa torrat ,
> (Sino que fos mingeat de rat) ,
> Lauetz le podetz fa rosty ;
> Car, coma ditz sanct Augusty,
> Nostre Senhe s'en ploraria ;
> Per so gardatz lo bo d'en mengea.

Nous ne trouvons dans le texte français rien qui se rapporte aux songes, et l'on a le droit d'en être surpris ; mais le poëte toulousain ne garde pas le même silence :

> Qui se vol gardea de songea
> Deguns songes espouentables
> Comme pendutz, negatz , ou diables ,
> Mecta ioux lo cap vnas matinas.

Grunnius sophista, sive Pelagus humanæ miseriæ. Augustinæ, 1522, in-4.

Il est dit quelques mots, dans le catalogue Libri (n° 2579), de cette « facétie philosophico-satirique, à peine connue en France ». Ajoutons que c'est un dialogue entre *Mesobarbarus*, homme instruit, éclairé, ami des lettres, et *Grunnius*, vieux pédant ergoteur, disputeur, qu'une opération magique a métamorphosé en pourceau, et qui s'évertue à prouver que cet animal a beaucoup plus de dispositions à la vertu, beaucoup plus de connaissances, que l'espèce humaine. L'un des interlocuteurs attaque Erasme, l'autre le défend. Le ridicule est jeté à profusion sur les lourds professeurs, sur les demi-savants; mais on sait que ces vieilles facéties sont elles-mêmes bien peu amusantes. Les arguments et les malices de Grunnius se retrouvent en partie dans un ouvrage de l'italien G. C. Croce, l'*Eccelenza e trivnfo del porco* (1594, 1622, 1625, etc.), autre lourde et froide composition. Ajoutons que, dans les *Harangues sur la mort de divers animaux* (Lyon, 1569, in-16) il y a une élégie, en vers, sur la mort d'un cochon nommé Grognet, par Claude de Pontoux. Une longue composition en prose allemande sur la supériorité, la noblesse du quadrupède en question (*Herrlichkeit des Schweins*), remplit les pages 585-599 du tom. Ier , du curieux recueil de Dornavius : *Amphitheatrum Sapientiæ Socraticæ*, 1619, in-folio.

Cette facétie est accompagnée du *Testamentum Grunii Corocottæ*, plaisanterie assez hardie qui a reparu dans l'*Amphitheatrum*, t. II, p. 48, et, avec une notice de M. Péricaud, dans le *Choix de testaments*, publié par Peignot, t. II, p. 245-255. Voir également les *Amœnitates litterariæ* de Schelhorn, t. X, p. 1242, et une lettre de l'abbé Lebœuf, dans le *Mercure*, avril 1735.

Plaidoyé sur la principauté des Sots (par Julien Peleus). Paris, 1608.

On range dans la classe des facéties, à cause de la question en litige, le plaidoyer dont il s'agit, quoique au fond ce soit, dans la forme du moins, une œuvre sérieuse. Elle figure parmi les pièces relatives à une contestation originale et énumérées avec soin au *Manuel du libraire*.

En 1603, un procès bizarre s'engagea entre les confrères de la Passion et une troupe de comédiens établie à l'hôtel de Bourgogne. Ces derniers, sous prétexte de la défense qui avait été faite aux *Sots attendants* (c'est le titre qu'ils prenaient) de faire une

entrée dans la ville, leur refusèrent l'entrée de leur
théâtre, et voulurent se dispenser de leur donner la
collation du mardi-gras, consacrée par un ancien
usage. Ils alléguaient que, les confrères n'étant reçus
à l'hôtel de Bourgogne qu'en raison de leur entrée
solennelle, et que cette entrée ayant été interdite,
les vieilles obligations ne subsistaient plus. Le prince
des Sots répliquait qu'à la vérité le roi lui avait dé-
fendu de faire avec sa troupe une entrée pompeuse
dans la ville de Paris, mais cette défense ne préjudi-
ciait pas aux droits qu'il avait sur l'hôtel de Bourgogne ; il avait été caution des acheteurs de cet im-
meuble, il avait prit part à l'acquisition, ainsi que le
constataient des titres authentiques.

La sentence du prévôt de Paris, imprimée chez
David Le Cler, rue Fromentel (1605, 6 pages), est trop
longue pour être insérée ici; ceux qui n'auront pas
l'occasion assez rare de la rencontrer en original
pourront recourir au *Bulletin du bibliophile belge*,
t. IV, p. 425. Cet arrêt, qui a parfois l'air d'une
plaisanterie, déboute d'une partie de ses demandes
Nicolas Joubert, sieur d'Angoulevent, prince des Sotz
et premier chef de la sottise en l'Isle de France;
il devra faire son entrée « en habit décent », le premier jour du mois de mai. Il lui est permis « de vendre et engager tous et chacun de ses biens, meubles
et immeubles, mesme sa seigneurie d'Angoulevent. »
Ce qui ne s'accorde guère avec une disposition énon-
cée plus loin, qui déclare « ladicte principauté des

Sots vacante et impétrable par personne plus capable qu'Angoulevent, lequel sera rayé du registre et matricule authentique des Sotz, privé des honneurs, droits et priviléges imaginaires par luy prétenduz; défenses à toutes personnes de le recognoistre, ni luy porter aucun honneur, respect ni révérence en ladicte qualité, en laquelle les portes de l'hostel de Bourgogne luy seront fermées, sa loge donnée à son successeur plus capable, ses armes abattues d'icelle, ses chanceliers, advocats et conseil rayez sur l'estat de ses gages ; et deffence à eux de se qualifier à l'advenir ses officiers, ny se servir des marottes et chapperons qui leur ont esté par luy baillez. »

Il y eut appel de cette sentence, et ce ne fut que trois ans plus tard que, le 19 juillet 1608, le parlement rendit, en faveur du prince des Sots, un arrêt qui est inséré dans les *Preuves de l'Histoire de Paris*, tom. V, ainsi que dans l'*Histoire du théâtre françois*, par les frères Parfaict, t. III, p. 252.

Renvoyons d'ailleurs, au sujet de Joubert, dit Angoulevent, à la préface que M. Leber a mise en tête de l'ouvrage de M. Rigollot sur les *Monnaies des fous* (pag. LXII), et aux *Variétés historiques* éditées par M. E. Fournier (tom. VII, p. 37) dans la *Bibliothèque elzevirienne*. Ce recueil a reproduit (tom. VIII, p. 81-91) la *Surprise et fustigation d'Angoulevent*, dont il existe aussi une réimpression tirée à fort petit nombre et faite il y a quelques années. Angoulevent riposta à cette attaque par un opuscule intitulé :

La Guirlande et Responce d'Angoulevent à l'archipoëte des Pois pillez, 1604. Le *Manuel* indique un exemplaire de cet opuscule très-rare comme existant à la Bibliothèque impériale ; il s'en trouve un autre indiqué au catalogue Leber, n° 1719.

Les bibliophiles recherchent avec le plus vif empressement un volume de poésies très-peu décentes intitulé : *Les Satyres bastardes et autres œuvres folastres du cadet Angoulevent;* mais Joubert n'en est pas l'auteur : c'est un recueil de pièces griffonnées par Motin, Sigongne, Desternod et autres rimeurs audacieux, dans je ne sais quel endroit où, sans doute, ils rencontrèrent plusieurs fois Regnier. La préface donne dès la première ligne une idée du style de l'œuvre : « La renommée des putréfactions de Macette s'est estendue depuis les isles de Tremblefesse jusqu'au promontoire de Cocuaige. » Le prix de ce volume, horriblement mal imprimé, va toujours en augmentant; le *Manuel* en indique des adjudications de 16, 39, 77 et 151 fr. ; il a été payé 455 fr. vente H. de Ch. en 1863.

La comédie du pape malade et tirant à sa fin, traduite du vulgaire arabicque en bon roman et intelligible, par Trasibule Phénice.

Le *Manuel du libraire* indique diverses éditions de cette pièce satirique, que l'on attribue à Théodore de Bèze, et qui se trouve parfois jointe au *Marchand converti*, œuvre du même genre. Toutes ces éditions sont devenues tellement rares, que **M.** de Soleinne ne réussit, dans le cours de ses longues et infatigables recherches, qu'à s'en procurer une seule, celle de 1591. Elle est portée à son catalogue, n° 3726.

La *Bibliothèque du théâtre françois* (1763, t. III, p. 269) donne quelques extraits de cette œuvre singulière, mais il sont à peine suffisants pour en fournir une juste idée.

Voici les paroles que l'auteur met dans la bouche du pape au moment où il touche à sa dernière heure :

> A coup, à coup, que l'on m'emporte
> En enfer à la vache morte,
> Ou sur un vilain bouc puant,
> Avec mon gentil chat-huant,
> Que je nourri en une cage.

Le docteur Maillard, personnage alors fort attaqué par les novateurs, est retracé sous des couleurs peu flatteuses :

> Il s'estime estre le veau
> De la Sorbonne le plus beau,
> Tellement qu'il s'attife et farde,
> Ne plus ne moins qu'une paillarde ;
> Et en guillemette, en sabine,
> Il peint sa face chérubine,
> Jetant son liripipion
> Jusques sur son gros croupion ;
> Et, en guise de couvrechef,
> Met son bonnet rond sur son chef ;
> Puis, afin d'estre plus luisant

(Dire faudroit plus séduisant),
Et qu'à mal les cœurs il embrase,
Il a tousiours la barbe rase,
Dont son menton, quelque peu gris,
Tirant sur bleu en verd de gris,
Est de petits trous tout meslé
En coine de pourceau bruslé;
Contrefaisant le jouvenceau
Ou bien la vierge et le puceau,
Combien qu'il soit un bouc banier
Des plus ords qu'on sceust manier,
Il va sur sa mule enhoussée
Pas à pas comme une espousée;
Mais au reste il n'ha que la jappe :
Qu'est-ce donc qu'en feroit le pape?

Le pontife romain arrive sur la scène, il est fort souffrant :

Mon foye est dur comme une enclume;
J'ay tant la ratelle oppilée!
Une kyrielle pilée
Avecques un *Fidelium*
Et de l'*Intesperantium;*
Un peu de poudre d'*oremus*
Et autant de *Te rogamus*
Serviroit bien de cataplasme.

MOINERIE.

Père, ie ne crain que le pasme,
Et si ne fay que tressaillir
Que ne veniez à défaillir :
Ce qu'advenant, me voilà morte
Ou misérable en toute sorte.

LE PAPE.

Non, ma fille, ne te chaille,
Ne crain pas que le cœur me faille,
Car, encores que je sois vieux,
En despit de mes envieux,
Si vivray-je jusqu'à la mort,
Et croy que seray le plus fort
S'il y a foy en mes augures
Et mes astrologiques figures.

Satan s'efforce de relever le courage du pape effrayé du progrès de la Réforme :

Comment, *pater sanctisime*,
Pater reverendissime,
Au besoin vous faut le courage?
Ça, que je face un peu d'hommage
A ceste divine pantouffle.
Ha ! j'ai quasi perdu le soufle
Après ceste hausse qui baisse ;
On ne sçait pas quand ie m'abaisse
Ou que ie fay telle pipée,
Que c'est pour avoir ma lippée.
Sus, Père sainct, qu'on ait bon cœur !
Et quoy? vous faut-il avoir peur
D'un tas de chétifs trepelus,
Tant malotrus, tant malvenus,
Qu'on pend, qu'on brusle et qu'on pourchasse
Comme pauvres bestes de chasse ;
Qu'on pille, qu'on tue et saccage,
Et sur lesquels on met la rage
De tous les maux qu'on faict au monde?

Non, non, je veux que l'on me tonde
Aussi raz qu'un enfant de chœur
Si vous n'en demeurez vainqueur.

Le *Marchand converti*, qui est souvent joint au *Pape malade*, est une traduction de la *Tragœdia* de Th. Naogergus intitulée : *Mercator, seu judicium*. Il a obtenu des éditions nombreuses, ainsi qu'on peut s'en assurer en consultant le *Manuel du libraire*. M. Brunet en signale une version allemande par un anonyme, 1541, in-8 ; il en existe d'autres éditions (Leipzig, 1595), et la traduction faite par J. Ruelich, imprimée en 1545. Cette pièce a également passé dans le dialecte bas-allemand (Brême, 1592) et en langue hollandaise (Groningue, 1613 ; La Haye, 1658). Nous ne nous arrêterons pas à cette comédie, dont la *Bibliothèque du théâtre françois*, t. I, p. 264-268, a donné une analyse.

La *Farce des Théologastres*, autre composition satirique, nous occupera un moment. On sait que le seul exemplaire connu de l'édition originale avait été découvert par un bibliophile lyonnais très-zélé, M. Coste, et qu'il a été adjugé pour 1005 fr. à la Bibliothèque impériale. Un autre bibliophile, M. Duplessis, en fit faire une réimpression tirée à fort-petit nombre. Les personnages mis en scène sont : un Théologastre, un Moine, la Foy, la Raison, le Texte des saintes escriptures et le *Mercure d'Allemagne*.

Le Théologastre se plaint, dans un jargon mi-parti de français et de latin, de

> La povreté et la misère
> De ces théologiens nouveaulx,
> Qui ont laissé et mis en arrière
> Le gros latin. ...

pour s'occuper de grec et même d'hébreu :

> Non legi de totum duo,
> Aliquid sed scio bene
> Quod hic qui loquitur grece
> Est suspectus de heresi.

Le Moine en dit autant de son côté, mais la Foy repousse l'autorité des docteurs de la scolastique dont on lui cite les noms :

> Car il me faut, c'est ma nature,
> Le texte de Saincte Escripture
> Sans *ergo*, sans *quod* ni *quia*.

Alors paraît le *Texte* « ensanglanté et esgratigné par le visage, et parle enroué, on ne l'entant qu'à grant peine » ; il s'entretient avec *Raison* au sujet de l'état de l'Église ; ils flétrissent énergiquement l'ignorance de certains docteurs de l'époque :

> Si auteur en hébrieu escript
> Ou en grec, oh ! il leur suffit
> Quant à eux pour le reprouver...

Car c'est toute chose cognue :
Une chose non entendue
Par eux, elle est héréticque...
Encores qui plus ne murmure
La saincte foi que Dieu fonda
Sans que à personne l'absconda,
Ils maintiennent formellement
Que à eulx appartient seullement
D'en disputer.....

Ils usent d'ung parler silvestre ;
Ils supposent des hommes veaux,
Asnes, chèvres, moutons, chevaux
Ou aultrement, et les informent
De âmes raisonnables ; puis forment
Ung gros *queritur* pour attaindre
Assavoir s'il les fault contraindre
A tenir la loy chrestienne.

Texte et *Raison* concluent qu'un théologien de ce genre ne peut que déplaire à Dieu et exciter la risée du peuple. Ils se retirent ensuite sans se mêler aux autres personnages, qui reprennent leur entretien interrompu. Le Théologastre recommande à la Foy de faire, pour se guérir, usage des Décrétales ; elle répond par le dicton suivant, qui était alors fort répandu :

Depuis que le Décret print ales
Et gendarmes portèrent malles,
Et moines montèrent à cheval,
Toutes choses sont allé mal.

Foi rejette également les prédicateurs, Justinien,

Turrecremata (1), les classiques latins, etc. ; le texte
de l'Ecriture peut seul opérer sa guérison. *Texte* et
Raison reviennent alors; *Foy* les accueille avec allé-
gresse. Les nouveaux venus entament une controverse
avec les défenseurs de la tradition, qui se défendent
assez mal :

« Vous autres théologastres, dit *Texte*, vous avez
banni la raison de vos sentiments en évitant de me
connaistre. »

Le Moine prétend donner une preuve de sa science;
il fait cette question :

> Je vous demande si Dieu sçait
> Cathégoriquement ce faict :
> Quantes puces sont à Paris ?

En ce moment paraît le *Mercure d'Allemagne*; les
théologiens le traitent de luthérien, il répond :

> Nenni, non, je suis chrestien,
> Je ne suis point sorboniste,
> Holcotiste, ne bricotiste (2);

---

(1) Il s'agit du cardinal Jean de Turrecremata ou Torquemada, dont
les nombreux ouvrages jouissaient d'une grande autorité à la fin du
quinzième siècle. Aujourd'hui personne ne les lit ; mais quelques-uns de
ces volumes, devenus très-rares, obtiennent des prix élevés. En 1857,
à la vente Coste, un bel exemplaire de l'*Expositio super toto Psalterio*,
imprimé à Mayence, en 1471, est monté à 140 fr.

(2) Thomas Bricot, professeur de théologie à Paris vers la fin du
treizième siècle; ses *Insolubillia*, son *Cursus super philosophiam Aristotelis*, ont joui longtemps d'une autorité qu'ils ont bien perdue. Quant à
Robert de Holcot, jadis célèbre, il mourut en 1342.

J'ai tousiours avéc moy *Raison*
Et ne uşe point de desraison
A personne.

Il répond au reproche d'hérésie en mettant au défi qu'on lui prouve qu'il est dans l'erreur. Il déclare ensuite que *Foy* ne peut guérir que si le texte de l'Écriture est dégagé des impuretés dont on l'a couvert. C'est ce qui s'effectue ; alors *Foy* se relève saine et forte, et la *farce* finit.

D'autres pièces de théâtre dirigées contre la papauté seront laissées de côté ; il n'y a pas moyen de tout dire (1).

---

(1) A la fin du dix-huitième siècle et sous l'influence de la révolution, on vit recommencer ces hostilités dramatiques. Une comédie qu'il n'est pas facile de rencontrer aujourd'hui est intitulée : « *La Journée du Vatican, ou le Mariage du Pape*, comédie en trois actes et en prose, jouée à Rome le 2 février 1790, traduite de l'italien d'Andrea Gennaro Chiavachi, camérier secret de Sa Sainteté. Turin, de l'imprimerie aristocratique, 1790, in-8. »

Il va sans dire que ces énonciations sont faites à plaisir. En tête est une dédicace ironique : *A nos Seigneurs du haut et du bas clergé.* « Nous ne vous demandons que votre bénédiction et un sourire. »

Voici une analyse très-succincte de cette production :

L'ambassadeur d'Espagne arrive tout consterné ; il vient d'apprendre qu'une émeute a éclaté à Madrid et que le peuple, au moment de la célébration d'un *auto-da-fé*, a attaché le grand inquisiteur à la lanterne. Le peuple romain se soulève de son côté, proclame la liberté, et le tout se termine par un grand nombre de mariages : le pape épouse madame de Polignac ; le cardinal de Bernis est uni à la princesse de Santa—Croce ;

On peut ajouter à ces productions des écrivains réformés, quelques autres livres devenus bien rares, et parmi lesquels nous indiquerons :

La *Polymachie des marmitons*, 1562 et 1563. (Ajoutez à ce qu'en dit le *Manuel*, qu'une seconde réimpression de cet opuscule rarissime a eu lieu à Strasbourg en 1851 (imprimerie veuve Berger-Levrault), à 97 exemplaires, dont 2 sur vélin et 15 sur papier de couleur, et que cette satire est réimprimée dans les *Anciennes poésies françaises*, éditées par M. A. de Montaiglon, (*Bibliothèque elzevirienne* , tome VII, p. 51-65.) M. Cigongne était parvenu à se procurer deux exemplaires de cette facétie.

---

le cardinal de Loménie à la comtesse de Canisy, et le cardinal de Juigny à madame Lebrun.

Cette pièce en rappelle deux autres du même genre qui se trouvaient dans la bibliothèque dramatique de M. de Soleinne :

Le Pape allant en guerre, *ou les Français à Rome*, 1794, in-8, 16 pages. D'après les conseils du cardinal Maury, le pape assemble une armée ; mais tout à coup on entend le pas de charge : tout fuit ou se révolte ; le pape est garrotté et emmené au loin.

Le Tombeau de l'imposture et l'Inauguration du temple de la Vérité, 1793, in-8. Des prêtres corrompus et gloutons, des dévotes imbéciles, sont les personnages mis en scène dans cette ignoble composition ; des sans-culottes les chassent et chantent un vaudeville final :

> « Ah ! ça ira, ça ira, ça ira !
> Malgré les frelons le miel se compose ;
> Riches églises, on vous démeublera ;
> Prêtres menteurs, on vous réformera. »

L'*Adieu de la Messe* (Lyon, 1562), opuscule que nous ne trouvons pas indiqué au *Manuel*, et qui faisait partie d'un recueil de douze pièces adjugé 555 fr. à la vente Solar (nº 308).

Consommation de l'idole de Paris, suivant la parole du prophète Jérémie (Lyon, 1562), autre opuscule qui n'a pas été cité, ce nous semble, et qui était compris dans le recueil que nous venons d'indiquer.

Chanson novelle sur le chant de Hari, hari, l'asne, (1562). Il en existe diverses réimpressions anciennes : l'une sous le titre de *Noël nouveau*, l'autre dans un volume de *Chansons spirituelles*, publié en 1596 (à Genève), et à l'égard duquel le *Manuel du libraire* (5ᵉ édition, I, 1790) entre dans quelques détails. Cette pièce se trouve aussi dans les *Anciennes poésies* éditées par M. A. de Montaiglon, t. VII, p. 46.

Parmi ces écrits satiriques, nous en distinguerons un dont nous serons peut-être les premiers à parler en France : il s'agit du *Dialogue entre Caron et Paul-Louis Farnèse, fils du pape Paul III*.

Cette production, où se montre l'imitation d'un des plus spirituels auteurs de la littérature grecque, de Lucien, est sortie de la plume de Diego Hurtado de Mendoza, l'ingénieux auteur de l'histoire de Lazarille de Tormes.

Elle est demeurée inédite jusqu'en 1855, époque où elle a été insérée dans le tome XXXVI (intitulé : *Curiosidades bibliograficas*) de la *Biblioteca de auto-*

res espanoles, publiée par l'éditeur Rivadeneyra. Traduisons le début de cette mordante raillerie.

L'AME.

Holà! holà! vieux batelier! Ne m'entends-tu pas? Réponds à ce que je te demande.

CHARON.

Quel est ce présomptueux, cet arrogant qui accourt si vite et qui m'appelle à grands cris? Je veux faire sa connaissance. Ce doit être un étranger. Il a deux coups d'épée dans la poitrine et la tête fendue. Arrive donc; tu me fais perdre mon temps à t'attendre. Entre et dis-moi qui tu es; te voilà dans un bien triste état.

L'AME.

Que dis-tu? Veux-tu bien me parler avec respect! Suis-je fait pour me mêler à cette canaille qui remplit ton bateau?

CHARON.

Pardonne-moi; en te voyant criblé de blessures, je pensais que tu étais un de ces malheureux tués à la guerre, et que je transporte en foule... Qui es-tu?

L'AME.

Un Romain.

CHARON.

Tu le dis, mais cela ne m'aide pas à te reconnaître.

L'AME.

Comment! Est-ce que tu ne reconnais pas le duc de Castro, prince de Parme, duc de Plaisance, marquis de Novarre, capitaine-général et gonfalonier de l'Église?

CHARON.

Ces titres-là sont si nouveaux qu'ils ne sont pas encore venus à ma connaissance; dis-moi ton nom, si tu veux que je te connaisse.

L'AME.

O vieux fou! vieil ignorant! Est-il possible que tu ne connaisses pas le fils du pape!

CHARON.

Non, je ne le connais pas, et je ne savais pas même que les papes eussent des fils. Mais je me souviens maintenant d'un certain duc de Valentinois qui passa ici, il y a je ne sais combien d'années; il était aussi arrogant que toi, et il était tout aussi maltraité; il disait qu'il était le fils de je ne sais plus quel pape, et il voulait qu'en conséquence on le traitât avec respect.

L'AME.

Je crois que me voyant tu fais semblant de ne pas savoir qui je suis; il est impossible que tu ne connaisses pas Pierre-Louis Farnèse, gentilhomme romain.

CHARON.

Oh! oh! à présent, je te connais parfaitement. N'étais-tu pas le colonel Pierre-Louis, fils d'Alexandre Farnèse, qui, aujourd'hui, est souverain pontife sous le nom de Paul III? Je t'aurais reconnu de suite si tu avais dit ton nom au lieu de le déguiser sous des titres pompeux et inusités. Mais comment te trouves-tu ici?

L'AME.

Quelques-uns de mes sujets m'ont assassiné.

CHARON.

Oh quel crime! quelle horreur! Est-il possible que

des sujets osent tuer leur maître? Et où a-t-on osé se porter contre toi à de pareils excès?

L'AME.

A Plaisance, ville où mon père m'avait établi il y a un peu plus de deux ans comme duc et maître.

CHARON.

Ce sont des gens de Plaisance qui t'ont tué?

L'AME.

Oui, et les plus importants de la ville.

CHARON.

Je n'en suis pas fort étonné; mais comment dis-tu qu'ils étaient tes sujets? Comment ton père a-t-il pu te donner ce qui ne lui appartenait point?

L'AME.

Pourquoi pas? Est-ce que le pape n'est pas libre de disposer à son gré du domaine de l'Église?

CHARON.

Non, et même des docteurs romains en droit canon, que j'ai passés dans ma barque, disent le contraire; d'autres docteurs impériaux, des Milanais surtout, m'ont dit que la seigneurie de Plaisance fait partie du domaine du duché de Milan; comment donc pourrait-elle être à toi?

L'AME.

On n'a pas manqué de dire tout cela à mon père, mais il n'a rien voulu entendre, et je n'ai pas à chercher un meilleur titre que celui que je tiens de lui...

Après un débat qui se prolonge assez longtemps, Charron expose, ce qu'on n'attendait pas de lui, des

idées favorables au concile œcuménique qui ne s'é-
tait pas encore réuni à Trente :

Ne doute pas que le concile ne se réunisse; c'est la
volonté de Dieu; l'empereur y est très-décidé, et la
chose est trop avancée pour qu'elle ne se fasse point. Ce
qui en résultera, je le sais par conjecture, parce que
je sais aussi que le premier motif qui amena les Allemands à se soustraire à l'obéissance de l'Église, ce fut
le scandale qui se produisait alors à Rome, et qui y dure
encore. Penses-tu par hasard que je voudrais ce concile, que je le désire? Ce serait pour moi la perte la
plus forte que je pourrais éprouver, car, si l'Église est
réformée et unie, je perds une multitude d'Allemands
qui vont en enfer, et que je passe ici par bandes aussi
nombreuses que des grives; les princes chrétiens pour-
raient alors se liguer ensemble contre les Turcs, ce qui
serait aussi pour moi un grand malheur. Mais qui sont
ces gens-là qui viennent vers nous d'un air si furieux?

L'AME.

Oh! malheur à moi! Charon, fais passer ta planche, et
donne-moi la main ; je les reconnais.

CHARON.

Ah! ah! je les reconnais aussi; entre, entre, malheureux, ta conscience commence à t'accuser. Voilà les
cardinaux que tu as fait périr, l'évêque de Fano, que
tu as traité d'une façon si infâme (1). S'ils te trouvaient

---

(1) On sait que la « conduite atroce », comme dit le *Manuel du Libraire*, de Paul-Louis Farnèse envers l'évêque de Fano, fait dont on cher-
cherait en vain, nous le croyons, l'analogue dans l'histoire, est racon-

de ce côté du Styx, comme ils te traiteraient ! Entre, as-
sieds-toi, éloignons-nous; ton père ne pourrait en rien
te protéger contre eux.

Aux attaques dirigées contre Rome des écrivains
catholiques ripostèrent en employant les injures, les
personnalités, qui faisaient alors le fond de toute controverse. Un livre intitulé : *Passevent Parisien répondant à Pasquin Romain* (Lyon, 1556) se distingue
sous ce rapport. Il suffira d'en transcrire un passage :

« Je te diray le tout que j'ay veu et sceu de ces vé-
nérables pendant l'espace de dix-huyct mois. En mariage, chascun a une femme publiquement; mais en
secret, qui en peut avoir, qu'il en preigne... La plus
part ne portent point d'argent pour n'en donner, et
vont à pied par le païs pour ne rien despendre et affin
de faire mieulx du povre et de la chattemitte et du
bon frère Miton.

« Calvin, ayant séduit une ex-nonnain, la fit espouser
à un cy-devant chanoine d'Alby ; elle portait le jour
de son mariage un chapeau de rosmarin en teste, com-

---

tée dans la *Storia fiorentina* de Varchi, mais ne se trouve que dans quelques exemplaires non cartonnés de l'édition d'Augsbourg, 1721, sous la
rubrique de Cologne. Ce trait inouï, qui a également fait cartonner les
Storie fiorentine de B. Segni, est attesté par le témoignage de divers
écrivains contemporains; N. Franco y fait allusion dans les sonnets
55 et 79 de sa *Priapeia* (p. 94 et 106 de l'édition de Molini).

me une vierge de Marolle, ce qui ne l'a pas empeschée d'enfanter un beau fils dedans quatre mois après ses nopces. »

Passevent désigne comme n'étant pas précisément des modèles de vertu, à Lausanne, la belle Marguerite de Lorraine ; la Magdeleine, femme du sonneur de cloches, « qui fut trouvée sur le faict dedans le clochier de la grand'église » ; la mercière et la femme au peintre. On comprend quel scandale devaient provoquer ces diffamations nettes et brutales.

Un écrivain de très-mauvais goût, mais souvent original, Arthur Désiré, se distingue dans cette matière. Il y a des traits originaux dans le volume qu'il intitule : la *Singerie des huguenots, marmots et guenons de la nouvelle dérision Théodobezienne* (1594) ; mais, comme il faut savoir se borner, nous n'en reproduirons que deux lignes :

« Les guenons attireront et détourneront plus d'hommes en une heure que n'en sauroient faire les singes et marmots en un an. »

BIBLIOTHÈQUE DE MONTESQUIEU.

Il y aurait un charme extrême pour le bibliophile, et parfois un profit réel pour l'histoire littéraire, à connaître quels étaient les livres qui formaient la bibliothèque des grands écrivains. Je pourrais nommer un amateur qui payerait d'un an de sa vie, s'il le fallait, la liste des ouvrages qu'avait recueillis Montaigne, qu'il feuilletait sans cesse *à pièces descousues*, et qu'il avait rangés *sur des pulpitres à cinq degrez*. Les auteurs italiens y étaient en grand nombre; on voit, chapitre 39 du livre Ier des *Essais*, qu'ils avaient fourni cent volumes de lettres. Le catalogue de la bibliothèque de Pascal ou de celle de Molière ne serait-il pas un document bien fait pour exciter l'intérêt le plus vif? Où pourrait-on retrouver la liste des ouvrages que possédait Racine, livres que l'auteur de *Phèdre* et d'*Athalie* se plaisait à enrichir de notes, et dont la dispersion a procuré à diverses collections publiques ou particulières des trésors que l'on y conserve avec une juste vanité? Je crois qu'un *Essai sur l'histoire des bibliothèques des auteurs célèbres* devrait former un livre fort piquant et indispensable à tout bibliomane.

En attendant que ce livre se fasse (et ce ne sera pas dans trois jours), nous allons donner quelques renseignements sur la bibliothèque dont Montesquieu vivait entouré au château de la Brède. Ce sont les livres qu'il avait sous la main, qu'il consultait à tout propos, qu'il étalait sur son pupitre, lorsque sa plume traçait les *Considérations sur la grandeur des Romains* ou l'*Esprit des Lois.*

Cette bibliothèque subsiste encore, presque en totalité, au château de la Brède. Nous disons *presque,* car nous ne savons à quelle époque quelques ouvrages, en petit nombre il est vrai, ont été distraits, et sont venus tomber chez des amateurs de Bordeaux ; deux ou trois de ces volumes ont été par nous rencontrés à Paris, et nous ne nous flattons pas d'avoir vu tous ceux qui s'y trouvent. La condition des livres qui appartenaient à l'illustre publiciste est des plus ordinaires, et il en est un certain nombre parmi les plus anciens qui sont défectueux et dont le frontispice est absent.

Nous avons eu en notre pouvoir un inventaire fait avec soin peu de temps après le décès de Montesquieu. Il constate que la bibliothèque renfermait alors 1556 ouvrages divers. La majeure partie était déjà rassemblée à la Brède lorsque Montesquieu devint propriétaire du château. Il s'était trouvé dans sa fa-

mille des hommes studieux, des gens d'église, qui
avaient successivement accru une collection sévère-
ment formée. Nous allons la passer rapidement en
revue.

Théologie, 291 ouvrages. Neuf éditions de la
Bible en hébreu, grec et latin, entre elles la *Biblia
maxima* de De la Haye, 19 vol. in-fol.; onze éditions du
Nouveau Testament en diverses langues; une suite
assez considérable de commentateurs et de Pères ;
parmi ces derniers, un manuscrit de la *Cité de Dieu*
de saint Augustin, in-folio sur vélin avec miniatures.

Jurisprudence, 374 ouvrages. Rien qui mérite
d'être signalé à part.

Sciences et arts, 318 ouvrages. Parmi les philoso-
phes, le Platon d'Henri Estienne, un Aristote de 1605 ;
F. Bacon, Hobbes, deux éditions de la *Sagesse* de
Charron, deux des *Essais* de Montaigne, 1602 et
1659. Les ouvrages relatifs à la médecine et aux
sciences exactes sont assez nombreux : trois éditions
grecques d'Euclide et trois traductions latines, deux
éditions des *Coniques* d'Apollonius, le *Diophante*
de Fermat, ouvrage devenu très-rare et d'un haut
prix; un Mémoire sur les cadrans au soleil, par De-
sargues, géomètre habile, dont les travaux, mis au
jour sous forme de brochures légères, et à peu près
perdus, ont attiré l'attention de deux mathématiciens
distingués, membres de l'Institut, MM. Libri et
Chasles. Signalons aussi cinq éditions de Vitruve,

dont celle de 1684 ; l'ouvrage de Falda sur les fontaines de Rome ; les anciens musiciens grecs recueillis par Meibomius, et que les Elzevir ont imprimés en 2 vol. in-4° ; la *Fauconnerie* de Franchières ; le *Théâtre d'agriculture* d'Olivier de Serres, 1600 ; le *Mundus subterraneus* de Kircher ; deux éditions de Pline, dont celle d'Elzevir, 1635 ; un assez grand nombre d'ouvrages sur l'optique et la perspective, et même quelques volumes sur les sciences occultes, entre autres cet *Enchiridion Leonis papœ*, où se rencontre tout au long la prière que récitait Charlemagne afin d'être à l'abri des balles, des boulets et de éclats des bombes !

Belles-lettres, 267 ouvrages. La section de la linguistique offre le *Glossaire* de Du Cange, 1710 ; les lexiques de Suidas, de Pollux, d'Hésychius. Nous rencontrons trois éditions complètes de Cicéron, et le Démosthène d'Alde de 1505, le seul volume *aldin* qui se trouvât à la Brède ; Homère ne s'y présente que dans l'édition de Bâle, 1583, tandis que l'inintelligible Lycophron se montre dans deux impressions différentes. Quatre Virgile, quatre Horace, cinq Juvénal. Tous ces classiques sont d'ailleurs de ces petites éditions de Bâle ou de Lyon publiées dans la seconde moitié du XVI° siècle et tombées avec justice dans la classe des bouquins de rebut. La littérature française, assez peu riche, offre un volume d'un grand prix : le *Doctrinal* de Pierre Michault, imprimé à Bruges, chez Collard Mansion, livre très-rare, dont le *Manuel du Libraire* ne cite aucune adjudication. Viennent ensuite Ronsard, en 2 vol. in-fol.; les *Tragiques* de d'Aubigné. Marot n'apparaît que dans l'édition de 1700. Les grands écrivains du XVII⁰ siècle ne sont représentés que par des impressions des plus communes, si ce n'est Corneille, dont il se trouve ici l'édition de 1664, en 2 vol. in-fol., qu'une note du catalogue Soleinne, n⁰ 1131, a la première signalée à l'attention des bibliophiles et des littérateurs. La part de la littérature italienne est assez faible : Pétrarque ne se montre que dans une édition toute récente de 1711 ; l'Arioste est de 1556 ; la *Jérusalem délivrée* de 1581 est une des plus anciennes éditions. Rabelais se présente seulement dans une petite impression d'Anvers, 1573, et, en fait de livres que réprouve la morale, nous n'en avons découvert qu'un seul : *Venus in the cloister* (London, 1725), traduction d'un ouvrage français de l'abbé Barrin sous le nom de l'abbé Duprat.

Histoire, 366 ouvrages. La classe des voyages présente une assez grande réunion de volumes, entre autres le recueil de Ramusio; Marco-Polo, en italien, édition de 1559; Mendez Pinto, en espagnol; les relations de La Motraye, Wheler, Pyrard, Chardin, etc. Parmi les auteurs relatifs à l'histoire des peuples anciens, nous rencontrons deux éditions de Pausanias, deux d'Hérodote, 1592 et 1608; deux de Thucydide, 1564 et 1594; quatre de Quinte-Curce, quatre de Tite-Live et la traduction de Du Ryer; quatré de Florus (dont celle *ad usum*); trois de Salluste (deux exemplaires de l'édition de Bâle, 1564, in -fol.); quatre de César, quatre de Suétone, cinq de Tacite (deux exemplaires de l'édition d'Anvers, 1569, in-fol.). Nous voyons aussi deux éditions de l'*Histoire Romaine* de Coeffeteau, ét la traduction de celle qu'écrivit Echárd en Anglais. Passons à l'histoire de France. Nous remarquons deux éditions de Grégoire de Tours, deux des *Chroniques* de Gilles, le Monstrelet de 1572, le Ville-Hardouin de 1525, l'*Histoire* de De Thou (Genève, 1620, 3 vol. in-fol.). l'*Histoire Universelle* de d'Aubigné, trois édit. de Commines, le recueil de Duchesne en 5 vol. in-fol. L'histoire particulière des provinces présente les *Annales d'Aquitaine*, de Bouchet, 1644; l'*Histoire de Bretagne*, par d'Argentré; *de Normandie*, par Dumoulin; *du Béarn*, par de Marca; *de Provence*, par Nostradamus. Nous avons remarqué deux ouvrages manuscrits concernant l'histoire du XVIIe siècle : *Manuscrits du maréchal de Lesdiguières*, 2 vol. in-fol., comprenant, le premier, les années 1612-19, et le deuxième, les années 1620-23; *Histoire des négociations des ministres du roi en Suède*, de 1662 à 1689. Les ouvrages relatifs à l'histoire des pays autres que la France sont assez nombreux, mais aucun n'est fort important. Dans la section d'archéologie, on trouve le *Thesaurus antiquitatum romanarum* de Grævius, 12 vol. in-fol.; la *Paléographie grecque* de Montfaucon, le *Traité des monnoies* de Leblanc. L'histoire littéraire, assez peu fournie, montre trois éditions diverses de la *Bibliothèque* de Photius ; Bayle n'y est représenté que par l'édition de 1697.

En somme, la bibliothèque de Montesquieu offre une collection de tout ce que l'antiquité a produit de plus important. Satisfait d'avoir les textes, le propriétaire ne s'est point attaché à réunir les éditions les plus estimées pour la critique et pour les travaux des commentateurs. Rien n'a été donné au luxe ; tous les volumes rassemblés à la Brède sont des livres de travail, et beaucoup d'entre eux portent les traces du long usage qui en a été fait. Ce n'est point sans une émotion réelle que l'on peut contempler ces livres sur lesquels se sont posés tant de fois les mains et les regards de « l'immortel écrivain, que la postérité placera certainement à la tête du XVIIIe siècle ». Ainsi s'est exprimé sur son compte un de nos critiques les plus judicieux, M. Philarète Chasles.

ORGANT

POÈME EN VINGT CHANTS

PAR SAINT-JUST.

(Au Vatican, Paris, 1789, 2 tomes in-18.)

———————

. La politique n'a rien à voir avec nos recherches bibliographiques ; nous n'avons nullement à nous occuper ici des doctrines et des actes du trop célèbre conventionnel dont nous venons d'écrire le nom (1),

———————

(1) Un autre ouvrage imprimé avec le nom de Saint-Just, en 1800, les *Fragments sur les institutions républicaines*, réimprimé en 1831, a été l'objet d'une notice dans les *Mélanges extraits d'une petite bibliothèque*, par Nodier (1828, p. 319), mais quelques personnes ont cru que Nodier lui-même était l'auteur de ces *Fragments* et qu'il s'était amusé à les écrire comme pastiche du style ayant cours en 1793. L'ingénieux académicien prétend avoir, à l'âge de onze ans, vu Saint-Just, et les sentencieux aphorismes du conventionnel sont encore présents à sa mémoire trente-cinq ans plus tard : chacun le sait, les souvenirs révolutionnaires de Nodier forment un écrit très-fin, très-intéressant, mais sans aucune valeur historique.

7

mais comme poëte épique il nous appartient, et nous nous emparons de lui.

Le *Manuel du Libraire* (4ᵉ édition, la lettre S n'a pas paru au moment où nous écrivons) entre dans quelques détails au sujet de ce livre devenu rare, et dont le prix augmente de plus en plus. Nous ajouterons qu'il a été payé 16 fr. (relié en veau) vente Violet-le-Duc, et 45 fr. (relié en maroquin) vente H. de Ch., en 1863. L'ouvrage reparut à la fin de 1792, avec un titre rajeuni et audacieusement cynique : *Mes passe-temps, ou le Nouvel Organt de 1792, poëme lubrique en vingt chants, par un député à la Convention nationale. Londres, et se trouve à Paris chez tous les libraires* (in-18, 160 et 170 pages). Un exemplaire avec ce titre fut payé 25 fr. 50 cent. à la vente Perrey, en 1848. Grimm (*Correspondance*, édition de 1830, XIV, 390) dit que ce poëme fut attribué à La Dixmerie; il y reconnaît des vers heureux et des tirades d'une grande facilité.

Quelques écrivains de nos jours se sont occupés d'*Organt*. M. Michelet (*Histoire de la Révolution*, t. V, p. 107) s'exprime en ces termes : « *Organt* n'est « pas en général un poëme libertin et obscène; il y a « seulement trois ou quatre passages d'une obscé- « nité brutale. Ce qui est partout, ce qui ennuie et « fatigue, c'est l'imitation laborieuse des esprits les « plus faciles qui aient jamais été, de Voltaire et de « l'Arioste. Cette œuvre, d'un cynisme calculé, témoi- « gne peut être moins de libertinage que d'ambition. »

M. Cuvillier-Fleury (*Portraits politiques et révolutionnaires*, 1851, t. II, p. 283-315) et M. L. Fleury
(*Saint-Just et la Terreur*, 1853, t. I, p. 28-94) sont
entrés dans quelques détails au sujet d'*Organt*, mais
on peut compléter ce qu'ils avancent à cet égard. Ce
dernier écrivain s'est d'ailleurs trompé lorsqu'il
parle (p. 35) d'un combat emprunté à Parny, et
(p. 83) lorsqu'il avance que Saint-Just « veut refaire
« l'*Iliade* ordurière déjà écrite par Parny ». Le
poëme trop connu du *Tibulle français* ne vit le jour
qu'en 1799, cinq ans après la mort de Saint-Just.
M. Fleury est plus exact lorsqu'il signale comme
parfaitement erronée l'assertion de Barrère : que le
poëme d'*Organt*, en *huit* chants, fut écrit par Saint-
Just au sortir du collége, à l'occasion de l'affaire du
collier, et lorsqu'il observe que les *Biographies*, se
copiant mutuellement, parlent de cette production
sans l'avoir vue. La *Biographie universelle* (t. XXXIX,
p. 608) ne fait qu'en donner le titre, signale deux
volumes in-8, et n'en dit rien en parlant de la jeunesse du conventionnel.

L'action d'*Organt* se passe du temps de Charlemagne ; la métamorphose de l'archevêque Turpin en
âne est le principal incident de l'épopée dans laquelle
Saint-Just, imitateur de Voltaire, fait intervenir saint
Denis et saint George, réunissant d'ailleurs dans
une fable mal conçue, dans un cadre absurde, des
épisodes qu'aucun lien ne rattache. Nous transcrivons
le début du premier chant.

Il prit un jour envie à Charlemagne
De baptiser les Saxons mécréants ;
Adonc il part et se met en campagne,
Suivi des pairs et des paladins Francs.
Monsieur le Magne eût mieux fait, à mon sens,
De se damner que de sauver les gens,
De s'enivrer au milieu de ses lares,
De caresser les belles de son temps,
Que parcourir maint rivage barbare
Et pour le ciel consumer son printemps.

L'auteur dissimule si peu son projet de faire des allusions multipliées à l'histoire contemporaine, qu'il a eu soin de dresser une clef jointe à quelques exemplaires et dévoilant les noms véritables cachés sous des masques plus ou moins carlovingiens. Il est difficile de ne pas reconnaître dans les vers suivants Marie-Antoinette, si vivement attaquée alors par tout le parti révolutionnaire :

Le pauvre Sire avait une moitié
Que l'on nommait madame Cunégonde,
Reine autrefois les délices du monde.
Elle devint sans remords, sans pitié,
Immola tout à sa rage lubrique,
Vit les forfaits avec un œil stoïque.
Charles du moins tranquille regardait
Les maux présents. La furie en riait,
Et maudissait la pauvre espèce humaine,
Qu'on maltraitait avec autant de peine.

Plus loin, nous trouvons des accusations encore plus véhémentes :

> Par des tyrans la France est gouvernée;
> L'État faiblit, et les lois sans vigueur
> Respectent l'or du coupable en faveur.
> Dans ses écarts, la reine forcenée
> Foule, mon fils, d'un pied indifférent
> Et la nature et tout le peuple Franc;
> Son avarice et cruelle et prodigue,
> Pour amasser, partout cabale, intrigue,
> Dissipe ensuite, et, sans s'embarrasser,
> Crache le sang qu'elle vient de sucer,
> Cruel vautour dont la faim irritée
> Du peuple entier fait un vrai Prométhée...
> Le roi, mon fils! Sa funeste indolence
> Ignore, hélas! les malheurs de la France;
> De noirs tyrans écrasent ses sujets,
> Et sa faiblesse épouse leurs forfaits.
> La Cour n'est plus qu'un dédale de crimes :
> Des trames d'or y tiennent lieu de fil;
> L'honneur s'y vend au coup le plus subtil,
> Et tour à tour triomphants et victimes,
> Dupes des rets par eux-mêmes tendus,
> Flattés hier, aujourd'hui confondus,
> Tous ces tyrans, assis sur une boule,
> Sont un torrent qui bouillonne et s'écoule.

Les colères qu'inspirent à Saint-Just les personnages contemporains, qu'en dépit de toute chronologie et de toute vraisemblance il encadre au milieu des paladins de la cour de Charlemagne, ne sont pas toujours sur le trône ou à côté; dans son huitième chant, il passe en revue des artistes dramatiques alors fort connus, mais qu'il ne nomme pas en toutes lettre.

> Il voit Thalie en cotillon mesquin,
> Pour des sabots laissant le brodequin,
> Froidement gaie et grotesquement tendre,
> Dédaigner l'art et le sel de Ménandre.
> Organt vit là M..., dont le talent
> Est d'écorcher Molière impunément,
> Et Des..., le Sancho de l'école,
> Qui croit l'Olympe assis sur son épaule ;
> La glaciale et brûlante R. (*Raucourt*),
> De qui les feux ont fait rougir l'amour ;
> Et cette C..., nouvelle Cythérée,
> Que sur le sable apporta la marée ;
> Et Dor..., dont le palais branlant
> Mâche les vers de sa dernière dent ;
> Cette Ch..., ânesse de Cythère,
> Divinité dont Cybèle est la mère ;
> Fl. (Fleury) enfin, sot avec dignité,
> Thersite en scène, Achille au comité. »

L'épigraphe d'Organt offre un vers emprunté à Gilbert :

> Vous, jeune homme, au bon sens avez-vous dit adieu ?

La préface est d'une brièveté remarquable :

> J'ai vingt ans, j'ai mal fait ; je pourrai faire mieux.

En tête de chaque chant il se trouve, comme dans le poëme de Voltaire, un exorde plus ou moins mo-

ral (1). Citons, sans choisir, celui du septième
chant :

> O jeunes cœurs! c'est ainsi qu'on vous damne.
> Lancés à peine au sein du tourbillon,
> Des séducteurs la criminelle adresse
> De l'innocence assiége la faiblesse
> Et par les sens lui ôte la raison.
> Dans une coupe aimable, enchanteresse,
> Leur main adroite a versé le poison;
> L'innocent boit, adieu son innocence,

---

(1) Parmi les divers poëmes qui offrent la même circonstance, signalons la longue et fastidieuse épopée de Gudin, la *Conquête de Naples* (an IX, 3 vol. in-8), œuvre qu'à certains égards on peut rappro-
cher d'*Organt*, mais qui est descendue dans l'oubli le plus complet. Le
début du 15e chant, que nous prenons au hasard, n'est sans doute
aujourd'hui dans aucune mémoire :

> Oh! qu'ils ont eu de sagesse et d'esprit
> Ces gens sensés qui tous nous ont écrit
> Que tout mortel dont les braves ancêtres
> D'un vieux châtel s'étaient rendus les maîtres,
> Soit en tuant de pauvres villageois,
> Soit en servant bassement quelques rois,
> Dérogerait à l'éclat dont il brille,
> A sa noblesse, au rang de sa famille.
> Qu'il deviendrait un manant, un vilain,
> Un homme obscur, un roturier enfin,
> Si, par l'effet d'une utile industrie,
> Faisant bénir son nom dans cent États,
> Il rapportait au sein de sa patrie
> Les dons que Dieu verse en d'autres climats!

Adieu vertu, adieu paix de l'enfance !
Qu'arrive-t-il à l'esprit égaré ?
Avec l'Eglise et les saints il fait schisme,
Met en oubli le dévot catéchisme
Et les leçons de monsieur le curé.

CONTES JOYEUX

QUESTIONS DIVERTISSANTES ET PROMPTES REPARTIES.

(En anglais.) Londres, 1816, in-8.

Il s'agit de la réimpression d'un livret publié vers la fin du XVIe siècle et devenu introuvable aujourd'hui. Il doit sa notoriété à la mention qu'en fait Shakespeare dans sa comédie de *Beaucoup de bruit pour rien* (*Much ado about nothing*), lorsque Béatrix dit que Bénédict l'a accusée d'avoir puisé son esprit dans les *Contes joyeux*. Quelques commentateurs ont pensé qu'il y avait là une allusion aux *Cent nouvelles nouvelles* ou au *Décaméron*, mais c'est une erreur; les deux ouvrages en question étaient presque inconnus en Angleterre lorsque Shakespeare écrivait. La première traduction anglaise du *Décaméron* fut mise au jour en 1620.

Le hasard a fait retrouver un livret contenant précisément cent historiettes beaucóup moins longues que les récits du conteur florentin ou que les narrations des seigneurs réunis autour du Dauphin, qui depuis fut Louis XI. On a eu la bonne idée d'en donner une édition nouvelle imprimée elle-même à petit nombre, comme il convient pour des productions semblables destinées à l'esbatement de quelques bibliophiles (1).

Les *Contes joyeux*, remaniés plusieurs fois, sont si peu connus en France, que nous croyons devoir en dire quelques mots. Ils offrent un mélange de traits empruntés à l'histoire des Grecs et des Romains (traits apocryphes ou défigurés), d'anecdotes qui couraient encore chez les classes populaires de la Grande-Bretagne, de *gaietés* un peu trop vives pour ne pas choquer les bienséances de l'époque actuelle, éminemment morale comme chacun sait. Nous laisserons de côté les facéties trop désopilantes, et nous nous en tiendrons à ce qui ne manque point de respect au lecteur. Mais nous convenons que notre traduction ne donne qu'une idée très-imparfaite d'un texte qui aurait besoin d'être revêtu de ce style naïf dont le charme fait le principal mérite des *Cent nou-*

---

(1) La littérature anglaise possède un grand nombre de recueils de facéties (*Jest-books*); il en est qui sont devenus très-rares et que des bibliophiles ont payés très-cher. Le *Bibliographer's Manual* de Lowndes (2ᵉ édition, p. 1200-1208) donne une longue et curieuse énumération des écrits de ce genre antérieurs à 1800.

velles nouvelles, de l'*Heptaméron*, des *Récréations* de
Desperriers.

« Il y avait une femme qui était à genoux dans
une église, tandis que le corps de son mari était
dans le cercueil et qu'on chantait l'office des morts.
Un jeune homme s'approcha d'elle et lui parla à
l'oreille comme s'il l'entretenait de choses relatives
à l'enterrement ; mais il lui disait tout autre chose,
car il lui exprima son désir de l'épouser. A quoi elle
répondit : « Ma foi, je suis fâchée que vous veniez
« si tard, mais il n'est plus temps, car hier j'ai pro-
« mis à un autre. »

« Ce récit vous fait savoir que parfois les femmes
sont sages et qu'elles ne veulent pas perdre de
temps.

— « Un médecin qui avait peu de savoir touchait le
pouls à ses malades lorsqu'il les visitait, et s'il leur
trouvait de l'agitation, il leur disait que c'était parce
qu'ils avaient mangé des pommes ou des figues, ou
d'autres choses qu'il leur avait interdites. Les malades reconnaissaient que le médecin avait raison
quand il leur disait ce qu'ils avaient fait, et ils le re-
gardaient comme un très-grand docteur. Son valet,
émerveillé de ce qui se passait, lui demanda un jour
si c'était en touchant le pouls ou par quelque autre
moyen plus profond qu'il devinait si juste. Le médecin lui répondit : « Écoute ; comme tu m'as servi fi-
« dèlement, je vais te révéler mon secret. Quand j'en-
« tre dans la chambre d'un malade, je regarde de

« tous côtés, et si j'aperçois des débris de poires, de
« pommes, de fromage, ou d'autres objets, je n'ai
« pas de peine à conclure que le malade en a mangé,
« et je mets la faute sur son régime. »

« Peu de temps après, ce valet voulut aussi se faire
médecin, et, suivant l'exemple de son maître, il disait aux malades que ce qu'ils avaient mangé leur
causait leur souffrance. Il alla un jour chez un pauvre
homme à la campagne, et il lui promettait de le
guérir; il lui donna à boire je ne sais quoi, et il s'en
fut ensuite. Le lendemain il revint, et trouva le patient bien plus mal. Regardant par terre dans tous
les sens, il ne trouva aucun reste d'aliment, et fut
très-embarrassé; mais enfin il aperçut une selle sous
le lit. Alors il s'écria que le malade avait si fort en-
freint la diète qu'il fallait s'étonner qu'il ne fût pas
déjà mort, puisqu'il avait mangé un âne dont la selle
était sous le lit, car il croyait qu'on avait laissé la
selle comme on laisse les os après avoir mangé la
viande. Et sa sottise fit qu'on se moqua beaucoup de
lui. »

— « Un roi, étant à la chasse, vint devant une grande
porte qui fermait un champ et qui était fermée, et à
côté était un paysan auquel le roi dit : «Bon homme,
« ouvre la porte. » Mais le paysan, qui avait reconnu
le roi, répondit : «Non, sire, je ne suis pas digne de
« cet honneur; mais je vais chercher notre maître,
« qui demeure à deux heures d'ici, et il l'ouvrira
« pour Votre Majesté. »

— « Les habitants d'un village chargèrent un jour deux paysans qui se rendaient à Londres d'acheter un crucifix de bois. Le marchand auquel ils s'adressèrent, et qui vit que c'étaient des gens grossiers et ignorants, leur demanda s'ils voulaient que l'image fût morte ou en vie ; cela les embarrassa fort, et ils restèrent longtemps à deviser entre eux de ce qu'il fallait faire. Mais enfin, ils se mirent d'accord pour demander que l'image fût en vie, car, dirent-ils, « si « nos voisins n'en sont pas contents, ils pourront « facilement la tuer. »

— « Il y avait à l'université d'Oxford un écolier qui se plaisait fort à faire usage de termes pompeux et d'expressions recherchées, et un jour, ayant porté ses souliers à un savetier pour les faire raccommoder, il dit : « Mets sous mes subpeditaux deux triangles « et deux demi-cercles, et je te donnerai l'équitable « rémunération de ton labeur. » Le savetier, qui ne comprenait pas la moitié de ce que l'écolier voulait dire, répondit : « Monsieur, votre éloquence est au- « dessus de mon intelligence ; mais, si vous me lais- « sez vos souliers, je vous les raccommoderai pour « quinze deniers. »

— « Un paysan auquel on avait volé une oie alla se plaindre à son curé et lui demanda de la lui faire rendre. Le curé le promit, et le dimanche suivant, tous les paroissiens étant assemblés dans l'église, il monta en chaire et dit à tout le monde de s'asseoir. Puis il demanda : « Pourquoi ne vous asseyez-vous

« pas? — Nous sommes tous assis, répondirent-ils.

« — Non, dit le curé, celui qui a volé l'oie ne s'est
« pas assis. — Ce n'est pas vrai, je suis assis, dit un
« paysan qui était dans un coin. — Ah! c'est donc
« toi qui as volé l'oie? dit le curé. Eh bien, je te
« commande de la restituer, sous peine d'excom-
« munication. »

— « Il y avait un homme très-pauvre, et des voleurs
entrèrent une nuit dans sa chambre. Il leur dit tran-
quillement : « Messieurs, je ne crois pas que vous
« trouviez grand'chose ici cette nuit; moi, je n'y
« trouve rien dans toute la journée. »

— « Un marchand voulant se moquer d'un meunier,
lui dit au milieu d'une réunion nombreuse : « J'ai
« entendu dire que tout meunier honnête et qui ne
« vole pas a le pouce d'or; est-ce vrai? » Le meunier
répondit que la chose était certaine. « Alors, dit le
« marchand, laisse-moi voir ton pouce. » Le meunier
montra son pouce, et le marchand dit : « Je ne vois
« pas du tout que ton pouce soit d'or, il est comme
« le pouce de tous les autres hommes. » Le meunier
répondit : « Il est pourtant bien certain qu'il est d'or,
« mais vous ne pouvez pas vous en apercevoir, car il
« est doué d'une propriété particulière : tout homme
« qui est cocu ne peut pas le voir. »

— « Un seigneur irlandais, nommé O'Connor, fit prisonnier un chevalier qui était son plus grand ennemi,
et le condamna à une mort immédiate; il fit en même
temps venir un moine, afin de préparer le captif à

sortir de ce monde. Le chevalier se confessa, et l'acte de sa vie qui lui causait le plus de regrets était d'avoir laissé échapper l'occasion de brûler une église où O'Connor s'était un jour réfugié. « J'aurais pu le « brûler avec l'église, dit le pénitent, mais, comme « j'ai de la conscience, je me faisais un scrupule de « brûler l'église, ce qui fut cause que je tardai tant « qu'O'Connor s'échappa, et c'est là une des plus « grosses fautes que j'ai commises de ma vie, et je ne « saurais trop m'en repentir. » Le moine, trouvant le chevalier aussi mal disposé, le supplia de changer de sentiment et de mourir réconcilié avec tout le monde, sinon il ne serait jamais admis dans le ciel. Le chevalier persistant dans son endurcissement, le moine, appelant O'Connor, lui demanda de retarder l'exécution jusqu'à ce que le captif fût ramené à des sentiments plus chrétiens, sinon il serait infailliblement réprouvé. Alors le chevalier, s'adressant à O'Connor, lui dit : « Tu vois, d'après ce que t'affirme ce véné- « rable religieux, que si je meurs en ce moment, je « suis dans des sentiments de haine et hors d'état « de faire mon salut; mais tu vois aussi que ce bon « père est parfaitement disposé, qu'il ne veut de mal « à personne, et qu'il est tout à fait en état de paraî- « tre devant Dieu ; je te prie donc de le pendre à ma « place et de me laisser jusqu'à ce que je sois mieux « préparé pour l'autre vie. » O'Connor se mit à rire de tout son cœur, et il trouva la chose si plaisante qu'il rendit la liberté au chevalier. »

Quelques-unes des anecdotes contenues dans le recueil anglais font partie de ce fond commun de récits plaisants qui se reproduisent d'âge en âge sous diverses formes. Dans le nombre est l'historiette du moine qui vit une femme pleurer à chaudes larmes à un de ses sermons. Son amour-propre, d'abord flatté, éprouva un rude mécompte lorsque la femme avoua que son chagrin venait de ce que les cris du prédicateur lui rappelaient de la façon la plus fidèle la voix d'un âne qu'elle possédait jadis et que les loups avaient mangé.

Nous terminerons en mentionnant l'histoire du savant docteur et de l'oiseleur. Le premier, voulant savoir de quelle manière le second s'y prend pour capturer ses victimes, l'accompagne dans une de ses expéditions. L'oiseleur couvre le savant de branchages et lui recommande de ne pas dire un mot. Une foule d'oiseaux viennent bientôt se poser sur les branches qui cachent le docteur, et celui-ci, hors d'état de pouvoir contenir son impatience, s'écrie : « Beaucoup d'oiseaux se sont perchés, tire tes filets. » La gent volatile s'enfuit au plus vite ; l'oiseleur gronde son compagnon et lui prescrit derechef un silence absolu. Le docteur reprend son poste, et, lorsque les oiseaux sont revenus, il dit à haute voix : « *Aves permultæ adsunt.* » L'oiseleur, furieux de voir sa proie lui échapper de nouveau, s'emporte contre le docteur ; mais celui-ci lui réplique avec vivacité, le traite d'imbécile, et lui demande comment il est assez sot pour imaginer que des oiseaux anglais puissent comprendre le latin.

Les amateurs qui ne trouveraient pas à se procurer les *Contes joyeux* rencontreront du moins quelques autres échantillons de ces *plaisants devis* dans un article qu'a publié le *Retrospective Review* (Londres, J. Russel Smith, nouv. série, 1854, tom. II, p. 332).

OPUSCULA ELISII CALENTII

POETÆ CLARISSIMI.

Romæ, J. de Besicken (1503, in-folio).

———

Ce volume fort rare ne paraît pas avoir été bien apprécié, car les adjudications (au nombre de sept) que signale le *Manuel*, dans une période de soixante ans environ, roulent de 19 à 80 fr. Il est à croire qu'aujourd'hui les amateurs y mettraient davantage, quoique les livres latins soient bien moins recherchés que nos vieilles impressions françaises ; mais, Calentius a des titres particuliers à l'attention.

Il est resté très-peu connu en dépit de l'épithète que lui décerne le frontispice de son livre, imprimé au moment où l'auteur venait de cesser de vivre. L'ouvrage fut mis au jour dans la cité papale sans que l'éditeur crût se compromettre, mais le scandale éclata et l'in-folio fut mis à l'index. Sa suppression a occasionné sa grande rareté.

Disons d'abord quelques mots de l'auteur.

Calentius naquit à Amphratta, dans la Pouille ; il fut l'ami de Sannazar et de Pontanus ; il fut le précepteur du roi de Naples, Frédéric, et il parle, dans ses vers, de ce monarque, sous le nom d'Hiaracus. Il mourut en 1503.

Roscoë en a fait mention fort succincte dans la *Vie de Léon X ;* la *Biographie Universelle*, tom. VI, p. 519, lui a consacré une courte notice ; voyez, en outre, Tiraboschi, tom. XVII, p. 230 ; Gyraldi, *De Poet. sui temp. Dialog.* II, 1551 ; Tafari, *Scritt. del regno di Napoli,* tom. II, part. 2, p. 396 ; tom. III, part. 5, p. 343.

Les *Opuscules* dont il s'agit remplissent 109 feuillets. D'abord se présentent : *Elegiarum Aurimpiæ ad Colotium* libri III (f. A, 2 et suiv.) ; le poëte y chante son amour pour une belle nommée Aurimpia, dont il fut éperdument épris ; il peint son courroux et sa douleur lorsqu'il reconnut qu'elle était devenue infidèle. Il n'y a rien dans ces élégies de très-offensant pour les oreilles chastes, pas même dans celle *qua noctem laudat* (je copie le titre) *Aurimpiam dum potitur.* On trouve ensuite : *Mauri et Naiæ amantium casus infelicissimus* (f. E.), *Oratio ad Deos Italos* (f. E, 2-6), un petit poëme adressé PA. MAXIMO. PO. (c'est-à-dire au pape Paul), un autre *ad uxorem Manentiam.* Tout cela est assez innocent. Ce qui l'est beaucoup moins, ce sont les épigrammes qui arrivent plus loin, et qui bravent hardiment l'honnêteté sans être spirituelles. On s'en convaincra suffisamment en jetant les yeux sur celle du feuillet F. b : *Alda puellarum molli uallata corona;* sur celle qui est intitulée *Priapus,* et qui tient ce que promet pareil nom : *Matronæ, quid me pedibus calcatis iniquis,* et surtout sur la 60ᵐᵉ : *Parvus ut audita est vicini fabula...* La seconde partie du volume se présente à la suite de ces fâcheuses épigrammes; elle contient d'abord des épîtres à Hiaracus et à divers personnages; la 72ᵐᵉ nous montre que l'art de la rhinoplastique, le secret de faire un nez, était déjà chose connue : *Orpiane, si tibi nasum restitui vis, ad me veni... Branca Siculus... didicit nares inserere quas vel de brachio reficit vel de servis mutuatas impingit.* Rien de condamnable dans ces épîtres. Une troisième partie, beaucoup moins étendue, avec signatures A.-C., contient des morceaux plus répréhensibles. Les deux premiers, *Hector, libellus, horrenda apparitio,* et *Carmen nuptiale in divinam Hippolytam et A. Brutiorum ducem,* peuvent se lire sans scandale; mais la morale la moins austère est vivement choquée dans : *Cineus et Phiale amantes in canes convertuntur, nova fabula* (fol. B, 4, 6 et suiy.). La seconde partie du petit poëme *ad Vitum Rutilium, de locis sibi gratis* (fol. C, 3) est un réceptacle d'ordures. Le *Carmen de Venere* en distiques, qui vient plus loin, est moins offensant, mais sans être toutefois exempt de blâme. La *Satira contra poetas,* qui suit la *Nova fabula,* ne mérite point de reproche sous ce rapport. En somme, Calentius, poëte médiocre, serait absolument oublié, et son livre n'aurait point de valeur, si ce n'étaient les incursions que nous avons signalées dans le domaine de Martial et de Pétrone.

Un bibliophile distingué, M. le marquis de Morante, possède un exemplaire des *Opuscules;* il le signale dans le 7me volume (p. 11) du catalogue de sa riche bibliothèque, et il reproduit la première élégie.

RECHERCHES SUR LA BIBLIOTHÈQUE

DE JACQUES-AUGUSTE DE THOU.

Nous n'avons pas besoin de rappeler quel est l'enthousiasme des bibliophiles pour les vieux livres portant les armoiries d'amateurs célèbres, et, parmi les anciennes bibliothèques françaises, aucune ne pouvait, sous le rapport du nombre de ses volumes et de la beauté des exemplaires, l'emporter sur la collection formée par le célèbre historien, par l'illustre magistrat Jacques-Auguste de Thou. Les ouvrages qui en font partie se payent de plus en plus cher dans les ventes ; nous constaterons quelques faits relatifs à cette hausse non interrompue (1).

(1) Il serait facile de citer d'autres exemples de l'augmentation de valeur de certains livres, grâce à l'enthousiasme qu'inspirent les armoiries d'un amateur célèbre. Comparons ce que deux volumes à l'écusson de Girardot de Préfond ont été payés en 1767 et 1844 (vente Nodier) : *Songes drolatiques de Rabelais*, 15 livres et 411 francs ; *Recueil des Caquets de l'Accouchée*, édit. de 1622, 24 livres 1 sol et 245 francs.

Depuis un tiers de siècle la *thuanomanie* (mot désormais nécessaire) a fait de rapides progrès. L'impulsion est donnée, elle ne s'arrêtera pas là.

Ce fut en 1573, à l'âge de vingt ans, que J.-A. de Thou commença la formation de sa bibliothèque ; il s'en occupa avec ferveur jusqu'au moment de son décès (7 mai 1617). Cette admirable collection passa à ses descendants. En 1679, elle fut acquise par M. de Menars, président à mortier au parlement de Paris ; en 1706, celui-ci la céda au cardinal de Rohan-Soubise, archevêque de Strasbourg ; elle devint, par voie d'héritage, la propriété du prince de Soubise, et, en 1789, après la mort de ce maréchal, dont les victoires occupent si peu de place dans nos annales militaires, elle fut vendue à l'encan. Depuis 1617, ses divers propriétaires l'avaient considérablement augmentée ; mais ces livres venus après coup laissent le bibliophile très-froid, très-maître de lui, quoique ceux qu'ont achetés les fils de Jacques-Auguste de Thou portent les armes de leur illustre père. Nous ne nous en occuperons pas.

La bibliothèque thuanienne produirait aujourd'hui des millions, si la vente en était confiée à des mains intelligentes, s'il en était fait un catalogue comme ceux des ventes Nodier, Solar ou Double. Il n'en fut rien : elle fut indignement gâchée ; le catalogue Soubise n'indique aucune de ces reliures que nous contemplons aujourd'hui à genoux ; il énumère à la hâte, en bloc, un grand nombre d'articles ; il en omet une foule, il se vante même de ces omissions dans sa préface.

Nulle indulgence donc pour le rédacteur de cet affreux catalogue.

Un amateur distingué, M. Pichon, a consigné, sur les reliures thuaniennes, des renseignements bien précieux dans une lettre insérée à la fin du tome IV de l'excellent ouvrage de M. Paulin Pâris (*Les Manuscrits françois de la Bibliothèque du Roi*), lettre reproduite en partie dans le premier numéro du premier volume du *Bulletin de l'Alliance des Arts* (1) ; mais M. Pichon désigne comme ayant dressé le catalogue

---

(1) Qu'il nous soit permis d'emprunter quelques détails à cette très-bonne étude :

Avant son mariage avec Marie de Barbanson-Cuny, c'est-à-dire de 1575 à 1587, Thou faisait relier ses livres en maroquin rouge, citron, vert, et en vélin blanc avec filets d'or. Tous les livres en maroquin étaient dorés sur tranche. Ceux en vélin ne l'étaient pas toujours. Le maroquin citron était destiné aux livres de sciences exactes. Le maroquin vert de cette époque est très-rare. Le dos de ses livres portait les trois lettres ADT. Après son mariage il fit graver un autre fer ; au-dessous les lettres AM (Auguste Marie), qui se retrouvent sur le dos.

A cette époque il renonça à employer le vélin blanc, et il le remplaça par une méchante basane verte qu'on qualifie de maroquin vert sur bien des catalogues, mais qui ne mérite pas ce nom. Il continua à employer le maroquin rouge et citron. Les reliures de maroquin rouge de cette époque sont peut-être les mieux faites et les plus belles de la bibliothèque thuanienne.

Il se remaria en 1604 ou 1605 et se servit d'un autre fer ; les let-

Soubise le libraire Lamy, le même dont M. Renouard vendit, en 1807, le fonds de librairie.

Lamy est mort ; il ne faut point laisser sa mémoire sous le coup d'une grave imputation : Lamy fut inno-cent. Le coupable, ce fut Leclerc, un vieux bonhomme qui vendait les livres de de Thou comme il eût vendu de vieilles hardes trouées, tachées, déchirées !

Laissons parler M. Renouard, qui a fait à cette vente Soubise quelques-unes de ses premières acqui-sitions :

« Leclerc avait les beaux livres en horreur ; un Virgile imprimé pour les classes et un Virgile de la plus somptueuse édition n'étaient pour lui que des

---

tres AM furent remplacées par celles AC. Il en fut ainsi jusqu'à sa mort, en 1617.

Ses enfants se servirent du fer n° 4.

Les volumes en veau fauve qui portent ce fer paraissent du fameux relieur Le Gascon à cause de la perfection de la reliure. Il florissait en 1641 et n'a guère pu relier que pour les fils.

Les reliures en vélin blanc ont toutes, du moins dans le grand nombre que M. Pichon a vues, le fer n° 1.

M. Deschamps, en dressant en 1860 le Catalogue (non destiné à une vente publique) de la belle bibliothèque de M. Félix Solar, où se trou-vaient un grand nombre de volumes à la reliure de de Thou, les a parta-gés en quatre catégories répondant aux diverses époques signalées par M. Pichon, et il en donne la description héraldique (voir la préface, p. IX et X). Le *Bulletin du Bibliophile* (14e série, p. 896) contient des *Notes* de M. A. Briquet sur la bibliothèque et les armoiries de de Thou ; ses diverses marques sont reproduites.

Virgiles. Un exemplaire sur un papier distingué lui
inspirait un mépris mêlé de dégoût. » (*Cat. de la Bibl.
d'un amateur*, IV, 258. Voir aussi l'anecdote relatée
t. II, p. 375.)

On se demande souvent :

« De combien de volumes se composait la bibliothèque thuanienne ? »

M. Pichon ne mentionne qu'un seul volume du
catalogue imprimé en 1679. M. Paris, dans une note,
cite les deux volumes, mais remplace par quatre
points le nombre des pages du premier. L'un de ces
honorables thuanomanes calcule sur douze articles
par page ; l'autre trouve cette supputation exagérée
et croit qu'il faut la réduire d'un tiers.

J'ai horreur de l'à-peu-près ; j'ai voulu savoir à
quoi m'en tenir au juste. Le moyen était facile, j'ai
consacré quelques heures à relever, plume en main,
sur les deux tomes du catalogue, le nombre des volumes portant la date de 1617 ou toute autre date
antérieure. Je néglige les volumes datés de 1618 à
1679 ; ces livres *post-thuaniens* méritent à peine, selon moi du moins, quelques instants d'attention. Ils
ne forment pas d'ailleurs le dixième de l'ensemble
de la collection.

Le résultat du recensement que j'ai exécuté avec
une scrupuleuse attention, et chacun est libre de le
vérifier, c'est un total de 9,683 volumes.

Je vais maintenant faire connaître avec quelque
détail la composition du catalogue ; j'indiquerai les

principaux articles que présente chaque classe. Qui oserait dire à quels prix s'adjugeraient aujourd'hui la plupart de ces volumes ?

La Théologie et l'Histoire ecclésiastique (p. 1-202 du t. I) offrent d'abord 1072 volumes pour l'Écriture sainte, ses interprètes et les Pères grecs et latins, entre autres : Polyglotte d'Alcala ; Psautier éthiopien de 1513 ; Bible grecque, *Alde*, 1518, exemplaire annoté par Michel de l'Hospital ; Nouveau Testament syriaque, *Vienne*, 1555 (1) ; Nouveau Testament en basque, *La Rochelle*, 1571 (2) ; Figures de l'Ancien Testament, *Lyon*, 1549, et de la Bible, 1553 ; Aretino (3) *Il Genesi ; Mortis imagines* Lugd., 1547.

Casuistes, 7 vol.; Scolastiques, 34 (saint Thomas, 18 vol.; Ockam, Duns Scot). Écrits sur les sacre-

---

(1) Cette précieuse et très-rare édition, trop négligée des bibliographes français, est décrite avec tout le soin qu'elle mérite dans l'excellent catalogue des livres de M. Silvestre de Sacy. (Voir p. 145-147 et 406-408 du tome Ier de ce chef-d'œuvre de patience et de sagacité *biblique*.)

(2) Volume rare et précieux de 459 feuillets, non compris les préfaces et tables ; le papier et le caractère sont fort beaux. La valeur de ce livre est connue depuis longtemps, car il s'est payé, dans le siècle dernier, 32 livres, chez Turgot ; 37, La Vallière (vente de 1767.); 40, Paris de Meyzieu. On en trouvera une description exacte dans le *Manuel de la langue basque* de M. Lécluse, 1826, p. 19.

(3) A l'égard des écrits de dévotion de l'Arétin, voir une curieuse notice de M. E. de la Gournerie, dans la *Revue européenne*, t. III, **p. 297.**

ments, le dogme, etc., 391 vol. Sermonaires, 26 vol.,
entre autres Boucher, sur la *simulée conversion du roy
de Navarre*, 1594.

Rites et liturgie, 91 vol.; Démonologie, 20 ; Con-
ciles, 55 ; Oracles, prophètes, 5 ; Histoire ecclésiastique, 311. Les écrits hétérodoxes sont nombreux :
342 vol. Nous y remarquons le *Catéchisme de Merlin,
en françois et béarnois*, Limoges, 1562 (1), et les
Psalmes de David, en rima bernesa, Ortez, 1583.

Sciences occultes, onéiorocritie, chiromancie, 81
vol. (Marcolino, *Sorti*, 1540). Écrits des rabbins ou
concernant le judaïsme et le mahométisme, 93 vol.
(le Talmud, édit. de Bâle) (2).

---

(1) Depuis la vente du duc de la Vallière, où il ne fut payé que
7 livres, somme qu'aujourd'hui il faudrait décupler, je ne crois pas
qu'aucun exemplaire de ce livre curieux se soit montré aux enchères
de Paris ou de Londres.

(2) Il est peu de livres aussi curieux et aussi peu connus que le *Talmud*, immense recueil de traditions et de prescriptions judaïques com-
pilées du second au cinquième siècle de notre ère. Il ne remplit pas
moins de douze gros in-fol., tout hébreu, qui n'ont jamais été traduits
en entier. Nous prenons au hasard les lignes suivantes dans quelques
extraits que Bartolocci a fait passer en latin.

« Ea hora qua Salomon duxit in uxorem filiam Pharaonis, descendit
« Gabriel et infixit calamum in mare, et ascendit limus, et super eum
« ædificata est magna arx munita quæ Roma est... Gehennæ ignis nul-
« lam habet potestatem in rabbinis... Podex tergendus manu sinistra,
« non dextra... Dixit R. Issac : Qui statuit lectulum suum inter septen-
« trionem et austrum suscipit liberos mares... »

Les idées les plus étranges des conteurs arabes sont peu de chose à

C'est un total de 2447 volumes pour les sciences théologiques.

Le Droit (p. 203-262) nous a offert 737 volumes. Quelques livres d'une haute valeur dans la classe du droit espagnol, entre autres : *El Fuero de los caballeros de Viscaia*, Medina, 1575, in-fol., ouvrage très-curieux et inconnu en France ; *Consolat del mar*, en catalan, *Barcelona*, 1494, in-folio ; *Valentia*, 1539, in-4° ; en italien, *Venet.*, 1599.

Passons à l'Histoire.

Histoire générale, Chronologie, 87 vol. ; Hist. ancienne, 170 ; byzantine, 33 ; d'Italie, 257 (Simoneta, 1480 ; Campo, 1585) ; d'Espagne et de Portugal, 118 volumes : Poça, *De la antiqua lengua*, 1587 ; Florian

---

côté des assertions de certains rabbins les plus illustres. A les croire sur parole, il y avait 60,000 villes dans les montagnes de la Judée, et chacune avait 60,000 habitants... Jérusalem occupe le point central de la terre... D'une épaule à l'autre de Samson, il y avait 60 coudées... A l'âge de huit ans, Salomon était déjà père... Le serpent qui trompa Ève était de la taille d'un chameau, et Caïn est le fils du démon Samael... Telle était la taille d'Adam, lorsqu'il fut créé, que sa tête touchait au ciel...

Nous redouterions de transcrire, même en latin, les contes d'une rare indécence qu'entassent les talmudistes au sujet de Pharaon, de Nabuchodonosor, de Balaam, de l'Israélite qui eut commerce avec une Madianite, et de bien d'autres personnages ; nous laisserons en hébreu les très-bizarres conséquences qu'ils tirent de ce qu'un passage du livre des Rois (*et ingressa est Bethsaben ad regem in cubiculum*) se compose dans le texte original de treize *dictiones*.

del Campo, Mariano, Garibay, les diverses chroniques imprimées à Valladolid vers 1550, la *Chronica del Cid*, Medina, 1552, in-fol.; Marmol, Bleda, etc.

Histoire de France, 327 volumes : Chronique de Saint-Denis, *Verard*, 1493, vendu 83 fr. Soubise (un exempl. qui n'était pas celui de de Thou, près de 6,000 fr. Hanrott); Jean le Maire, les *Illustrations des Gaules*, Lyon, 1549; Garrido, *Batalla de Roncesvalles*, Toledo, 1583, in-4° (1); Joinville, *Poitiers*, in-4°; Froissard, *Lyon*, 1559; Monstrelet, *Paris*, 1572; Commines, 1559; *Historia de la Poncella d'Orléans*, Burgos, 1562, in-4°; le *Miroir des François*, de N. de Montand (N. Barnaud), 1582; Extrait du livre de François Breton (2); Corlieu, *Antiquités d'Angou-*

---

(1) L'exemplaire en question se paya 40 livres à la vente Soubise; peut-être est-ce le même que celui qui s'est élevé, en 1791, à 8 livres sterling 8 sh., chez Páris. Quoi qu'il en soit, c'est un volume *rarer than an unspotted turquoise of an inch in circunference*. J'emploie l'expression qu'applique à un autre écrit l'enthousiaste Dibdin, et j'ajoute avec lui : *For such a treasure, who would not cross the roughest ocean, even agitated by equinoctial gales ?*

(2) Il s'agit sans doute de la *Remonstrance aux trois estats de la France*, œuvre de François Le Breton, avocat de Poitiers. Cet écrit, devenu excessivement rare, valut à son auteur d'être pendu dans la cour du Palais, le 22 novembre 1586, après avoir vu son pamphlet brûlé devant lui. Un bibliophile qui avait sondé dans ses plus curieux et plus obscurs recoins la science des livres relatifs à notre histoire nationale, feu M. C. Leber, a le premier donné sur cette sinistre affaire des détails fort intéressants. Voir son traité de l'*Etat réel de la presse*, p. 62, et son *Catalogue*, n° 4022, t. Ier, p. 201.

lesme, 1566 ; Bertrandus, *Gesta Tolosanorum*, 1515 ;
Noguier, *Histoire de Toulouse*, 1556 ; Poldo d'Albenas, *Antiquitez de Nismes*, 1560 ; les *Passages d'outre-mer* (1), etc.

Histoire d'Allemagne, 192 vol. (*Nanceidos opus de Blarrorivo*, 1476) (2) ; Hist. des Pays-Bas, 113 vol. ;
d'Angleterre, 56 ; du Nord, 54 ; des Turcs, Sarrasins ou Persans, 51 ; Indes orientales, 55 volumes : Castanheda, 1552 ; A. de San Roman, 1603 ; *Commentarios* d'Alfonso d'Albuquerque, 1557 ; l'*Histoire de la découverte et conqueste des Canaries*, par J. de Bethancourt (3).

Hist. d'Amérique, 33 volumes : Oviedo, 1557 ;
Nunez, 1555 ; Fernandez, 1571 ; divers écrits de Las Casas, etc.

Voyages, 55 volumes : Le Huen (4), 1488 ; Ramu-

---

(1) Aux adjudications que mentionne le *Manuel du Libraire* je joindrai celle de 332 francs (bel exempl. lav. régl. mar. r. rel. de Bozerian), que je trouve sur mon exemplaire du catalogue Revoil. — Voir la note du catalogue Leber, n° 3789, t. II, p. 141.

(2) *Saint-Nicolas-du-Port*, 1518, in-fol., édition rare, minutieusement décrite dans le second catalogue des livres sur vélin de M. Van-Praët.

(3) Cet ouvrage, que d'éminents bibliographes ont également classé à l'histoire, ne relate que des événements imaginés à plaisir. Les compilateurs de la *Bibliothèque des Romans* lui ont, à bon droit, donné une place dans leur trop volumineux recueil (t. II d'octobre 1783, p. 69).

(4) Ce volume fort rare est très-précieux ; mais il ne faudrait pas moins que l'exemplaire de Thou pour en obtenir le prix payé, en 1811,

sio, 3 vol., 1563; Nicolay, 1568. Généalogie, Fêtes,
Biographie, 216 vol., dont le *Ballet comique de la
royne*, par B. de Beaujoyeulx, 1582 (1).

Politique, 148 volumes : Machiavel, *Il Principe*,
1551 ; *De la puissance du prince*, par Junius Brutus
(H. Languet? Duplessis Mornay?) ; ouvrages sur le
duel, etc. Polygraphes (Erasme, Politien, Pétrarque),
24 vol.

La Philosophie commence le tome II ; elle renferme
536 vol. : Philostrate, *Alde*, 1502; Platon, deux éditions de Bâle, celle d'Estienne et celle de Francfort,
1602 ; trois édit. d'Epictète, deux d'Aristote, *Alde*,

à la vente Roxburghe : 84 livres sterling, 2142 francs! On peut consulter à son égard Heinecken, *Idée d'une collection d'estampes*, p. 184,
et Dibdin, *Bibliotheca Spenceriana*, n° 1996. M. Moser, bibliothécaire de
Stuttgart, a inséré dans une publication fort intéressante d'outre-Rhin
consacrée à la bibliographie (*Serapeum*, t. III, p. 56-84, 1842) des
détails très-circonstanciés sur les trois premières éditions latines et sur la
traduction espagnole de cette relation ; le volume espagnol (*Saragosse,
1498, in-fol.*) n'est pas, ce nous semble, décrit autre part que dans la
notice de M. Moser; il se compose de CLXXXVII feuillets chiffrés, à
l'exception du premier; signat. *a-z; 2* col., 43 lig.

(1) La mythologie et l'allégorie font les frais de cette représentation
curieuse; les costumes des personnages qui y figurent, tels que les représentent les planches du volume, sont bien étranges; voir au feuillet 10, v°, les trois *Sereines*; les Tritons, feuillet 16, et surtout, feuillet 32, huit Satyres d'une inconcevable effronterie.

« Mercure estoit accoustré tout ainsi que le descriuent les poetes,
vestu de satin incarnadin d'Espagne passementé d'or ; son manteau estoit
de toile d'or violette. »

1551, et *Francfort*, 1585 ; de nombreux commentateurs péripatéticiens : Ammonius, 1503 ; Aphrodisæus, 1520 ; Eustathius, 1534 ; Philoponus, 1534 ; Simplicius, 1526, tous édités chez les Alde ; Averroès, 1575, 12 volumes ; Huarte, *Examen de los ingenios*, 1603 (1). Nous trouvons à la même classe : Goclenii *Problemata de crepitu ventris ;* les deux ouvrages de Vanini (2) et ceux de Campanella.

---

(1) L'ouvrage d'Huarte est digne de nous arrêter un moment. Ce médecin fut un de ces hommes hardis, curieux, enquérants ; un de ces esprits supérieurs qui découvrent ou pressentent de hautes vérités. Chez lui, l'observation attentive et la réflexion pénétrante se montrent à chaque page. Il ne fut nullement inquiété après la publication, qu'il avait dédiée à Philippe II lui-même.

Voir l'*Analecta Biblion* de M. du Roure, t. II, p. 49-57 ; la *Revista de Madrid*, 1839 (où le système du docteur navarrois est comparé à celui de Gall), et surtout une notice de Reveillé-Parise dans la *Gazette médicale* (n° du 1er janvier 1842), reproduite dans le *Recueil des travaux de la Société du département de l'Eure* (1843, p. 153-167). « Chez Huarte, se trouve la philosophie du bon sens « élevé à la plus haute puissance. Il finit par craindre de n'avoir fait « autre chose que *quebrarse la cabeza sin provecho ninguno.* Non ; « cette tête était bonne et forte, pleine de science et d'idées utiles. » Une foule de réimpressions en espagnol, en latin, en italien, en français, en allemand, en anglais, jusque vers la fin du XVIIe siècle, montrent que, durant près de cent ans, l'Europe savante accorda une extrême attention à cette production si remarquable, tombée depuis dans un oubli dont il est juste de la retirer.

(2) Mentionnons un travail très-remarquable de M. Cousin sur Vanini, *Revue des Deux-Mondes* ; M. Mercey a, de son côté, donné dans la *Revue de Paris* une notice sur ce téméraire et malheureux philosophe.

8*

Mathématiques, 144 vol. : Tartaglia, 1556 ; *Algèbre* de J. Peletier, 1554 (1).

Musique, 21 vol. : Gafuri, 1496 ; Aron, 1545 ; Glareanus, 1547 ; Zarlino, 1571 et 1573 ; *Dialogo* di Pietro Pontio, *Parma*, 1595 ; Fr. Salinæ Burgensis *De Musica*, Salamanque, 1577, in-folio.

Astronomie, Optique, Mécanique, 221 vol. Douze éditions des écrits d'Euclide, une traduction italienne et une arabe ; Archimède, Apollonius, Ptolémée, Proclus, Cléomède ; Copernic, 1566 ; Salomon de Caus, *Les Raisons des forces mouvantes*, Francfort, 1615 (2).

Géographie, 166 vol. : Munster, Belleforest, Thevet, Pausanias, *Alde*, 1516.

Astrologie, 59 vol.

---

(1) Ouvrage curieux sous le rapport de l'orthographe nouvelle qu'emploie l'auteur. Il faudrait, pour la retracer fidèlement, des caractères fondus exprès. Il traverse l'e muet d'un trait, il attache une sorte de cédille au-dessous de l'e avec un accent aigu, il écrit *jugemant*, *commandemant*, *an quoe* (en quoi), *voèr* (voir), *bon keur* (bon cœur), *dilig'ance* (diligence), etc. La dédicace au maréchal de Brissac commence ainsi : « le me suis bien souuant emerueilhè, Monsigneur, pourquoe le Poete disoèt que le vrey e presque seul moyen de uiure e se meintenir eureus etoèt ne sèmerueilher de rien. »

(2) Dans un article plein d'intérêt que M. Libri a donné dans le *Journal des Savants* sur la 4ᵉ édition du *Manuel du Libraire*, on rencontre de curieux détails sur cette édition originale et très-rare d'un livre où se trouve en germe la découverte de la machine à vapeur.

Arts divers, 43 vol. : Paracelsi *Expositio* (1) ; Vinciolo, *Les Singuliers Portraits des ouvrages de lingerie,* Paris, 1587, in-4° ; *Livre de lingerie,* Cologne, 1545, in-4° (2).

Architecture, 38 vol. : cinq édit. de Vitruve, Palladio, Alberti, Serlio, Rusconi ; six ouvrages de du Cerceau ; Philibert Delorme, *Paris,* 1567 (3).

Équitation, 8 vol. Art militaire, 101 vol. Jeux, 3 vol. : Spirito, *Delle Sorti,* 1544, et deux traités sur les échecs : Rui Lopez, 1584 ; Greg. Ducchi, 1586 (4).

Sciences médicales, 476 vol. : trois éditions complètes d'Hippocrate, deux de Galien, six de Celse ; grand nombre de médecins arabes ; divers traités de cuisine, entre autres ceux de Scappi ; *Cuoco privato del Papa Pio V,* 1570 et 1605 (5) ; Thomo philologo di Ravenna, *Come l'huomo puo vivere piu di* 120 *anni,* Venet., 1556.

---

(1) Il est plus que douteux que cet ouvrage soit de Paracelse ; c'est un mince volume de 48 feuillets avec des figures en bois ; c'est une de ces satires que la Réforme dirigeait contre la cour de Rome. Cet exemplaire, relié en maroquin vert avec la *Stultifera navis* de Brandt, 1572, était chez M. Renouard.

(2) Ce livre me semble être demeuré inconnu à tous les bibliographes ; je n'ai pas su le découvrir dans la 5e édition du *Manuel.*

(3) N'y a-t-il pas là une erreur ? Le *Manuel* n'indique rien sous cette date.

(4) Ouvrage rare et que nous ne trouvons pas au *Manuel.*

(5) Indépendamment de ces deux éditions, le *Manuel* en indique d'autres de 1600, 1622, 1643.

Histoire naturelle, 181 vol. : Pline, *Alde*, 1536 ; *Observations* de Bellon, 1553 ; Theophraste, *Alde;* 1503 ; Dioscoride, *Alde*, 1518 ; Dorta, *Coloquios dos simples et drogas*, Goa, 1563, in-4° (1).

Nous sommes arrivés aux Belles-Lettres. Grammaire, 271 vol. : Palatino, 1561 ; Meigret, *Commun usage de l'escriture françoise*, 1585 (2); *Traité de l'or-thographe,* etc., 1545 (3). Peletier, *Dialogue de l'orthographe*, 1555 ; Rambault, 1578 ; de nombreux écrits sur les langues hébraïque, syriaque, chaldaïque, 1502, entre autres Jules Pollux, des lexiques grecs, *Alde*, avec notes manuscrites de Budé.

Rhéteurs et philologues anciens, 291 vol. : Oratores græci, *Alde*, 1513 ; Rhetores, *idem*, 1508 ; Hermogène, 1508 ; Aristote, 1508 ; Cicéron, *Ch. Estienne,*

---

(1) Livre des plus rares , et précieux à bien des titres. C'est le premier, sauf découverte ultérieure, qui ait été imprimé aux Indes orientales ; il renferme des vers de Camoëns, alors à Goa, qui ne se rencontrent pas dans les œuvres de ce grand poëte. L'inexpérience des typographes se révèle par un *errata* de 20 pages à la fin de ce mince volume. Un exemplaire a été adjugé en 1862 à 5 l. st. 15 sh., vente Libri, à Londres, et le catalogue (n° 207) renferme une longue note.

(2) Ce même exemplaire, où le traité de Meigret, réuni à trois autres ouvrages, est relié en maroquin vert, s'est payé 170 francs, en mai 1844, vente Nodier.

(3) Ces deux ouvrages de Meigret, reliés avec trois autres opuscules, en peau de chèvre brune, 150 francs, vente Nodier (n° 187). L'exemplaire était sorti de la collection de Grolier pour passer chez Christophe de Thou.

1555, notes manuscrite de de Thou ; Esope, *Alde*, 1505 ; 15 vol. de romans grecs.

Poëtes grecs, 139 vol. : Apollonius, *Florence*, 1494 ; Homère, 1488 ; Pindare, *Alde*, 1513 ; Sophocle, *id.*, 1502.

Anthologie, in-4°, édition en lettres capitales. Poëtes latins, 201 vol. : Lucrèce, 1515 ; Virgile, 1503 ; Horace, 1519 ; Ovide, 1502 ; Silius Italicus, 1523 ; Stace, 1519 ; Ausone, 1517 ; Plaute, 1522 : tous d'édition aldine ; Stace, 1494, et Ausone, 1496.

Poëtes latins modernes, 156 vol. : Pontanus, *Alde*, 1513, 1518, 1533 ; Politiani Opera, 1503 ; Merlin Coccaïe, *Venet.*, 1585 ; les vers macaroniques de Bolla, 1604 (1).

Une section particulière des poëtes chrétiens, 34 vol. (*Poetæ christiani*, Alde, 1502).

Poésie italienne, 57 volumes : la première édition

---

(1) Debure, D. Clément et d'autres bibliographes ont mentionné les écrits de Bolla, lesquels ont eu plusieurs éditions. Né à Bergame, Bolla passa la majeure partie de sa vie en Allemagne, à Heidelberg surtout, où il jouait le rôle d'un fou de cour; aussi Floegel l'a-t-il avec raison compris dans sa *Geschichte der Hofnarren*, p. 270.

A chaque page de ses écrits, ce facétieux personnage demande l'aumône avec une fatigante insistance :

> Rogo vos per sanctam Magdalenam
> Ut detis mihi bonam strenam.
> Amate semper vestrum Zanum,
> Sed aperite vestro more manum.

de Dante est celle de *Venise*, 1507 ; de Pétrarque, cinq éditions, dont celle d'*Alde*, 1546 ; six éditions de l'Arioste, dont la première est celle de *Venise*, 1519.

Poésie espagnole, 5 volumes : *Cancionero*, Anvers, 1573 ; *Romancero*, recueilli par Madrigal, Madrid, 1604 et 1605. On a compris à tort parmi les poëtes espagnols les *Poesias gasconas* de Pey de Garros.

Poésie française, 40 volumes : Marot, 1571 ; Baïf; Belleau, le *Cabinet satyrique*, 1614 ; trois éditions de Ronsard.

Théâtre italien, 49 volumes : *La Floria* del Arsiccio Intronato ; *I tre Tiranni* d'A. Ricchi ; les comédies de l'Arétin, 1588.

Le Théâtre espagnol se réduit à deux articles : *Comedias de quatro poetas de Valencia*, 1609, et la *Célestine*, Anvers, 1545.

Valete, domini mei cari,
Ne sitis erga Bergamascum avari.

Donnons un court échantillon de son style. Au début d'une pièce de vers qu'il intitule *Colbii Neuschlossiani laudes*, il s'exprime ainsi :

In isto loco est usanza
De qua non possum ridere a bastanza.
Hunc cum primo spectavi,
De troppo rider quasi crepavi,
Et nunquam desit ridendi materia
Quia hic non curant seria.

Théâtre français, quatre articles : la *Panthée,* de Guersens ; la *Médée,* de la Peruse ; *Jephté,* de Buchanan ; *Porcie,* de R. Garnier.

Critique littéraire, 256 volumes : les commentaires d'Eustathe sur Homère, 1550.

Poids et mesures, monnaies, 54 vol. Agriculture, 35 volumes : le *Théâtre d'agriculture* d'Olivier de Serres, 1600. Chasse, 18 volumes : la *Vénerie,* de J. du Fouilloux, 1575 ; G. Argote, *Libro de la Monteria,* 1582 ; la *Vollerie* de Messire Artelouche d'Alagona, seigneur de Maravecques, *Poiliers,* Marnef, 1567, in-4° ; les écrits de Franchières, G. Tardif, Gomer de Luzancy, d'Esparron ; le *Miroir de la Fauconnerie,* par Pierre Hermont, dit Mercure (*Paris,* 1620).

On sait que de Thou avait écrit un traité *De re accipitraria* (Paris, Patisson, 1584) ; il ne faut donc pas s'étonner de voir chez lui tant d'ouvrages sur un art aujourd'hui abandonné, mais toujours bien cher aux bibliophiles, s'il faut en juger par les prix élevés qu'ils mettent de grand cœur aux écrits qui traitent de la chasse.

Antiquités, 105 vol. Numismatique, 36 vol.

Rhéteurs, discours modernes, oraisons funèbres, 232 vol.

Morale, 67 vol. : Brant, *Stultifera navis,* 1572.

Facéties (aucune en français), 14 vol. : Brusonius, 1518 ; Luscinius, Melander, Bebelius, Frischlinus.

Invectives, apologies, 23 vol.; dialogues, 10 ; philologues, 36.

Epistolaires, 107 vol. : Philelphi *Epistolæ*, Brixiæ, 1485 ; 23 recueils divers de lettres italiennes, ce qui nous a rappelé le goût que Montaigne manifeste aussi pour pareils ouvrages ; *Cheribizzi* di Calmo, 1601 ; les *Lettere* de l'Arétin, 1539, 1547.

Fables, apophthegmes, 18 vol.; emblèmes, 29 vol. (le Recueil de Jodelle, 1558). Une section consacrée aux Prose italiane politiche, morali, amorose, etc., renferme 102 volumes : Michel di Montagne, *I Saggi*, ital., per opera di M. Ginammi, *Venet.*, 1633, in-4°, traduction très-rare en France, où elle est à peu près inconnue ; *Il Novellino* de Massuccio, *Napoli*, 1476 (1); Reinghieri, 1551 et 1553; le *Songe de Poliphile*, 1545, et la traduction française de 1600; Arétino, *La terza parte de ragionamenti*, 1589.

Prose castillane, 15 vol.

Prose française, 15 volumes : les *Propos rustiques* de Ladulfi, 1547 ; les *Bigarrures* du Sieur des Ac-

---

(1) Édition rarissime. En 1792, à la vente Paris, ce volume dépassait déjà 500 francs, et depuis il n'a plus reparu dans aucun catalogue. Sur cet auteur, voir Prosper Marchand, *Dictionnaire*, et Ginguené, *Histoire littéraire*, t. VIII, p. 434. Quoique inférieur sans doute à Boccace, Masuccio conte avec vivacité, et sait donner quelque intérêt à ses récits; il maltraite fort les moines. Voy. la *Bibliothèque des Romans* (avril, 1778, t. I).

cords, 1584 ; la *Paulegraphie* de G. Minut, 1587 (1).

Romans et contes, 23 vol. Indiquons les principaux : que ne payerait-on pas pour posséder les exemplaires thuaniens des ouvrages suivants ?

Le *Decameron* de 1573.

Les *Novelle* de Gualterazzi, 1572.

Le *Pecorone* de Giovanni Fiorentino, 1601.

Les *Novelle* de Bandello, 1554, avec la quatrième partie de 1573.

Les *Récréations* de B. Despériers, 1561.

Les *Sérées* de Bouchet, 1584.

Les deux ouvrages de Cholières.

L'Eutrapel de 1585.

Le *Triomphe de l'abbaye des Conards*, Rouen, 1587.

Tristan et Palmerin d'Angleterre, tous deux en italien, tous deux imprimés à Venise, 1555.

Don Quichotte, éditions de Lisbonne, 1605, et de Madrid, 1615 (2).

---

(1) Il est peu de livres plus recherchés aujourd'hui ; de beaux exemplaires viennent de se payer 695 et 850 fr., vente Eug. P. et H. de Ch. Voir une curieuse notice de M. Le Roux de Lincy, dans le *Bulletin du Bibliophile* (1849, p. 85-96). La *Revue du Midi* (mars 1836) a inséré sur la belle Paule un article où il n'est pas fait mention du livre de Minut.

(2) Quatrième édition de la première partie, qui fut réimprimée coup sur coup à Madrid, à Valence et à Lisbonne, l'année même qu'elle avait vu le jour. Le tome de 1615 est la première édition de la seconde partie ; elle fut réimprimée à Valence l'année suivante.

Rabelais, Lyon, 1546.

Le *Thrésor des livres d'Amadis*, 1564.

Académies, 22 vol. Bibliographie, 50 vol.

Le catalogue des imprimés est terminé; celui des manuscrits occupe les pages 419-521 du tome II. Ils sont rangés à peu près au hasard. La théologie y domine; les auteurs classiques ne sont pas fort rares, mais aucune date n'est indiquée. Le sort de ces manuscrits, parmi lesquels il s'en trouve de la plus grande valeur, est assez obscur. Voir ce qu'en dit M. Paulin Paris (*Man. fr.*, t. IV, p. 189-193 et 433-435). Nous allons indiquer ceux qui nous ont paru les plus curieux, d'après leur titre :

Processus contra Joannam la Pucelle.

Vieux poëtes françois (deux recueils).

Ogier le Danois, en vers léonins.

La Prise de la Floride, par le capitaine Gourgue, 1567, in-4°.

Mareschalerie, en gascon, in-4°.

Le Jeu des eschecs moralisé.

Faits d'armes et de chevalerie de Dame Christine.

Le Livre du philosophe Sidrach.

Lois anciennes de Normandie.

Roman de *Mélusine*.

Le *Décaméron* de Madame Marguerite de France.

Roman de *Kanor*, 1294. Roman de *Constant. Renart couronné*, en vers.

Chronique de Normandie, par Barry, hérault d'armes.

Chansons anciennes, avec notes de musique.

Après cette catégorie de manuscrits anciens au nombre de 816, viennent les *recentiores*, relatifs pour la plupart aux événements de la Ligue, à l'histoire de France, à la diplomatie. Nous n'en mentionnerons que quatre :

Arrest contre François le Breton, advocat, 1586.

Avis de la découverte d'un livre écrit avec du sang.

Débauches de certaines femmes de Naples, 1615.

De l'Art de conférer, par Montaigne, in-fol.

On trouve ensuite une liste de portraits d'hommes célèbres, placés dans la bibliothèque ; on y voit figurer Pétrarque, Ronsard, Erasme, Rabelais, Théodore de Bèze ; fra Paolo y était deux fois. Il fallait quelque hardiesse pour s'entourer alors de semblables images.

Après avoir constaté quelle était la situation de la bibliothèque de Thou au moment de la mort de son illustre fondateur, il resterait à examiner ce que sont devenus tant de beaux livres depuis leur dispersion déplorable en 1789. En feuilletant de nombreux catalogues, en suivant plume en main le Manuel du Libraire, nous avons réuni de nombreuses indications, mais elles sont trop étendues pour trouver place ici. Nous nous bornerons à quelques renseignements.

Des ventes faites en Angleterre présentent bien des

volumes du genre de ceux qui nous occupent. On
voyait chez Heber les *Poemata* de Bèze, 1607 ;

Le Froissart, 1554-61 (adjugé à 15 l. st. 10 sh.) ;
les *Poésies gasconnes* de Pey de Garros, données pour
1 l. st. 12 sh.

A la vente Sykes, Horace d'*Alde*, 1514, atteignit
15 l. st. 15 sh., et le Salvianus, *Aquatilium animalium historiæ*, 1554, grand papier, s'était payé 30 l.
st. 10 sh. à la vente Edward, en 1815.

Lord Spencer, dont la magnifique collection est
conservée intacte, avait eu le bonheur de rencontrer
le *Novum Testamentum grœce* de R. Estienne, 1568,
sur vélin.

L'élite de la collection thuanienne a passé en Angleterre ; tout au plus quelques-uns de ces volumes
expatriés, qu'il faudra payer au poids de l'or, rever-
ront-ils la France ! Le catalogue d'un des plus beaux
cabinets de livres précieux qui ait été formé à Londres, celui de sir Th. Grenville (imprimé en 1842),
nous offre une liste de 41 ouvrages pour la plupart
inestimables, liste dont nous n'oserions retrancher
une syllabe.

Apollonius de Rhodes, 1496 ; Ausone, 1517 (exemplaire en grand papier ; on n'en connaît qu'un autre,
celui de la Bibliothèque du Roi) ; Breydenbach, 1488 ;
Brissonius, *De Persarum principatu* (notes de de
Thou) ; Buchanani *Opera*, 1609 ; Bullynger, *Expositio
de cœna*, 1556 ; Canisius, *Chronicon Victoris*, 1600 ;
Castellanos (Juan de), *Elegias de Varones*, 1589 ; *Don*

Quixote de la Mancha, par A. F. de Avellaneda, 1614 ;
Novelas de Cervantes, 1613 ; Dousa, *De Itinere suo*,
1599 ; Florentii *Chronicon*, 1592 ; *Il Cavallier Florlir*,
1565 (avait appartenu à Renouard) ; Fr. Antonio,
Avisos para soldados, 1597 ; Fulio, *Metromachia*, s. a. ;
Godwinus, *Annales*, 1616 ; Galdifridi *Britanniæ origo*,
1517 ; Lhuyd, *Britanniæ descriptio*, 1572 ; Lycurgi
Oratio, s. a. ; Macchiavelli, *Opere*, 1550 (grand papier) ; Macrobius, 1535 ; Major, *Historia Britanniæ*,
1521 ; Mémoires de la reine Marguerite, 1628 (grand
papier, exemplaire Renouard) ; Marmol, *Descripcion
de Africa*, 1573-99 ; Martial, 1579 ; Milles, *Nobilitas
politica*, 1608 ; Morcenicus, *Bellum Cameracense*,
1525 ; Monstrelet, 1572, 3 vol. in-fol. (grand papier,
exempl. payé 136 l. st. à la vente Stanley, en 1811) ;
G. Neubrigensis *Res Anglicæ*, 1568 ; Pannonii *Opera*,
1553 ; Petrarca, *Aldo*, 1546 ; Pindare (deux édit.,
Paris, 1558 et 1599) ; Plutarque, 1572, 6. vol. (gr.
pap.) ; *Priapeia*, Aldus, 1534 ; Rusca, *De Inferno*,
1621 (gr. pap.) ; Savaron, *De la Sainteté du roi Clovis*,
1622 ; Valori, *Vita del Lorenzo de Medici*, 1565, in-4,
(gr. pap.) ; Victorius, *Comment. in Demetrium Phale-
reum*, 1562 ; Virgile, *Plantin*, 1566 ; J. de Vitriaco,
Historiæ, 1597 ; Zoroastri *Oracula*, 1539.

Il est consolant du moins de savoir que ces beaux
volumes, légués au Musée britannique avec la totalité
de la *Bibliotheca Grenvilliana*, ne sont point devenus
invisibles et introuvables.

Un grand nombre de catalogues publiés en France

offrent des volumes aux armes du président de Thou.
Le catalogue Courtois (1819), Labey (1839), les trois
catalogues de Ch. Nodier, ceux du fonds de librairie
de la maison de Bure, celui des livres de Van Hulthem (achetés par le gouvernement belge), etc., en
signalent beaucoup. Ce relevé complet ne saurait se
placer que dans un travail spécial ; nous mentionnerons toutefois la collection d'un bibliographe émi-
nent, d'un amateur des plus zélés, qui avait rassem-
blé bon nombre de volumes thuaniens. Il s'agit de
M. Renouard. Nous avons trouvé dans le catalogue de
sa bibliothèque (1818, 4 vol. in-8°) trop de volumes
thuaniens pour les enregistrer tous ; mais on les
connaîtra, grâce aux renvois suivants :

T. I, p. 6, 10, 11, 25, 26, 27, 29, 42, 45, 47, 50,
61, 64, 66, 71, 72, 84, 86, 97, 110, 112, 185, 187,
188, 192, 210, 216, 229, 232, 233, 242, 265, 278,
298, 303, 352, 354, 356.

T. II, p. 5, 20, 21, 24, 25, 26, 33, 34, 44, 48,
68, 80, 91, 93, 100, 111, 133, 160, 206, 222, 232,
257, 278, 297, 298, 306, 320, 323, 334, 338, 340,
347, 349.

T. III, p. 79, 112, 159, 199, 250, 251, 260, 264,
269, 278, 280, 282, 283, 325, 335, 336.

T. IV, p. 8, 11, 17, 27, 29, 31, 33, 34, 51, 63,
68, 71, 76, 86, 94, 101, 106, 110, 111, 112, 113,
114, 115, 116, 123, 129, 140, 171, 175, 176, 185,
186, 187, 192, 193, 197, 204, 282, 283.

Cette riche bibliothèque est dispersée ; citons du

moins quelques-uns des trésors qu'elle possédait ;
notons certains volumes thuano-renouardiens qui
ont passé dans les ventes faites à Paris ou à Londres.

De Concilio liber Reginaldi Poli, *G. Manutius*,
1562, 7 l. st., en 1828.

Antithesis de Christo et Papa, Genevæ, 1557, 4 l. st.

Themistii Opera, Aldus, 1534, 4 l. st. 10 sh. en
1828.

Il Libro del Cortegiano di B. Castiglione, *Aldo*,
1547, 2 l. 8 sh.

Grammatica chaldœa Im. Tremellii, 1569, exempl.
chargé de notes de la main de de Thou.

Priscianus, *Aldus*, 1527, 3 l. 3 sh.

Ciceronis *Officia*, Aldus, 1545, 3 l. 3 sh.

In epistolas Ciceronis Manutii commentarius, *Aldus*, 1547, 5 l.

Mureti *Orationes variæ*, in-4°, 13 l. 13 sh.

Quintus Calaber, *Aldus*, 10 l. 10 sh.

Diversorum in Priapum lusus, Aldus, 1534, 3 l.
15 sh.

Phædrus, 1599, grand pap.; exempl. peut-être
unique, édition dédiée à J. A. de Thou.

G. Valla *De expetendis...*, *Aldus*, 4 l. 18 sh.

Thuani *Historiæ*, Paris, 1609-14, 11 vol. in-12,
avec envoi de l'auteur, 5 l. 15 sh.

Hérodote, 1566, avec beaucoup de notes de la
main de de Thou.

Pausanias, *Aldus*, 1576, idem.

Denys d'Halicarnasse, 1546, idem.

Tite-Live, *Alde*, 1555, idem.

Cæsar, *Aldus*, 1575, 7 l. 7 sh.

Discorsi di Marco Aurelio, *Alde*, 1546, 4 l. 4 sh.

Commines, 1559, in-folio, avec beaucoup de notes de la main de de Thou.

Augustarum Imagines, ab Ænea Vico, *Manutius*, 1558, 8 l. 10 sh.

À la fin de l'année 1854, après la mort de M. Renouard, la belle bibliothèque qu'il laissait encore, quoique depuis 1818 elle eût été bien diminuée, offrit un grand nombre de volumes à la reliure de Thou ; nous allons indiquer les numéros du catalogues, en nous arrêtant à un petit nombre d'articles importants :

N° 1 (*Biblia latina*, 1540, in-fol., 299 fr. ; 48 fr. à la vente de 1784). N° 2 (*Biblia*, 1545, 2 vol. in-8, 561 fr., prix élevé justifié par la parfaite conservation de ces deux volumes reliés en maroquin à compartiments). N°s 34, 60 (*Canones concilii Tridentini*, 1564, in-fol., 360 f.) ; 62, 68, 578 (*Agrippæ opera*, 2 vol. in-8). 785, 797 (*Verrius Flaccus et Festus* 281 f.), 798 (*Nonius Marcellus*, 1583, 60 fr. ; 6 fr. en 1784) ; 812, 951, 955, 1052, 1130 (*Phœdrus*, 1599, in-12, grand pap., 150 fr.) ; 1161, 1210, 1236, 1624 (*La Bella mano di G. de Conti*, 1589, in-12, 165 fr. ; exempl. porté au cat. Cicongne, n° 1624) ; 2332, 2672 (*Thuani histor. sui temporis*, 1604, 2 vol. in-8, 350 fr., acheté par le duc d'Aumale) ; 2730, 2752, 2881, 2897,

Une précieuse collection française qui a pris,
hélas ! le chemin de Londres, et qui y fut vendue au
mois de mai 1835, celle du duc de Noailles, renfermait de beaux volumes thuaniens : nᵒˢ 75, 136 (l'Anthologie, in-4ᵒ, s. d., édition princeps, 12 l. st.),
166, 347, 356, 553, 570, 655, 674, 721, 930, 944.

Signalons aussi les numéros de quelques volumes
du même genre qui se sont montrés dans la vente
Libri faite à Londres en 1859 :

Nᵒˢ 57, 102, 122, 223, 236, 253 (*H. Barberii Cas-
tigationes Plinianæ*, 1492, in-fol., 6 l. st.), 513,
619 (Cheki, *De Pronunciatione linguæ græcæ*, et autres
ouvrages en 1 vol., 4 l. st., acheté pour M. Yemeniz
à Lyon), 628, 686, 725, 827, 828, 1051, 1093,
1158, 1176, 1316, 1462, 1498, 1523, 1700, 1965,
2009, 2220, 2230, 2307, 2221, 2794.

On devait s'attendre à rencontrer un bon nombre
de volumes aux armes de de Thou dans la somptueuse
bibliothèque de M. Félix Solar, en 1861. Voici les
articles qui ont frappé nos regards :

Nᵒˢ 79, 85, 123, 132, 134, 147, 159, 194, 272,
304, 306, 320, 325 (*Historiæ ecclesiasticæ scriptores
græci*, Coloniæ, 1580, in-fol., 250 fr.) ; 365, 377,
384, 396, 397, 398, 400, 423, 427, 429, 430, 451,
512, 520, 529, 538, 540, 542, 559, 560, 564, 568,
578, 586, 715, 782, 839 (*Thrésor de la langue françoise*, par Nicot, 1606, in-fol., 230 fr.), 886, 922,
940, 980, 986 (*Aviti Opuscula*, 1694, in-8, 90 fr. ;
cet exemplaire avait été payé 40 fr. à la vente De-

bure, en 1853), 991, 1013, 1233 (*Œuvres de Ronsard*, 1609, in-fol. grand papier, 860 fr.., revendu
1350 fr. chez M. L. Double; 10 fr. seulement en
1784!), 1591 (*Dramata sacra*, 1587, in-8, 129 fr.;
exemplaire payé 80 fr. Renouard en 1854), 1835,
2295, 2333 (*Archamii Epistolæ*, 1602, in-12, 105 fr.),
2372 (*Olympiæ Moratæ opera*, 1560, in-8, 90 fr.;
exemplaire qui n'avait pas dépassé 16 fr. 50 en 1844
à la vente Nodier, n° 1075), 2395, 2458, 2587, 2630,
2635, 2860, 2865, 2877, 2901, 2932 (*Conquista de las
islas Molucas*, por B. L. de Argensola, in-fol., 250 f.),
2945 (*Tyrannies et cruautés des Espagnols*, 1579, in-8,
275 fr.), 2990, 2991, 3008, 3115, 3134, 3137.

La plus récente et la plus remarquable des ventes
publiques qui aient fixé l'attention des connaisseurs,
celle de M. L. Double (mars 1863), ne montra, en
sus du Ronsard déjà signalé, que deux volumes
thuaniens, mais ils étaient d'une grande beauté et on
les a payés cher : *Libri de re rustica*, Paris, 1543,
in-8, 760 fr.; et un recueil de trois opuscules politiques datés de 1579, 160 fr.

Le catalogue de l'importante bibliothèque de M. Cigongne (achetée en bloc par le duc d'Aumale) nous
présente plusieurs ouvrages aux armes de de Thou :
n°s 14, 128 (*Ovidius*, 1602, 3 tom. in-16), 422,
455, 619 (*Opuscules du traverseur des voies périlleuses*
(J. Bouchet), Poictiers, 1525, in-4), 1361 (*La Bella
Mano* di Giusto de Conti, 1589, in-12), 1416, 2443.

Il nous resterait à compléter notre tâche en recher-

chant quels sont les cabinets d'amateurs les plus
riches maintenant en livres aux armes de Jacques-
Auguste de Thou, en énumérant ceux que possèdent
les bibliothèques publiques ; mais ce premier mémoire est déjà d'une étendue bien suffisante. Nous
voulons d'ailleurs laisser quelque chose à faire à nos
confrères en thuanomanie, et nous adressons un appel
à leur zèle, à leurs connaissances, pour qu'ils enri-
chissent de leurs communications à ce sujet les publications où la biographie trouve accès, pour qu'ils
complètent les nombreuses lacunes que présente un
travail dont mieux que personne nous reconnaissons
toute l'imperfection.

LETTRE D'UN GENTILHOMME FRANÇOIS

A DAME JACQUETTE CLÉMENT

PRINCESSE BOITEUSE DE LA LIGUE.

L'opuscule que nous allons reproduire intégrale-
ment est un des plus curieux et des plus rares écrits
qui attestent la colère des factions à l'époque de la
Ligue, à l'un des moments les plus agités du XVIe
siècle. On n'en connaît encore qu'un seul exemplaire,
celui qu'avait découvert un bibliophile aussi zélé
qu'instruit, M. C. Leber, et qui fait partie de la bibliothèque de cet amateur, acquise par la ville de
Rouen (1).

Dès l'an 1834, M. Leber avait signalé, dans une
notice insérée au *Bulletin du bibliophile*, l'existence

---

(1) Voir le catalogue publié en 1839 (n° 4045, t. II, p. 209). La
Lettre en question ne figure, nous le croyons, sur aucun des nombreux
catalogues de livres rares et curieux publiés depuis un siècle; elle ne
se rencontre point au catalogue imprimé (*Histoire de France*) de la
Bibliothèque impériale.

de ce libelle, resté jusqu'alors inconnu aux curieux et aux bibliographes. Dans la *Lettre*, comme dans un pamphlet analogue dont nous reparlerons (la *Prose du clergé parisien*), la duchesse est un monstre de luxure et de cruauté qui se prostitue à un autre monstre, Jacques Clément, au prix du sang auguste dont elle est altérée.

M. Leber s'exprimait ainsi dans la note que nous rappelons :

« Mme de Montpensier boitait légèrement; de là le titre de *Princesse boiteuse de la Ligue* associé au nom féminisé de Jacques Clément. C'est sans doute par inadvertance que le savant auteur de l'article *Montpensier* dans la *Biographie universelle* attribue à la révélation de cette infirmité la haine atroce que la duchesse portait à Henri III. On accusait ce prince d'avoir divulgué un défaut secret de Mme de Montpensier, défaut qu'une faiblesse l'avait mis à portée de bien connaître. Ne contestons pas ce fait, mais il s'agissait assurément de tout autre chose que d'un pied bot ; l'infirmité d'une boiteuse n'a jamais pu être un secret pour personne (1).

---

(1) D'Aubigné, dans ses *Aventures du baron de Fœneste* (liv. IV, chap. 13), parle d'une cérémonie où figuraient Madame de Nevers (dont la taille était contrefaite) et Madame de Montpensier, et il met dans la bouche de l'une de ces dames un mot où se retrouve la crudité de style admise au XVIe siècle : « Les bossues et les boiteuses doivent être au cul de la procession. »

« Si *Jacquette Clément* était retrouvée gisante, méconnue, avilie, dans la poudre de quelque rayon vermoulu, ou proditoirement reléguée dans un de ces recueils vierges dont l'exploration nous fait palpiter d'espérance ou pâlir de désappointement ; s'il existait enfin un second propriétaire de cette rareté, qu'il ne se refuse pas la satisfaction d'annoncer que lui aussi conserve dans son cabinet ce qu'un autre croyait posséder seul. »

Cet appel, à notre connaissance du moins, est resté sans résultat, et l'exemplaire de M. Leber n'a point vu surgir de frère.

Catherine-Marie de Lorraine, fille du duc de Guise assassiné devant Orléans, et sœur du duc de Guise assassiné à Blois, mariée en 1570, à l'âge de dix-huit ans, au duc de Montpensier, professait contre Henri III la haine la plus vive. Nous n'irons pas chercher le motif de ces colères dans des anecdotes douteuses de chronique scandaleuse : le sang de deux frères égorgés par ordre du roi suffisait pour crier vengeance.

Il n'est pas démontré que la duchesse ait eu connaissance du projet de Jacques Clément, mais elle l'aurait sans doute approuvé. Un historien dont le témoignage est parfois assez léger, L'Estoile, s'exprime ainsi : « A celui qui lui en porta les premières nouvelles, la duchesse, lui sautant au cou et l'embrassant, lui dit : « Ha, mon ami, soyez bien venu ; « mais est-il vray au moins ? Ce méchant, ce perfide,

« est-il mort ? Dieu ! que vous me faites aise ! Je ne
« suis marrie que d'une chose : c'est qu'il n'a sceu
« devant que de mourir que c'estoit moi qui l'avoit
« fait faire. »

L'inculpation de s'être livrée à Jacques Clément
se retrouve exprimée avec une violence cynique
dans un opuscule qui tient un rang distingué dans
les fastes de la bibliographie, la *Prosa cleri parisien-
sis ad ducem de Mena post cædem regis Henrici III*. Il
paraît qu'on ne connaît que deux exemplaires de ce
pamphlet de 23 pages, celui de la Bibliothèque impériale et celui de la collection Leber, acquise par la
ville de Rouen. L'auteur du livret a trouvé original
de l'attribuer à un curé parisien ligueur des plus
zélés, et à l'indiquer comme imprimé par Sébastien
Nivelle, qui était le typographe habituel de la Sainte-
Union. Le fait est que, sous une apparence favorable
à la Ligue, la *Prosa* est une ironie des plus sanglantes. Nous en transcrirons deux stances qui se
rapportent à notre sujet ; nous en supprimons une
que nous rougirions de reproduire, car, même en
latin, elle brave trop effrontément l'honnêteté.

Laudatur tuæ sororis
Adfertus plenus amoris
Quæ se magna constantia
Subjecit dominicano
Parta ut mortem tyranno
Daret, vi vel astutia...

O ter quaterque beatus
Ventris Catharinæ fructus
Compressæ pro ecclesia.
O felix Jacobus Clemens !
Felix martyr ! felix amans !
Inter millies millia.

Une traduction française, qui fait partie de l'édition originale, est sans couleur, sans style, et n'a rien qui mérite de sortir de l'oubli.

Le tout a d'ailleurs été reproduit dans les *Anciennes poésies françaises*, recueillies et annotées par M. Anatole de Montaiglon (*Paris, Jannet*, 1855, tom. II, p. 296-315), et cet habile éditeur observe que le trait lancé contre la duchesse de Montpensier « n'est qu'une de ces calomnies infâmes à l'usage de tous les partis, qui, quand ils l'emploient, trouvent le moyen des plus légitimes. »

Nous avons feuilleté, au sujet de cet épisode de nos annales, quelques-uns des historiens contemporains ou modernes ; nous indiquerons succinctement les résultats d'une partie de nos recherches.

Il est souvent question, dans la *Satyre Ménippée*, de la duchesse de Montpensier. Il est fait mention (édition de Ratisbonne (Hollande), 1752, tom. I, p. 14) de son *écharpe verte fort sale d'usage* (et une note originale porte qu'elle avait eu cette écharpe d'un de ses amants). Lorsque le héraut d'armes, Courte-Joye Saint-Denis, fait mettre chacun à sa place dans la grande salle des États, il s'écrie : « Madame de Mont-

pensier, mettez-vous sous votre neveu » (allusion à
une intrigue galante vraie ou fausse, on l'ignore aujourd'hui). Il est question plus loin (p. 93), des ci-
seaux que la duchesse « disoit avoir pendus à sa
ceinture pour faire la couronne monachale d'Henry
de Valois. » L'auteur, s'adressant ensuite à la duchesse, s'exprime ainsi (p. 145) : « Je ne veux pas
dire que ce fust vous qui choisistes particulièrement
ce meschant *que l'enfer créa* pour aller faire cet exécrable coup que les furies d'enfer eussent redouté de
faire ; mais il est assez notoire qu'auparavant qu'il
s'acheminast à ceste maudite entreprise, vous le vistes,
et je dirois bien les lieux et endroits, si je voulois.
Pour l'encourager, vous lui promistes abbaies, eves-
chez et monts et merveilles, et laissastes faire le
reste à madame vostre sœur, aux jésuites et à son
prieur (1). »

Dans la confession du chef de la Ligue, on fait ainsi
parler la duchesse :

> Mon adultère et mon ire effrenée
> M'ont fait deux fois avorter mes enfants;
> Et de mon roy j'ay abrégé les ans
> Et de sa mort l'invention donnée.

---

(1) Le frontispice représente la duchesse se penchant vers Jacques
Clément, à genoux, et lui désignant un poignard vers lequel il tend la
main ; le moine tourne vers la princesse un regard de convoitise. Mais
ces imaginations d'un graveur batave n'ont aucune autorité.

9*

On remarquera que, tout en attaquant vivement la duchesse, la *Satyre Ménippée* ne fait aucune allusion à l'infamie indiquée dans la *Lettre à Jacquette* et dans la *Prosa*.

Même silence de la part de d'Aubigné. Cet écrivain, qui n'est point très-charitable, signale (*Histoire universelle*, t. I, p. 181) Jacques Clément comme « ayant commis un de ces crimes énormes auxquels les cloîtres son sujets. S'en confessant à son prieur, nommé Bourgoin, il fut par lui invité à expier ses fautes en se vouant à Dieu.... Les uns disent qu'on lui donnoit des receptes pour se faire invisible. »

Il ne nomme pas d'ailleurs la duchesse, et Davila (*Histoire des guerres civiles*, 1689, t. IV, p. 94), qui dit avoir vu Clément, lequel « étoit léger de cerveau », se borne à ajouter : « Quelques-uns prétendent que des moines communiquèrent à Mme de Montpensier le dessein de tuer le roi. »

L'Estoile, que nous avons déjà mentionné, craint de toucher à ces questions délicates : « La mort du roy, pour un si miraculeux accident, plus on y recherche d'observations et de particularitez, plus on y trouve de merveilles, si qu'à la postérité cette mort lui sera une merveille remplie d'infinies merveilles. »

Dans la lettre du procureur général de la Guesle, témoin oculaire, il n'est pas question de la duchesse.

Un écrivain protestant, Jean de Serre (*Inventaire de l'Histoire de France*, t. III, p. 203), attaque les moines ; il dit que Clément « confia son damnable projet au docteur Bourgoing, prieur de son couvent, au père Commelet et aux autres jésuites. »

Il ne nomme même pas la duchesse.

En nous éloignant de l'événement, nous rencontrons Girard qui, dans son *Histoire de France*, publiée en 1676, appelle Clément « un moine imbécile, un excrément d'enfer. Tous l'encouragent à cet heureux dessein ; on lui promet abbayes, eveschés, et, s'il advient qu'il soit martyrisé, une place en paradis au-dessus des apôtres. »

Il ne fait pas mention de la duchesse de Montpensier.

Même silence de la part de Dupleix (*Histoire de Henry III*, 1660, p. 289). Celui-ci donne au meurtrier les épithètes de moine exécrable, d'avorton d'enfer : « Il étoit mélancolique et malicieux, outre cela n'ayant point de lettres. Il se résolut sur les instigations du diable... Mouliard, qui a renchéri sur les impostures de Serres, escrit qu'il communiqua son projet à des jésuites. »

Mezeray (édit. de 1643, t. III, p. 1649), signale Clément comme « très-ignorant et grossier qui s'étoit adonné à toutes les friponneries qui se pratiquent dans un cloître mal réglé, de tempérament fort mélancolique. D'autres ont dit que pour mieux le préparer à ce coup on lui affoiblit le cerveau par quelque breuvage... Pour les moyens avec lesquels on dit que la duchesse de Montpensier le sollicita, ils ne sont guère vraisemblables, parce qu'ils détruisent les autres. »

Varillas (*Histoire de Henri III*, 1694, in-4, t. II, p. 277), aborde le point scabreux qui nous occupe, mais il n'y ajoute point de foi.

« On ne sçait s'il forma de lui-même le dessein de tuer le roi ou s'il lui fut inspiré par les chefs de la Ligue. Il est constant qu'on lui avoit fourni un couteau fort tranchant.

« Quant à ce que portent quelques manuscrits (entre autres ceux de Béthune), que la duchesse s'étoit prostituée à Clément pour l'engager à commettre le parricide, il y a si peu lieu de l'imaginer, quand on fait réflexion au génie altier de la douairière et sur la vie que Clément avoit passée jusque-là sans aucune inclination pour le sexe, qu'on ne la rapporte que pour témoigner qu'on ne l'a pas ignorée. Quoique la douairière eust été tout à fait maltraitée par les discours du roy, et qu'elle eust tout à craindre si Paris retournoit à la puissance de Sa Majesté, elle estoit trop fière pour se venger et pour sauver sa vie aux dépens de son honneur. »

Le père Daniel est beaucoup moins explicite; il s'exprime ainsi (*Histoire de France*, t. III, col. 1420) :

« On dit qu'on l'anima par de prétendues révélations, et par des voix qu'on lui fit entendre et qu'on lui persuada venir du ciel par le ministère des anges. La duchesse de Montpensier fut aussi soupçonnée d'avoir le plus contribué à engager Clément à cette entreprise. »

Terminons cette revue en consultant trois historiens, nos contemporains, dont les noms sont fort connus.

M. Sismonde de Sismondi (*Histoire des Français,* t. XX, p. 337), entre dans peu de détails au sujet de Jacques Clément, et ne nomme pas à cet égard la duchesse de Montpensier.

M. Michelet (t. X, p. 344), se laisse aller au genre de style et de pensées qui caractérisent surtout ses œuvres les plus récentes et qui ont provoqué de justes critiques. Il n'accuse pas très-formellement la duchesse, mais il procède par voie d'insinuation. Il représente Clément comme « un moine fort charnel, un paysan avec lequel on ne craignit pas d'employer les moyens les plus grossiers, en lui donnant des recettes pour être invisible. Ses confrères le heurtaient au passage en feignant de ne pas le voir. On assure que ses supérieurs exaltèrent son faible cerveau par une nourriture spéciale, comme on avait fait pour Balthazar Girard (1).

« La princesse lui promit le chapeau de cardinal ;

---

(1) Renvoyons à un opuscule reproduit dans le tome II des *Variétés historiques et littéraires* publiées par M. Ed. Fournier (*Bibliothèque elzevirienne*; il est intitulé : *Les cruels et horribles tourmens de Balthazar Girard, vrays martyrs soufferts en l'execution de sa glorieuse et memorable mort pour avoir tué Guillaume de Nassau.* L'acte de l'assassin du prince d'Orange est préconisé avec tout autant de chaleur que celui du meurtrier d'Henri III.

et ce n'était pas le meilleur. Une princesse ne ment jamais. Il avala tout cela. »

M. Henri Martin (tom. XI, p. 205), articule plus nettement les choses : « Suivant les écrivains royalistes, on affirme que Mme de Montpensier, en même temps qu'elle lui garantissait le chapeau de cardinal, lui accorda ce qu'il y avait de plus capable de tenter un moine débauché ». L'historien ajoute « que c'est assez peu vraisemblable », et nous sommes de son avis.

La *Lettre à dame Jacquette* et la *Prosa cleri* représentent les sentiments qui animaient les royalistes après la mort tragique d'Henri III, mais il faut reconnaître que les écrits publiés dans un sens différent sont beaucoup plus nombreux. Nous allons en signaler quelques-uns en y joignant de brèves citations, ou en en mentionnant diverses particularités bibliographiques.

Les Sorcelleries de Henry de Valoys et les oblations qu'il faisoit au diable dans le bois de Vincennes.

La figure qui accompagne ce pamphlet est reproduite dans le *Musée de la caricature*, 1834, 2e livraison, avec deux autres estampes satiriques contre Henri III. Elles montrent le diable emportant « le plus exécrable tyran qui fut jamais en Barbarie ». Le texte du livret est inséré, ainsi que quelques-uns de ceux que nous allons mentionner, dans les *Archives curieuses de l'Histoire de France*, publiées par MM. Cimber et Danjou. La représentation trouvée à Vincennes

d'une croix entre deux satyres fournit aux Ligueurs
l'occasion d'affirmer qu'Henri était en relation avec
les démons ; et il y aurait en effet un étrange oubli
des convenances dans ces satyres substitués à des
anges adorateurs. Mais le fait est-il certain ? On ne
saurait admettre qu'il y eût là un morceau de la vraie
croix ; et cette peau d'enfant *corroyée* et couverte de
mots de sorcellerie et de caractères diaboliques n'est-
elle pas une de ces fables dont les partis s'arment
volontiers ?

*Le Testament de Henry de Valoys à son ami Jean
d'Epernon avec un coq à l'asne*. Il suffira de transcrire
quatre vers :

> Je donne mes boyaux et tripes volontiers
> Pour faire des raquettes à tous les tripotiers ;
> A tous joueurs de quille après ma mort j'accorde
> Ma teste au lieu de boule...

*Trahison descouverte de Henry de Valois sur la ven-
dition de la ville de Bologne à Iezabel, royne d'Angleterre.* — Ce titre nous rappelle un recueil de poésies latines et françaises, in-4, publié sans lieu ni
date (probablement à Paris vers 1589), et intitulé :
De Iazebelis Anglæ actis. La reine Elisabeth y est attaquée avec violence. Un exemplaire de cet ouvrage
a paru en 1859 à l'une des ventes Libri ; jusque-là,
il semble que les bibliographes avaient ignoré son
existence.

Discours aux François sur l'admirable accident de la mort de Henry de Valois ; naguère roy de France, avec l'Histoire véritable de sa mort advenue au bourg Saint-Cloud, où il a esté tué par frère Jacques Clément, 1589, in-8. Transcrivons quelques lignes de cet écrit ; elles se rapportent au meurtrier du roi :

« On dit (mais ce n'est chose asseurée) qu'il eut quelque vision ou révélation, en dormant ou autrement, qui le persuada de ruiner et tuer le tyran. Ayant ceste intention et désir, inspiré de Dieu, et se sentant comme forcé par l'inspiration divine à telle exécution, et ayant tiré de quelqu'un de ses confrères la résolution qu'il acquerrait une asseurée récompense de la vie éternelle.

« De fait, il est très-certain que homme vivant, hormis son confrère auquel il s'étoit communiqué, ne sçavoit aucune chose de son secret. »

Discours véritable de l'estrange et subite mort de Henry de Valois, advenue par permission divine, 1589. — Ceci est un panégyrique de Jacques Clément, lequel est mis au rang des saints :

« Dieu, une nuict, comme le frère estoit en son lict, luy envoya son ange en vision, lequel, avec grande lumière, se présenta à ce religieux, et, luy monstrant un glaive nud, luy dict ces mots : « Frère Jacques, « je suis messager du Dieu Tout-Puissant qui te vient « avertire que par toy le tyran de France doit estre « mis à mort ; pense donc à toy et té préparer, comme « la couronne de martyre t'est aussi préparée. »

Cela dit, la vision disparut et le laissa resver à telles paroles veritables. Estant résolu, il fait par plusieurs jours jeunes et abstinences, au pain et à l'eau, se confesse, se fait communier, se disposant comme un homme qui va rendre son âme à Dieu.... Son âme ne laissa de monter au ciel avec les bienheureux. »

Le martyre de frère Jacques Clément, contenant au vray les particularités les plus remarquables de sa saincte résolution et très-heureuse entreprise à l'encontre de Henry de Valois, Paris, 1859, in-8. Ce pamphlet de 62 pages est des plus violents; on en jugera par les quelques lignes que nous allons reproduire :

« Ce bon et desvot religieux entendit une voix luy disant ainsi qu'il fut dit à Josué : « *Confortare et esto* « *robustus* », luy disant d'abondant qu'autre que luy ne feroit mourir le tyran, et qu'il le lui donneroyt en ses mains, ce qu'il descouvrit à quelques-uns de ses amis qui n'en firent estat, et, cela estant divulgué dans le couvent, les autres religieux en riant l'appeloient le capitaine Clément.... Il employa tout le temps en jeusnes, prières et oraisons.

« Deux des gardes enfoncèrent ce pauvre martyr, luy passant leurs hallebardes au travers du corps, et si à propos que le bon et sainct religieux, remerciant Dieu qu'il avoit tant heureusement fait succéder son affaire, desjà sentoit son âme partir de ce monde pour aller en repos devant luy. »

Les bibliophiles recherchent avidement ce livret; un exemplaire s'est vendu 139 fr. à la vente Veinant;

un autre, aux armes de Mme de Pompadour, adjugé 210 fr. à la vente Bourdillon en 1847, est monté à 540 fr. à la vente de M. Double en 1863. Réuni à sept autres pièces du même genre, le *Martyre* s'est adjugé 151 fr. à la vente La Bédoyère, en 1839.

Histoire mémorable récitant la vie de Henry de Valois et la louange de frère Jacques Clément, comprinse en cinquante - cinq quatrains fort catholiques, par André de Rossant, poëte lyonnois (Paris, 1589, in-8), opuscule de 16 pages devenu introuvable. Le *Manuel du Libraire* n'en signale qu'une seule adjudication, et elle remonte à une soixantaine d'années. L'exemplaire faisait partie d'un recueil qui parut à la vente Méon.

Les mœurs, humeurs et emportements de Henry de Valois, 1589 ; autre ouvrage d'And. de Rossant. Il en existe deux éditions datées de 1589 ; la première renferme un sonnet qui n'est pas dans la seconde, laquelle contient quelques détails de plus.

Lettre missive de l'évesque du Mans avec la responce à icelle, en laquelle est répondu à ces deux doutes, à sçavoir si l'acte de frère Jacques Clément doit estre approuvé en conscience, et si l'on peut, en seureté de conscience, suivre le party du roy de Navarre, par J. Boucher. Orléans, 1590.

L'action de Jacques Clément est signalée comme chose « très-louable, proche de martyre, et le contraire ne se peut soutenir sans grande témérité, sans apperte et sanglante malice, et sans porter scandale au peuple. » Le nom de Bouchet, le plus fougueux et le plus habile des écrivains de la Ligue (1.), garantit d'ailleurs la tendance de cette *Lettre missive.*

La récompense du tyran de la France et porte-bannière d'Angleterre Henry de Valois, avec le bien que ledict tyran peut attendre pour ses faicts inhumains, 1589. Pamphlet des plus rares, ainsi que quelques autres du même genre : *Discours véritable des derniers propos de Henry de Valois à J. d'Espernon.* — *Le faux visage descouvert du tyran de la France.*

L'auteur s'est donné la peine de chercher des anagrammes qui expriment sa haine : « *De Valois, O le Judas; Henry de Valois,* vilain Hérode. »

Il serait inutile de prolonger cette énumération; ces libelles, destinés à provoquer l'assassinat ou à le justifier, méritent une juste réprobation de la part de tout lecteur honnête. Nous conviendrons d'ailleurs qu'une vie impartiale d'Henri III renfermerait de bien tristes vérités. A la suite de son édition des *Mémoires de la reine Marguerite* (Paris, 1858, *Bibliothèque elzevirienne*), M. L. Lalanne a placé quelques extraits

---

(1) L'ouvrage de Bouchet, *De justa Henrici III abdicatione,* 1589, est digne d'attention ; on y trouve un pressentiment des doctrines révolutionnaires qui devaient faire explosion deux siècles plus tard. M. Labitte l'a apprécié (*De la Démocratie chez les prédicateurs de la Ligue,* p. 91) : « Entre une fable ridicule et un syllogisme, entre une calomnie impudente et un texte de juriste, on rencontre des idées sérieuses, une passion quelquefois éloquente, une logique serrée, un incontestable talent de polémiste. La marche est vive, le raisonnement pressant, l'ensemble adroit et frappant. »

d'un manuscrit de la Bibliothèque impériale, notes qu'il attribue au savant Peiresc, véritables *anecdotes* en prenant ce mot dans le sens qu'il avait jadis, et que lui conservait Procope, lorsqu'il écrivait l'histoire des écarts de la femme de l'empereur Justinien. Il y a là des récits à faire rougir, et le narrateur, qui les relate très-froidement, commence par dire : « Le roi Henri III se délectoit à faire du mal. » D'Aubigné a tracé de ce prince un tableau vigoureux et peu flatté, mais nous ne ferons que l'indiquer, les *Tragiques* étant aujourd'hui un livre fort accessible, grâce à la bonne édition publiée en 1857 dans la *Bibliothèque elzevirienne*, et revue par M. Lalanne.

N'oublions pas de dire quelques mots d'un livre assez étrange suscité par la mort d'Henri III. Il est intitulé : *La Fatalité de Saint-Cloud, près Paris* (1674, in-fol. de 49 p.). C'est l'œuvre d'un moine, d'un jacobin, le père B. Guyard, personnage fort peu connu d'ailleurs ; et le but est de démontrer que l'assassin n'était point un religieux, et que Jacques Clément est innocent du crime dont sa mémoire est restée chargée.

Après avoir fait imprimer son écrit, l'auteur le supprima, et on a signalé comme unique l'exemplaire qui, en 1784, se présenta à la vente du duc de La Vallière ; mais, de fait, il en existe d'autres (nous en avons vu un à la bibliothèque de la ville de Bordeaux, et il est indiqué au catalogue imprimé, 1832, *Histoire*, p. 221, n° 2524). Il y a d'ailleurs deux réimpressions, l'une avec la fausse date de 1672, l'autre datée de 1674, et la *Fatalité* est réimprimée dans les diverses éditions hollandaises de la *Satyre Ménippée* en trois volumes. Quant au paradoxe qu'elle expose, il ne soutient pas l'examen, et personne ne croit aujourd'hui que ce fut un huguenot déguisé qui enfonça le poignard dans le corps d'Henri III.

Il serait sans doute inutile, en ce moment du moins, de rechercher l'auteur du pamphlet que nous reproduisons. Ce qui n'est pas douteux, c'est qu'il était, quoique catholique, fort ennemi de la Ligue ; la vue des fléaux causés par les guerres civiles l'avait rempli de courroux contre les chefs des partis dont l'ambition désolait la France ; il avait de l'instruction, ainsi que le démontrent les citations latines et italiennes qui paraissent lui faire plaisir, et son style est plus vif, plus serré, que dans la plupart des pamphlets de cette triste époque.

LETTRE

d'un gentilhomme françois à dame Jacquette Clément, princesse boiteuse de la Ligue.

Ame trés curieuse de la charnelle union, il m'est tombé cejourd'huy ès-mains une lettre qu'un badaut de Paris a présumé escrite au roy trés chrestien Henry quatre Dieu-donné, aussi pleine d'imprudence et d'ir-

réuerence comme la venimeuse instruction qu'il a re-
ceuë de vous et des autres predicans, traîtres pseudo-
prophètes comme luy, le luy a permis et enseigné, à
laquelle je ne daignerois respondre ny repliquer,
comme chose qui n'en mérite pas la peine ; mais, sans
m'arrester à ce chien grondant, simple organe de vos
meschantes et trés mal heureuses conceptions, j'ay
trouvé plus expedient de m'addresser directement à
vous qui estes l'officine de tout ce qu'il y a de mal-fait
en France ; d'où sortent non seulement tous les libelles
diffamatoires que l'on voit trotter par ce royaume, encontre Dieu et son roy bien-aymé, mais où se forgent encore
toutes les conspirations, parricides, rebellions, assassi-
nats, volleries, extorsions, trahisons sacrileges, ravisse-
ments, ambrasements, et autres brutales inhumanitez,
dont la pauvre France est flagellée spécialement depuis
trois ans. Et me semble que vous adresser et non à autres
ceste replique, c'est à son point la chose approprier.
Ce pauvre escorcheur d'ames me fait pitié en ses sorcelleries, la lecture desquelles me fait croire de deux
choses l'une, ou qu'il est halené du vent de vostre che-
mise (comme sont plusieurs autres), ou empoisonné de
vos sorcelleries, ou pour dire mieux de tous les deux
ensemble ; ce qui n'est pas inconvenient, car vostre
chair est la viande plus commune qui soit aujourd'huy
dans Paris, comme il nous fait entendre là où il dit
que, malgré les dragons du roy, la bonne chair s'y
treuve à qui y veut employer l'argent, ce qui ne doit
estre entendu d'autre chair que la vostre, veu que les
chairs de cheval et d'asne (qui sont vos viandes ordinaires) ne peuvent passer pour bonne chair. Aussi que

de longtemps vous sçavez comment il la faut debiter, suivant la doctrine de don Barnerdin de Mandosse :

> A los Moros por dineros,
> A los Christianos de gracia.

La sorcellerie puis apres, qui est le principal de vos artifices, est si commune en vostre pays, que ceux qui y ont voyagé rapportent que de lieu en lieu et de village en village se treuvent des poteaux et pilliers où l'on brusle des sorciers, et disent les bonnes gens des champs que, quelque injustice que l'on en puisse faire, il n'est possible toutesfois d'en nettoyer ce pays, tant cesté malediction a pris racine en vostre contrée. Voilà pourquoy on ne doit trouver estrange si, estant sortie d'un tel nid, vous avez peu si aysément ensorceler le menu peuple françois, assez credule de nature, et sur qui aviez gaigné vous et les vostres telle creance par vostre hipocrite douceur et parler emmiellé.

> Che lor potevi far, con tue parole,
> Creder che fosse oscuro et freddo il sole.

Voulez-vous plus grands signes de sorcellerie que de voir des François (qui, entre toutes les nations du monde, ont emporté le renom d'estre fidéles à leurs roys) estre par vous induits à s'eslever contre le feu roy, le chasser honteusement de sa ville capitale, blasphemer contre lui, le charger d'opprobres et d'injures, composer libelles diffamatoires contre Sa Majesté, les imprimer avec privilége, et vendre publiquement,

sans punition ny reprehension quelconque; luy dénier
l'entrée de ses villes, les tailles, le tribut et tous les
droits que Dieu a ordonnez à son oingt, pour les donner
à un rebelle estranger? Est-ce pas vraye sorcellerie,
après l'avoir taxé d'estre huguenot, de l'avoir aussi
persuadé au peuple, luy quy a gaigné deux grandes
batailles contre les huguenots, y ayant exposé sa
propre vie au danger; qui a persécuté les huguenots
tant qu'il a vescu et les a hays jusques à la mort,
quoyque vostre felonnie l'ayt contraint de se jetter
entre leurs bras, au moins entre les bras de son
frere, le roy qui est à présent, pour eslire (comme dit
le philosophe) de deux maux le moindre, luy, dis-je,
qui estoit le plus catholique et religieux roy qui jamais
ayt esté en France. Je ne veux prendre icy sa cause en
main pour le deffendre de ce qu'on luy pourroit imputer,
touchant le gouvernement de son estat, comme aussi
ne vous voudrois-je estre si présomptueux que de le
blasmer ou taxer, laissant la définition de ceste cause à
Dieu, à qui seul appartient, et non à autre, la cognois-
sance et jugement des actions d'un roy, ou bonnes ou
mauvaises qu'elles puissent estre; mais seulement pour
le fait de sa religion, je dis et diray tant que je vive
que la France n'a jamais eu roy plus catholique et religieux que celuy dont nous traittons maintenant, ny
plus severe observateur des statuts de nostre mere
saincte Eglise; les gens de bien qui l'ont cognu en ren-
dront fidelle tesmoignage. Cependant vos langues l'ont
proclame heretique, vos sortileges l'ont ainsi persuadé
au peuple, et incité un jeune moine (des-honneur de
l'ordre Saint-Dominique) de le tuer proditoirement,

soubs-une feinte santimonie, tandis que le bon roy l'accueilleroit benignement, et luy disoit : *Amice, ad quid venisti.* Helas ! s'il eust été heretique, eust-il admis un moyne en son cabinet à l'heure induë, à heure que mesmes messeigneurs les princes n'y entroient pas, à heure qu'il s'estoit speciallement reservée pour demander à Dieu pardon de ses fautes, et lui rendre graces des biens qu'il avoit reçeus et recevoit journellement de sa saincte bonté ? A la mienne volonté que quelque ange se fut interposé à la fureur des bons François qui premiers appercevans ce piteux spectacle, et poussez d'un juste courroux, firent carnage de ce parricide infame ; qu'ils se fussent contentez de le prendre en vie, affin de luy faire recevoir le supplice esgal à son demerite. La belle histoire que nous eussions euë par son procès, quant il aurait declaré que s'amye Jacquette l'avoit induit à commettre cest assassinat. Quel plaisir à luy ouyr verbalement reciter les artifices, ruses, desguisements, amorces, menées et stratagemes, par lesquelles vous mistes peine à le rendre amoureux de vous; puis apres par quels regards lascifs, quelles mines de visage, contenances et gestes du corps, mignardises de paroles et attouchemens deshonnestes vous vintes à bout de luy prostituer vostre pretendue pudicité, soubs promesse toutesfois qu'il exécuteroit ce beau chef d'œuvre, et finalement declarer le vil prix et chetif salaire qu'il avoit receu pour commettre un si meschef si execrable ! Ha ! qu'il avoit bien detesté la cherté d'un si brief plaisir acheté par la jacture de son corps et de son âme, je crois fermement que avant mourir il auroit fait quelque grande execration contre vos sortileges bien

autre que la demonomanie de Bodin (1). Un mien amy
est après à faire un petit livret de meditations sur le
mystere de la saincte union de Jacques Clement avecques vous dame Jacquette sa bonne partie, qui sera
chose à ce qu'il dit fort rare et singuliere à voir, car les
figures de l'Aretin n'y seront pour rien contées, tant
vostre bel esprit est subtil en telles inventions ; je vous
assure que je seray soigneux de le faire mettre en lumière pour l'amour de vous (2), afin que les louanges
d'une si vertueuse dame ne demeurent ensevelies en la
fosse d'oubliance. Mais pour ne point interrompre le fil
de nostre discours encommencé, je diray que sans point
de faute voylà le plus grand de vos charmes et la plus
grande de vos sorcelleries. L'autre qui vient après n'est
pas moindre de la premiere, d'avoir persuadé au peuple qu'il soit non seulement licite, mais expedient et
bonne œuvre d'assassiner un roy très-chrestien, et

---

(1) Cet ouvrage, que personne ne lit aujourd'hui, eut, dès sa publication en 1580, une grande vogue attestée par de nombreuses éditions et par des traductions. De la part de son auteur, penseur parfois
fort hardi pour l'époque, c'est un témoignage de crédulité qui a provoqué diverses interprétations. Renvoyons à des notices de M. de Puy-
maigre (*Revue d'Austrasie*, 1840, et Franck, *Revue de Paris*, 15 mai
1854), ainsi qu'au livre de M. de Baudillart (*Bodin et son temps*,
1853).

(2) Est-ce là une simple menace ou bien eut-on sérieusement le
projet de recourir à l'arme de la caricature la plus hardie pour attaquer
la duchesse ? Quoi qu'il en soit, M. Leber a pu dire : « Quel beau
jour que celui où quelque recueil bibliographique nous révélera l'existence d'une suite de ces édifiantes images, si elles ont jamais paru ! »

que le parricide soit par vous canonizé et mis au rang
des saincts et glorieux martyrs; que l'on luy dresse des
statues sur les autels sacrez, que l'on luy porte des
chandelles et offrandes, et que l'on invoque pour inter-
ceder pour ceux qui portent tiltre de chrestiens. Si telles impietez paganiques doivent avoir lieu parmy nous,
je diray librement ce que disoit Juvenal et son Hercule
furieux :

> Scelere perfecto, licet
> Admittat illas genitor in cœlum manus.

Vous ne trouverez estrange (reverendissime dame
Jacquette) si, escrivant à une femme, je me dispense de
parler latin : les moynes et predicans à qui avez affaire
tous les jours vous mettent si souvent la langue latine
en bouche, que vous la devez avoir aussi familiere
comme la maternelle. Or, tout ce que j'ay raconté ne
sont que petits pecadilles, pechez veniels parmy vous
autres : vos predicans vous absolvent de tout cela, et,
comme dit l'evesque de Lion en la confession de sa foy,
le merite d'estre ligueur est plus grand que ne sont
grandes toutes les offences que le ligueur pourroit commettre.

Voylà une belle confession de foy et vrayment digne
d'un tel prelat. S'il n'a point d'autre hostie pour expier
l'offense de son double inceste, je parie la perte de son
ame, mais que dis-je, son ame, les ligueurs ne croyent
aucune ame qui puisse recevoir ou peine ou salaire en
la vie future, laquelle aussi ils ne croyent point, et plus
je m'estudie à rechercher le sommaire de leur creance,
et moins j'y attains. Je pense bien qu'ils croyent Dieu;

aussi font les diables, ils le croyent et en ont terreur; mais de croire en Dieu ils n'y croyent non plus que les diables ; ils sont d'ailleurs empeschez : l'ambition into-lerable, l'insatiable avarice, l'appetit desordonné de commander, de devenir grand en peu d'heures, d'ac-complir leurs cupiditez deshonnestes et autres choses monstrueuses, en excuse leurs esprits et en detourne leur entendement. Dès le temps de la primitive Eglise, la chrestienté a esté infectée de diverses erreurs, héré-sies et sectes, mais de toutes icelles, la plus pernicieuse à mon advis est ceste derniere de la ligue, comme celle qui combat directement contre Dieu, contre sa parole et contre sa volonté, pour exterminer les roys, les prin-ces et la noblesse, et soubs ombre et pretexte de reli-gion d'affranchir ou soulager le peuple, tasche à ruyner de fonds en comble la monarchie depuis le plus grand jusques au plus petit. Saint Paul vous commande il pas, et saint Pierre tout de mesme, d'obeyr à vos prin-ces quand or ils seroient meschants et heretiques? Pourquoy donc rejetez-vous ce commandement, et tour-nant la truye au foing (comme l'on dit), y apportez-vous des gloses et constructions d'Orléans? Dieu vous commande de rendre à César ce qui est à César, pour-quoy donc luy refusez-vous le service, l'obeissance, le tribut et les droits que vous luy devez? Vous me direz (dame Jacquette) que Nostre-Seigneur adjouste inconti-nent apres : et à Dieu ce qui appartient à Dieu. C'est parler en theologien. Qui vous y met empeschement? En quel lieu est-ce que le roy empesche l'exercice de nostre religion catholique, apostolique et romaine, de ceux qui sont en son obeissance depuis son advenement

à la couronne? Où voit-on les eglises violées ou le service divin empesché? A la prinse des faux-bourgs de
Paris, à la Toussaincts derniere, quel mauvais acte
avez-vous recognu contre les eclesiastiques ou contre
les eglises? Demandez en aux prestres qui y celebrerent
messe par tout le jour des Morts? Mais quel besoin est-il
de specifier les lieux : tant de villes que Sa Majesté a
réduictes à son obeissance servent de miroir et en rendent tesmoignage; mesmes les gens d'eglise qui sont
entretenus journellement auprès du roy, honorez et
reverez par Sa Majesté, trop plus qu'ils ne sont de vous
autres sectateurs de Judas Iscariot, qui edifiez les temples des prophetes semblables à ceux qui les ont occis.
Qu'ainsi ne soit, voyons les deportemens de ceux de
vostre secte; nous trouverons les eglises ès faux-bourgs
de Tours, et villainement polluës de paillardise jusques
derrière le grand autel, les eglises bruslées aux faux-
bourgs de Chasteaudun; et le Sainct-Sacrement (chose
horrible à penser) consommé par feu; à Quinsy, près
Meaux, l'eglise bruslée, et plus de soixante petits enfans
bruslez dans le berceau; à Montereau-Faut-Yonne, à
Charlotte-la-Grand, les eglises pillées et desnuées d'or-
nemens, calices, croix, reliquaires, et comme disoit le
poëte Ferrarois :

> Gittato in terra Christo in Sacramento
> Per torgli in tabernacolo d'argento.

Que diray-je de Sainct-Denys en France, où vous
avez ruyné deux eglises qui estoient proches du rem-
part, desrobé et enlevé ce tresor de la grande eglise

que l'ancienne liberalité des roys de France y avoit amassé, et de mesme dit-on que vous avez faict des reliquaires de Paris pour convertir l'or et l'argent à vostre usage? Que diray-je d'autres eglises infinies en ce royaume, où vos satellites n'ont faict conscience de mettre le feu pour quelque interest particulier, sans aucun respect ny reverence du Sainct-Sacrement, qui estoit conservé en icelles, en quoy vous vous monstrez plus cruels et barbares envers celuy dont vous usurpez faulsement le tiltre et vous couvrez indignement de son nom, que n'ont faict les juifs qui le crucifierent, car ceux-là comme ennemis le mirent à mort, et vous au- tres, Zuingliens sacramentaires (comme Judas en le bai- sant, c'est-à-dire en vous disant ses amis', l'avez mis au feu? Quelles excuses, quelles deffences alleguerez- vous contre ceste verité? Certes aucunes, sinon que vous n'y croyez point? Qui voudroit raconter les extor- sions et violences faictes par vos partisans aux gens d'eglise, ce ne seroit jamais faict; qui pourra aller par la France en orra les clameurs qui montent jusques aux cieux. Par là appert que vostre Saincte-Religion n'est autre chose qu'un appetit desordonné d'en avoir et de dominer, soit à droit, soit à tort. O le beau et precieux pretexte! Certes, tous ceux qui, desireux de nouveauté, ont voulu brouiller un Estat, et qui pour ce faire ont cherché quelque honneste couverture, n'en trouveront jamais qui plus chatouille les aureilles des auditeurs que ceste-cy, et specialement du menu peu- ple. Voylà une belle religion de conspirer contre les roys, contre les princes, contre la noblesse, contre l'Eglise, contre la justice; de pervertir les anciennes loix et statuts d'un royaume, et bouleverser tout sens dessus dessoubs à la confusion et ruyne des trois estats, affin de chasser les enfans et heritiers de la maison pour y introduire et subroger des estrangers et mercenaires, ou, ne pouvant attaindre à ce but, changer à tout le moins la plus belle, la plus ancienne et la plus florissante monarchie de la chrestienté, en Estat democratic et populaire. Voylà une plaisante feste d'union composée que quelques princes estrangers poussez d'une ambition sinon louable, aucunement probable, d'autant que *Si violandum est ius, regnandi causa violandum est*; composée de quelques marrans, de quelques saffraniers, de quelques meschans garnemens que la rigueur des loix y a jectez, où le desespoir et la crainte du supplice les y retient; gens que le bourreau court à force; composée de quelques predicans pharisiens, de quelques moynes affriandez à la chair que vous vendez à Paris, et de toutes sortes de vauneans et de la lye du peuple; voylà, dis-je, une belle et plaisancte secte pour s'opposer et contredire à tous les princes, grands seigneurs et officiers de la couronne de France, et generalement à toute la noblesse, qui tous sont unis à l'obeissance et service du roy très chrestien et ceux qu'en premier lieu je devois avoir nommez, messeigneurs les cardinaux, prelats et gens d'eglise, qui servent ordinairement Sa Majesté de leurs prieres ferventes et assidues, les sacrifices et oraisons desquels sont si aggreables à Dieu, que le jour mesme et à la mesme heure qu'ils faisoient la procession à Tours, pour la santé, conversion et prosperité du roy, Sa Majesté gaigna la bataille à Sainct-André et la confusion et totale ruyne

de vostre secte. Où est donc maintenant le Dieu que
vous voulez opposer au nostre? De quoy pourront servir toutes vos prophanations et sortileges contre les
devotions, vœux et prieres des gens de bien? Nos
Dieux ne sont point d'accord (ce dites-vous). Ils n'ont
garde de s'accorder, car nous n'avons qu'un seul Dieu,
qui est celuy qui vous livra à la fureur de nostre glaive
à Sélis, à la deffaicte de Saveuse et de Falandre, à la
bataille qui se donna en Auvergne le mesme jour que le
roy vous chastia si bien à Sainct-André. C'est luy qui
vous a faict tourner le dos en toutes ces rencontres qui
se sont faites, et qui vous a fait perdre depuis l'advenement du Roy à la couronne tout ce que vous aviez enrichi en Anjou, en Touraine, au Mayne, en Normandie,
en l'Isle de France, et generalement partout où Sa Majesté a tourné la teste de son armée. C'est luy mesme qui
vous fait faire un caresme en juillet et qui vous fera
porter la penitence de vos vieux pechez si bien tost
vous ne venez à recognoissance de vos fautes et à im-
plorer la misericorde du roy, qui, comme il est la vraye
image de Dieu en terre, aussi sa clemence et misericorde est plus grande mille fois que n'est la multitude
de vos iniquités. Nonobstant toutes ces choses, vostre
predicant brave et dit que les forces qui sont dans Paris, tant estrangeres que de la ville, sont suffisantes,
soubs la conduite du duc de Nemours, pour rabarrer et
mettre en desarroy toute l'armée royalle. Ces choses
luy sont autant aisées à dire comme elles sont malaisées non-seulement à executer, mais à croire à ceux qui
sçavent mieux faire que de criailler dans une chaire,
mesmes après tant d'experiences que nous avons veües

dé ce peuple, qui le nous ont faict cognoistre tel que le
descrit l'Arioste, disant :

> Queste non dirò squadre, non dirò falange,
> Ma turba et popolazzo voglio dire
> Prima che nasca degno di morire.

Et ne faut que vous mettiez en peine de nous persuader, à nous qui, assistez du Sainct-Esprit, ne pouvons
estre deceus par vos fausses illusions, que vous prenez
toutes les incommoditez en patience en loüant Dieu,
duquel vous attendez secours en bref, car nous tenons
pour maxime très-certaine que *L'honneur que les vicieux font aux Dieux à Leurs Majestez n'agrée.*

Quoy! vous avez encore les mains sanglantes du parricide du feu roy (heureuse et pitoyable memoire), le
sang duquel criera vengeance devant Dieu, sur vous,
sur vos enfans et nepveux jusques au jour du jugement, de tant de gens de bien par vous massacrez,
noyez, rançonnez, pillez, exilez, qui n'avez pardonné à
sexe, aage ou qualité; qui avez pollu les temples de
Dieu en toutes sortes, jusques à introduire en iceux les
idoles de Jacques Clement et autres de pareille farine,
leur deferant les honneurs qui sont deuz à un seul
Dieu, luy offrirez maintenant de l'encens, des chandelles, des veux, des sacrifices, et le demeurant de vos
faux Dieux luy sera aggreable holocauste? Vous vous
trompez (dame Jacquette) si le pensez. Il faut premie-
rement expier ce parricide, que les principaux autheurs,
conspirateurs et conseillers d'un tel meschef reçoyvent
la punition du dernier supplice qu'ils ont demeritée.

Les autres moins crimineux, consentans, coadherans, et qui ont favorisé le party (pour ce qu'il n'est expedient que tout le peuple meure), aillent en habits nuptiaux, les pieds nuds, la corde au col, une torche au poingt, jusques à Compiegne reprendre le corps du roy defunct pour le conduire à Nostre-Dame de Paris, et luy rendre là le dernier service accoustumé aux roys de France, pour depuis estre porté et rendu à Sainct-Denis, le peuple criant misericorde. Et après que le peuple aura accomply les penitences qui luy seront enjointes, qu'il aura renoncé à toute heresie, secte, ligue et union contraire à Dieu et au roy, et qu'il sera retourné au giron de l'eglise par la confession de ses fautes et par la communion du vray corps de Nostre-Seigneur Jesus-Christ, qui luy sera administré par les vrays prestres et curez, non par les prédicans de Belial, à ceste heure là (dis-je), je croiray que Dieu, ayant destourné son ire et ouvert les yeux de sa misericorde sur vous, recevra vos prieres et oraisons, et non plustost que si ce nom de François, dont vous vous monstrez indignes et decheus (comme Luciabel après s'estre eslevé contre Dieu), vous est si odieux que vous aymiez mieux faire election du plus veillacque Espagnol qui se treuve, que du meilleur huguenot qui soit en France. Je suis d'advis que, comme juifs ou bohemiens, ou plustost comme vrais ligueurs, vous alliez vagabonds par le monde chercher nouvelles habitations en Canada avecque Don Bernardin de Mandosse et le cardinal Dammi la Dolce, portans chacun une escharpe my-partie de rouge et de noir pour marqué de vostre cruauté et felonnie; et que vous emportiez avec vous les simulacres de vos nouveaux

Mahommet et Hala, car, quant à leurs charongnes et cendres, elles vous seroient trop malaisées à recouvrir. Là ils vous feront de nouveaux miracles et vous donneront de leurs benedictions accoustumées, favorisant vos entreprises par cy-après comme par cy-devant ils ont fait. Si vous pouvez emmener avecques vous vos predicans frere Bernard, Rose, Panigarole, Gincestre, Boucher et autres pseudoprophetes, avecques vostre grand sacrificateur l'evesque nagueres de Lyon, ce seroit un grand bien pour vous et pour nous; mais il ne faudroit pas laisser en arriere la Junon de vostre chancellerie ny la fille du president de Neuilly, tant aymée de ses deux peres temporel et spirituel. Toutes fois j'espere en la justice de Dieu que le maistre des hautes œuvres leur abregera la longueur des chemins. Suivant cest advis, vous serez exempts d'estre ou de plus vous dire François ny d'obeyr à un roy françois et très-chrestien, noms qui tant vous sont odieux; et vous asseure davantage que comme la France ne lairra d'estre France, ny le roy d'estre roy pour vostre absence, il n'y aura aucun bon catholique qui meine grand dueil de vostre departie, et qui n'ayme trop mieux (comme bons chrestiens) prier Dieu pour vostre conversion et reduction au giron de l'eglise catholique, apostolique et romaine, lors que serez absens, que de vous voir, nouveaux Attiles, flageller l'Eglise de Dieu et ce royaume, qui seroit trop heureux)

Si littora tantum
Nunquam lotarenæ tetigissent nostra carinæ (1).

---

(1) L'impression de cette pièce était terminée lorsque nous avons eu

AU DUC DES MOYNES.

SONNET.

Traistre, sorcier, Lorrain, parricide execrable,
Rebelle, ambitieux, bastard marronizé,
Hypocrite, pippeur, empatenostrizé,
Sans Dieu, sans loy, sans foy, atheiste damnable,

Ne verray-je jamais ton ame insatiable
Saoulle de flageller ce peuple baptisé,
Ou le feu que tu as par la France attizé
Consommer avec toy ta race detestable?

Ingrat de Dieu maudit, imitant le vipere,
Tu as rongé le ventre à la France, ta more,
Et meurdry ses enfants, mesme dans le berceau.

Le sang qu'as espandu devant Dieu cry vengeance :
Dieu te fera mourir par la main d'un bourreau
Qui de ton bras tyran delivrera la France.

---

connaissance de la reproduction que, de son côté, M. Ed. Fournier vient d'insérer dans le 10e volume des *Variétés historiques et littéraires*, recueil fort intéressant et compris dans la *Bibliothèque elzevirienne*.

Le choix fait par l'ingénieux auteur de *l'Esprit dans l'histoire* et de tant d'autres livres justement goûtés du public est une preuve nouvelle de l'intérêt que présente le libelle sur lequel nous avions, de notre côté, jeté les yeux.

Un opuscule tout aussi rare, tout aussi emporté, mais écrit avec plus de talent que la *Lettre à dame Jacquette*, à laquelle il est antérieur de plus de vingt ans, mais qui s'y rattache par la haine contre la maison de Guise, c'est l'*Epistre au tygre de la France*, in-8 (sans lieu ni date), 7 feuillets. Ce pamphlet, dirigé surtout contre le cardinal de Lorraine, jouit d'une certaine réputation dans le monde bibliographique; il a été mis en lumière par un fort piquant article de Charles Nodier, qui parut annexé, en 1834, au *Bulletin du bibliophile*, à une époque où cette publication périodique, qui depuis s'est placée à un rang fort distingué dans l'estime des amateurs, était encore à ses débuts. Peu de personnes ont aujourd'hui l'occasion de replacer sous leurs yeux les quelques pages tracées par le spirituel académicien. Sans vouloir le copier, il ne sera donc pas hors de propos de rappeler d'après lui un fait digne de remarque et se rattachant à cet écrit.

Régnier de la Planche (*Histoire de l'Estat de France*, 1576, p. 385) raconte que « la cour de parlement faisoit de grandes perquisitions à l'encontre de ceux qui imprimoyent les escrits que l'on semoyt contre ceux des Guisse. Ils sceurent qui avoit imprimé un certain livret fort aigre intitulé *le Tygre*. On trouva l'imprimeur, nommé Martin L'Hommet, qui en estoit saisy... Ainsi qu'on menoit pendre cest imprimeur, il se trouva un marchand de Rouen, lequel, voyant le peuple de Paris fort animé contre ce patient, leur dit seulement : « Et quoi, mes amis, ne suffist-il pas qu'il meure? Laissez faire le bourreau. Le voulez-vous davantage tourmenter que sa sentence ne porte?» (Or, ne sçavoit-il pour quoy on le faisait mourir et descendoit encore de cheval à une hostellerie prochaine.)

La foule se jette sur le malencontreux intervenant; on le traite de huguenot; on le bat outrageusement.

Ceux qu'on nomme de justice « approchent et le meisnent prisonnier en la Conciergerie du palais. » Un conseiller au parlement, nommé Du Lyon, l'interroge sommairement sur le fait du *Tygre* et des propos par lui tenus au peuple. Ce pauvre marchand « jure ne sçavoir que c'estoit, ne l'avoir iamais veu ni ouy parler de messieurs de Guise. Et quant aux propos par luy tenus, ils n'avoient dû offenser aucun. Il dit n'avoir jamais meffait ni mesdit à aucun, requerant à ceste fin qu'on enquist de sa vie et conversation, et qu'il se soumettoit au jugement de tout le monde. Du Lyon, sans autre forme et figure de procez, fait son rapport à la cour et aux juges deleguez par icelle, qui le condamnent à estre pendu et estranglé en la place Maubert et au lieu mesme où avoit esté attaché cest imprimeur ».

Il est facile de comprendre que cette double exécution sommaire dut faire promptement disparaître les exemplaires d'un pamphlet poursuivi avec un acharnement aussi cruel, et cette circonstance, jointe aux autres causes de destruction qui menacent tou-

jours l'existence d'un opuscule, a fait qu'on ne connaît aujourd'hui qu'un seul exemplaire de l'*Epistre
au Tygre;* il appartient à un bibliographe célèbre, à
l'auteur du *Manuel du libraire*, et dans la cinquième
édition de son savant ouvrage, M. J.-Ch. Brunet entre
dans des détails étendus à cet égard. Nous y renvoyons.

. Ce qu'il y aurait de curieux, c'est que le malheureux L'Hommet, pendu pour avoir imprimé l'opuscule si rudement poursuivi, ne l'aurait pas imprimé,
selon M. Nodier; et M. Brunet semble partager cette
opinion.

L'*Epistre*, composée sur les bords du Rhin (ainsi
que nous le dirons tout à l'heure), offre des caractères qui sont ceux de J. Estiard, de Bâle. L'Hommet,
libraire misérable (*pauperculus librarius*), comme le
qualifie le président de Thou, en avait seulement
opéré la vente. On a supposé qu'il aurait pu se servir de types étrangers pour déguiser l'origine du
libelle; mais la chose est bien peu vraisemblable,
et sa précaution n'aurait d'ailleurs obtenu aucun
succès.

M. Taillandier a découvert dans les registres criminels du parlement de Paris, et inséré dans le
Bulletin du bibliophile (5e série, 1852, page 51), l'arrêt contre L'Hommet « pour avoir imprimé des epis-
tres, livres et cartelz diffamatoires pleins de sédi-
tion, schisme et scandales. » La cour le condamne « à
estre pendu et estranglé à une potence qui sera mise

et affichée en la place Maulbert, lieu commode et con-
venable ».

Arrêté le 23 juin 1560, condamné le 13 juillet,
L'Hommet fut exécuté le 15. M. Taillandier a de même
retrouvé l'arrêt qui, le 19 juillet, condamne à la potence le marchand de Rouen dont parle Regnier de
la Planche, et qui se nommait Robert Dehors. Ce savant croit d'ailleurs que l'*Epistre* a été imprimée à
Paris; les types ne lui paraissent pas avoir ce cachet
étranger qu'avait cru reconnaître Nodier.

Une autre circonstance assez originale, c'est qu'avant
d'imprimer ou de vendre la satire qu'il paya si cher,
L'Hommet avait, l'année précédente, publié un recueil de sonnets de F. Habert, à la louange de la famille des Guises.

Brantôme, narrateur souvent très-indiscret de la
chronique scandaleuse de son époque, qu'il connaissait fort bien, a signalé l'existence de l'*Epistre*.

« Il y eut force libelles diffamatoires contre ceux
qui gouvernoient alors le royaume; mais il n'y eut
aucun qui picquât plus qu'une invective intitulée *le
Tygre* (sur l'imitation de la première invective de Cicéron contre Catilina), d'autant qu'elle parloit des
amours d'une très grande et belle dame et d'un grand
son proche; si le galant autheur eust esté appréhendé, quand il eust eu cent mil vies, il les eust
toutes perdues, car le grand et la grande en furent si estomaquez qu'ils en cuidèrent déses-
pérer. »

Le président Auguste de Thou reproduit à peu près le récit de Regnier de la Planche.

Nodier trouve dans le terrible pamphlet dont il s'agit, et pour la première fois peut-être dans notre langue, « quelques-unes de ces magnifiques tournures oratoires qu'un génie inventeur pouvait seul dérober d'avance au génie de Corneille, de Bossuet et de Mirabeau : « Tu fis tant par tes impostures que, sous l'amitié fardée d'un pape dissimulateur, ton frère aîné fut fait chef de toute l'armée du roi. Je connais ta jeunesse si envieillie en ton obstination, et tes mœurs si dépravées, que le récit de tes vices ne te sauroit émouvoir. Si tu confesses cela, il te faut pendre et étrangler; si tu le nies, je te convaincrai.»

Cicéron lui-même, ajoute Nodier, n'a pas de traits qui ne le cèdent à ceux-ci en vigueur et en bonheur d'expression. L'imitation éloquente de la première Catilinaire est sensible dans toutes les phrases, et il suffit de citer les premières lignes de la copie pour rappeler le modèle : « Tygre enragé, vipère venimeuse, sépulcre d'abominations, spectacle de malheur, jusques à quand sera ce que tu abuseras de la jeunesse de notre roy? Ne mettras-tu jamais fin à tes ambitions démesurées, à tes impostures, à tes larcins? »

Nodier croyait (et Bayle avait déjà émis cette conjecture) que l'*Epistre au Tygre* était l'œuvre de François Hotman; il ne pense pas qu'il y eût alors un autre écrivain capable de s'élever dans notre langue aux hauteurs de cette véhémente éloquence. Ce qu'avait deviné le tact historique et littéraire de l'auteur des *Mélanges extraits d'une petite bibliothèque* est démontré par un passage extrait d'un écrit publié à Paris en 1562 (*Religionis et regis adversus Calvini, Bezæ et Ottomani factiones, defensio*), et par une lettre de J. Sturm à Hotman. Ces citations ont été recueillies par M. Schmidt, qui les a fait connaître aux lecteurs du *Bulletin du bibliophile* (1850, page 773).

Il serait bien à désirer que l'*Epistre au Tygre* fût réimprimée, et que cette éloquente catilinaire fût connue en totalité. On est mieux partagé à l'égard d'une autre rédaction en vers de ce terrible pamphlet; on ignore si celle-ci a été imprimée au XVI° siècle; il en circule du moins des copies manuscrites, et il s'en est trouvé une à la vente de la librairie Crozet, en 1841. Un littérateur judicieux, M. G. Duplessis, connaissant peu le texte en prose, avance, dans une note insérée au catalogue de cette vente (n° 1652), que l'opuscule en prose n'était qu'une copie affaiblie, un véritable *pasticcio* de la satire originale en vers. C'était une erreur que Nodier releva en revenant sur cette question dans le *Bulletin du bibliophile* (novembre 1841).

M. Duplessis reconnut sa méprise; mais, voulant conserver au profit de quelques amateurs un opuscule remarquable, tenant aussi à prouver que la satire en vers, quoique inférieure au pamphlet en prose, ne manquait ni de verve ni de style, il en fit

exécuter à Douai, en 1842, une réimpression stricte-
ment limitée à vingt-cinq exemplaires numérotés
(nous possédons le n° 13). Depuis il a été donné à
Strasbourg, en 1861, une autre édition à 60 exemplaires. Ces réimpressions n'étant pas assez répandues pour que le livret soit bien connu, nous croyons
pouvoir en transcrire quelques passages. Le lecteur
jugera du mérite de ces vers.

> Par ainsy, cardinal, prenant tout sur tes bras,
> Tu fais du roy de France, et si tu ne l'es pas...
> Monstre infect et vilain, nulle personne ignore
> Tes horribles forfaits, et si tu vis encore !
> Meschant ! tous nos Français tu veux faire périr,
> Et personne pourtant ne te fait pas mourir...
> Sus donc ! France ! il faut que tu te venges ;
> Arme-toi de ton ire encontre ces estranges,
> Hausse ton noble cœur, et d'un bras vertueux
> Enfondre-moy le chef de ces monstres hideux.
> A ce coup, à ce coup revenge tes misères,
> Et ne laisse échapper aucun seul de ces frères ;
> Tire cent mille coups de pistole en leurs flancs ;
> Consume leurs entrailles, et leurs os, et leur sang,
> Et, après estre morts par les coups de ta foudre,
> A la mercy du vent esparpille leur poudre.

LES BIBLIOTHÈQUES A PARIS EN 1698.

A la fin du XVIIe siècle, un naturaliste fort instruit, connu surtout par d'importants travaux sur
la conchyliologie, le docteur Martin Lister (1), profita
de cette courte trève qui, entre la paix de Riswyck
et la guerre de la succession d'Espagne, suspendit
les hostilités presque continuelles qui séparaient la
Grande-Bretagne et la France ; il fit le voyage de Paris, voyage maintenant bien facile et qui s'accomplit
en moins de douze heures, mais qui alors exigeait
tout autant de jours et qui était hérissé d'obstacles.

Après avoir passé un mois dans la capitale de la
France, Lister, de retour chez lui, eut l'idée fort naturelle d'écrire le récit de ce qu'il avait vu ; il donne
pour motif qu'il avait cherché à fixer ses souvenirs.
Sa relation, imprimée dès l'année 1698, obtint une
seconde édition en 1699 ; elle a été insérée dans le

_____

(1) Né vers 1638, Lister mourut en 1712.

quatrième volume de la collection des voyages publiée par Pinkerton (1).

Lister trace de Paris, des promenades, de quelques hôtels, un tableau fort digne de fixer l'attention des curieux (et le nombre en est grand) qui s'occupent de l'histoire de la grande cité; il consacre d'ailleurs aux sciences la majeure partie de son livre; il parle en détail des médailles rares qu'il a examinées; il nomme les divers savants auxquels il a rendu visite (ce sont en général des antiquaires ou des médecins) : Vaillant, Pezron, etc.

Les pages qu'il accorde aux bibliothèques rentrent dans notre spécialité, et nous espérons qu'on ne nous saura pas mauvais gré si nous en plaçons ici une traduction que nous accompagnerons de quelques notes fort succinctes :

« M. Clément, le bibliothécaire adjoint (2), me reçut très-gracieusement et m'invita à venir passer un

---

(1) Une revue estimée, mais qui a cessé de paraître, la *Retrospective Review*, rend compte en détail du voyage de Lister, oublié en Angleterre (t. XIII, p. 95-109). M. Léon de La Borde s'exprime en ces termes : « Lister visita Paris avec l'attention d'un homme instruit et publia des « observations écrites avec la plume d'un homme curieux, investigateur « des grandes et des petites choses. » (*Echo de la Presse*, 12 avril 1840.)

(2) Né en 1651 et mort en 1716, il avait été, après de longs services, nommé bibliothécaire en second en 1692. Il mourut de chagrin à la suite de quelques soustractions opérées dans le dépôt qui lui était confié. Bien des conservateurs ont, mieux que lui, su, en pareilles circonstances, maîtriser leur douleur.

jour entier avec lui. Il me fit de grands compliments
comme étant un des bienfaiteurs de la bibliothèque,
et il me montra l'exemplaire de mon *Synopsis conchy-
liorum* que j'avais donné, et qu'il avait fait relier avec
beaucoup d'élégance. Je lui dis que je préparais un
travail bien plus étendu, avec de bien meilleures gravures, et que je serais heureux de l'offrir plus tard.
C'est également ce que je dis à l'abbé de Louvois
lorsque j'eus l'honneur de dîner avec lui. Ce jeune
gentilhomme est frère de M. de Barbezieux, inten-
dant des affaires de la guerre ; il prend grand soin
de se perfectionner dans ses études, et, dans ce but,
il a toujours avec lui deux docteurs de Sorbonne pour
l'instruire. Il vit avec luxe et il habite une maison
qui touche la bibliothèque du roi, dont il est conservateur. Il me reçut avec toute la politesse imagi-
nable.

« La bibliothèque a été retirée du Louvre et placée dans une maison particulière ; on a l'intention
de la transporter à la place de Vendôme, dont un
des côtés doit être réservé pour la recevoir. En attendant, elle est fort commodément disposée ici en
vingt-deux pièces, dont huit au rez-de-chaussée et
quatorze au premier étage. Au bas se trouvent les
livres de philosophie et de médecine, rangés dans
des armoires grillées pour mieux les garder. En haut
sont les ouvrages relatifs aux sciences humaines ;
c'est là que le public est admis deux fois par semaine. Dans les chambres du centre sont des sections

séparées : l'une, par exemple, pour l'histoire d'Angleterre et de Hollande, l'autre pour l'histoire de France et d'Allemagne, d'autres pour l'Italie et d'Espagne. Ailleurs les Bibles de toute espèce et les interprètes; plus loin les manuscrits grecs. Dans une autre pièce sont les estampes. Le roi fit acheter, pour se distraire dans une de ses maladies, la collection de l'abbé de Marolles. Le catalogue de ces estampes, pas plus gros que deux petits almanachs, m'a coûté 14 livres (1), tant les habiles libraires de la rue Saint-Jacques savent exploiter les étrangers; ce n'est pas d'ailleurs en France seulement, et quand on a un caprice, il faut payer pour le satisfaire.

« Il y a à la bibliothèque deux index : l'un contient les ouvrages rangés dans l'ordre des sujets; l'autre indique les noms des auteurs; tous les ouvrages de ces auteurs dont on a connaissance, et que la bibliothèque ne possède pas, sont aussi incrits et marqués d'un astérisque, ce qui fait reconnaître ce

---

(1) Le prix des catalogues de l'abbé de Marolles n'a fait qu'augmenter : le premier s'est payé 57 fr. et le second 56 fr. (reliés en maroquin), vente Nodier, en 1844 ; ils sont d'ailleurs remplis de détails erronés, de noms propres souvent défigurés. Ce fut en 1667 que Colbert fit acheter la collection formée par l'abbé; elle fut payée 26,000 livres, ce qui ne paraît pas fort cher pour une réunion de 123,400 pièces (Préface du premier catalogue). Voir, sur Marolles, une ingénieuse notice de M. Sainte-Beuve (*Causeries du lundi*, t. XIV, p. 107-147). M. Clément de Ris l'a envisagé comme collecteur d'estampes (*Moniteur*, 7 août 1860).

qu'on a à acheter. C'est vraiment une grande collection, digne d'un roi aussi puissant. Elle comprend au
moins 50,000 volumes imprimés et 15,000 manuscrits en toutes langues.

« On travaille chaque jour, et vigoureusement, au
catalogue qu'on a le projet d'imprimer ; j'en ai vu
dix gros volumes in-folio transcrits fort nettement et
prêts à être livrés à l'imprimerie. Ce catalogue est
disposé suivant l'ordre des matières : Bibles, interprètes de l'Écriture sainte, historiens, philoso-
phes, etc. On a l'intention d'en commencer l'impression cette année et on espère la finir dans le cours
de douze mois (1).

« On me montra un manuscrit grec de Dioscoride (2) écrit en un caractère qui se compose de let-

---

(1) Ce projet ne devait pas être exécuté de sitôt. Ce ne fut que quarante et un ans après, en 1739, que commença l'impression d'un catalogue qui est resté inachevé et qui forme dix volumes in-folio, où il n'y
a rien de relatif aux sciences et à l'histoire. Plus d'un siècle et demi
après le voyage de Lister et cent cinq ans après l'interruption qui avait
arrêté le premier catalogue, la publication d'un nouvel inventaire a été
entreprise en 1855 ; mais, par suite de la fatalité qui semble peser sur
les entreprises de ce genre, il paraît qu'on se bornera à terminer les
deux sections dont l'impression a été commencée (*Histoire de France*
et *Médecine*), et que le surplus sera ajourné indéfiniment. La besogne,
beaucoup plus grande en 1855 qu'en 1750, et surtout en 1698, sera
cependant encore plus difficile dans cinquante ou dans cent ans.

(2) On trouve à l'égard de ce manuscrit et de quelques autres de
ceux que mentionne Lister des détails intéressants dans le somptueux
ouvrage de M. Silvestre sur la *Paléographie*, 1839-41, 4 vol. in-fol.

tres capitales étroites, avec des peintures de plantes ; mais le premier livre manque totalement ; il n'y a donc pas les images des animaux, et c'était surtout ce que j'aurais voulu voir, car il reste encore à ce sujet des points obscurs, et il serait fort intéressant de connaître du moins ce que le moyen âge en pensait.

« On me montra aussi les *Épîtres* faisant partie du manuscrit que nous avons à Cambridge, mais dont nous ne possédons que la portion qui renferme les Évangiles (1). Il est écrit en capitales carrées et en lignes très-courtes ; beaucoup de passages sont effacés. Ce manuscrit, sous le rapport de la beauté et de l'antiquité, est bien inférieur à celui qui est venu d'Alexandrie et qui est au collége Saint-Jacques (2).

« Un autre manuscrit de saint Mathieu, qui n'a été découvert que depuis peu, est un très-beau volume grand in-folio. Un autre ouvrage grec a été écrit sur le texte il y a cent cinquante ans. L'écriture était si pâle qu'on ne prit pas la peine de l'effacer. Un des bibliothécaires ayant fait ces observations, ce volume a été mis à part, et avec un peu d'attention on lit sans trop de peine l'écriture primitive. Les lettres

---

(1) Une copie exacte de ce manuscrit, qui avait appartenu à Théodore de Bèze, a été mise au jour par le docteur Th. Kipling, à Cambridge, en 1793, en 2 vol. in-folio.

(2) Woïde a publié en 1786, à Londres, grand in-folio, une belle édition offrant le *fac-simile* gravé du manuscrit alexandrin.

sont des majuscules carrées, les plus belles que j'ai vues. Il y a quelques interpolations remarquables, une, entre autres, dans ce qui est relatif à la guérison des malades dans la piscine de Bethseda; je pense que les critiques sauront en rendre compte.

« J'ai vu aussi le manuscrit de la troisième décade de Tite-Live, un grand in-4° sur vélin, sans distinction de mots, en beaux et grands caractères majuscules. M. Baluze croit qu'il remonte à onze cents ans. Un manuscrit des *Hymnes* de Prudence est beaucoup mieux écrit, et, par conséquent, on le regarde comme plus ancien d'un siècle au moins.

« Je fus au collége de Clermont avec le P. Hardouin; il me montra la bibliothèque avec beaucoup de politesse : elle consiste en deux longues galeries bien garnies de livres, ayant d'un seul côté des croisées qui ne sont pas bien grandes; à côté de chaque fenêtre est une table commodément disposée pour lire et pour écrire. Il y a aussi quelques cabinets pour les manuscrits et d'autres pour les livres défendus. Le père me montra une ample collection de lettres originales de Jansénius et un manuscrit grec des prophètes écrit par Eusèbe; l'écriture, en lettres capitales, différait de toutes celles que j'ai vues; les lettres sont très-étroites, peu épaisses et moins carrées.

« La bibliothèque de la grande maison des Jésuites, près la porte Saint-Antoine, est une très-belle galerie, longue et large, bien garnie de livres et située à l'étage le plus élevé de la maison. On assure que les livres s'y conservent beaucoup mieux que dans des étages plus rapprochés de terre.

« La bibliothèque Sainte-Geneviève est une très-grande et belle galerie, également située dans les combles du bâtiment ; les livres, rangés des deux côtés, sont dans des armoires grillées, ce qui ne les empêche pas d'être vus.

« La bibliothèque de M. Colbert, cet illustre patron de la science, est une des plus belles de Paris ; les imprimés sont rangés dans une galerie au rez-de-chaussée ayant des fenêtres d'un seul côté ; elles donnent sur un beau jardin. A l'extrémité de cette galerie est un vaste appartement où sont déposés les papiers d'État, notamment ceux de l'administration du cardinal Mazarin et les comptes de M. Colbert lui-même lorsqu'il était dans ces fonctions. Ils forment plusieurs centaines de volumes in-folio, richement reliés en maroquin rouge et dorés (1).

« La collection de manuscrits est dans un étage plus élevé ; elle occupe trois chambres, et c'est ce qu'il y a de mieux en ce genre à Paris ; elle contient 6,610 volumes ; M. Baluze m'en montra le catalogue et me dit qu'on voulait le faire bientôt imprimer.

---

(1) La *Bibliotheca Colbertina* fut vendue à Paris en 1728 ; le catalogue occupe 3 volumes in-12, mais il ne donne, après tout, qu'une idée insuffisante de cette magnifique collection.

« Il me montra aussi beaucoup d'ouvrages rares, notamment la Bible de Charles le Chauve, grand in-folio sur vélin, et son livre de prières, le tout écrit en lettres d'or. Je vis aussi la *Missa beati Rhenani*, dont tous les exemplaires ont été brûlés, à l'exception de quatre (1), et l'acte original de l'accord passé entre les Églises romaine et grecque au con-cile de Florence. Aucun des manuscrits grecs ou la-tins que je vis n'était bien ancien. M. Baluze me fit voir aussi le livre de Servet : *De Trinitatis errori-bus*, qui a été cause de sa condamnation au feu à Genève. M. Colbert a payé ce volume vingt-cinq écus dans une vente publique en Angleterre (2). Nous dîmes à M. Baluze que nous étions venus pour le voir encore plus que pour la bibliothèque; il nous répondit que son destin était d'avoir plus de réputa-tion que de mérite. C'est un petit vieillard très-gai et dont la conversation est animée. Il se plaignit beaucoup du refus qu'avaient fait les ministres de

---

(1) Une de ces vieilles raretés théologiques dont on ne s'occupe plus; il nous semble qu'il n'en est question ni dans le *Manuel du Li-braire* ni dans le *Dictionnaire des livres condamnés* de Peignot.

(2) C'était alors un prix fort élevé; plus tard ce volume devait mon-ter beaucoup plus haut, puisqu'il atteignit 605 et 700 fr. aux ventes Gaignat et La Vallière; depuis, l'affaiblissement du goût des curieux pour les raretés hétérodoxes (on a aujourd'hui presque pour rien des livres plus hardis que ceux qui menèrent Servet au bûcher) a fait beau-coup tomber la valeur du traité *De Trinitatis erroribus*.

l'Empereur de laisser consulter les manuscrits de la bibliothèque de Vienne, au sujet de la publication des Capitulaires (1). « Les lettres, dit-il, ignorent ce « que c'est que la guerre ; pour mon compte, je me « suis empressé de faire collationner vingt-quatre « manuscrits grecs pour l'édition du *Nouveau Testa-* « *ment* du docteur Mill (2). »

La bibliothèque de la Sorbonne est une très-longue et large galerie bien garnie de livres ; il n'y a pas de catalogue imprimé.

Parmi les manuscrits, on me montra une traduction française de Tite-Live, très-grand in-folio sur vélin, relié en deux volumes ; le premier est rempli de très-belles miniatures. L'ouvrage est dédié au roi Jean par Pierre Bercheure, et au frontispice il se trouve une peinture fort curieuse représentant le traducteur présentant son travail au roi. Parmi ces miniatures, j'en remarquai une qui montre un canon auquel on met le feu, ce qui prouve que l'artillerie était connue dès cette époque. Il n'y a dans ce Tite-Live rien de plus que ce qui se trouve dans les exemplaires imprimés, ce qui démontre qu'alors tout ce que nous n'avons plus de cet auteur était déjà perdu. Ce manuscrit

---

(1) *Capitularia regum Francorum*, 1677, 2 vol. in-fol. réimprimés en 1772 et en 1780. Baluze avait soixante-huit ans lorsque Lister lui rendit visite.

(2) Cette édition, publiée à Oxford, 1707, se recommande en effet par le grand nombre de variantes qui y sont réunies.

est un cadeau fait à la Sorbonne par le cardinal de Ri-
chelieu, dont le tombeau, en marbre blanc, est dans
le chœur devant le grand autel; et c'est, en raison
de son élégante simplicité, ce que j'ai jamais vu de
mieux en ce genre.

L'abbaye de Saint-Victor est le couvent le mieux
situé de tout Paris; il y a de vastes jardins avec de
belles allées bien entretenues. La bibliothèque est
placée dans une grande galerie; elle est ouverte trois
jours par semaine, et il y a au milieu des pupitres
et des siéges où quarante à cinquante personnes peuvent se placer pour écrire.

Le catalogue n'était pas terminé et on ne songeait
pas à le publier, quoique cette publication soit bien
nécessaire pour empêcher que les livres se per-
dent et pour fournir des renseignements aux étrangers.

Les manuscrits sont rangés à part; on dit qu'il y
en a 3,000. Quoiqu'ils ne soient pas très-anciens, ils
ont pourtant été fort utiles pour donner des éditions
correctes d'un grand nombre d'auteurs. La beauté de
la vue dont on jouit dans cette galerie, son calme et
son éloignement du bruit d'une grande ville, en font
un endroit des plus agréables.

Le couvent des Célestins est fort beau; le dortoir,
avec des galeries ouvertes tout autour, est superbe;
le jardin est très-vaste; il renferme des allées, des
bosquets, un potager bien cultivé et une vigne blanche bien entretenue, la seule de ce genre qui se

trouve dans l'enceinte de Paris. La bibliothèque est placée dans une galerie haute, bien garnie de livres.

Je visitai la cellule du père Hochereau, qui possède une collection fort bien choisie de tableaux originaux des plus grands maîtres. Je remarquai surtout les trois tableaux de Rembrandt : *Saint Pierre et le Coq, la Nativité de Notre-Seigneur* et *le Massacre des Innocents;* le dessin de cet artiste est très-correct et son coloris est inimitable.

Je rendis visite au père Malebranche, de l'Oratoire ; les membres de cette congrégation vivent ensemble dans une sorte de communauté, mais sans avoir une règle spéciale. Il était très-bien logé dans une chambre bien meublée; c'est un homme maigre, d'une très-haute taille; sa conversation est enjouée, son esprit prompt et facile. Après une heure de conversation, il me conduisit à la bibliothèque de la maison ; elle est placée dans une galerie bien éclairée; à l'extrémité un cabinet pour les manuscrits; il y en a beaucoup de grecs et d'hébreux. Le bibliothécaire me montra le Pentateuque samaritain, sur lequel Morin a fait un livre (1). Il m'a paru bien plus moderne que celui qui se trouve dans la bibliothèque

---

(1) Voir les *Exercitationes biblicæ* de J. Morin. Le Pentateuque samaritain a donné lieu, parmi les philologues, à de longues discussions et à des travaux dont l'indication ne serait pas ici à sa place.

de sir John Cotton ; l'écriture est bien moins grande et plus brisée; c'est tout ce que je puis en dire.

On travaillait à mettre la librairie dans un nouvel ordre et à faire un bon catalogue selon la méthode du dernier archevêque de Reims (1), et, ce qui me parut bien imaginé, on avait placé sur une table au milieu de la galerie quelques centaines de volumes qui étaient des doubles, qu'on avait mis en vente et dont le produit était destiné à pourvoir à de nouveaux achats.

Je remarquai que les ouvrages écrits par des protestants étaient déposés dans des armoires grillées et ne se communiquaient que moyennant une permission spéciale.

Je vis un grand nombre d'autres bibliothèques, entre autres celles des Grands-Augustins, du collége Mazarin, du collége de Navarre, mais je ne notai rien de remarquable.

La passion de créer des bibliothèques est cause que les livres sont montés à des prix tout à fait déraisonnables.

Je payai à Anisson 36 livres pour un Nizolius, 20 livres pour les petits volumes in-4° des *Mémoires* de l'Académie des sciences; cette publication mensuelle

---

(1) Il s'agit du *Catalogus bibliothecæ Tellerianæ*, 1688, in-folio, mais l'ordre qui y domine n'est pas celui qui, introduit par Gabriel Martin, est presque universellement suivi en France depuis cent trente ans.

avait été entreprise à l'imitation de nos *Philosophical Transactions*, d'après les registres de l'Académie, mais on n'a pas jugé à propos de la continuer pendant plus de deux ans (1).

Quant aux estampes, j'avais l'intention d'acheter la collection complète de celles de Mellan, artiste incomparable, mais on me demanda 200 livres pour une réunion où il en manquait douze qui pouvaient valoir tout autant. On me demanda une pistole la pièce pour des gravures in-octavo qu'il a faites à Rome, et un louis pour la tête de Justinien, qui est son chef-d'œuvre (2).

Je me rendis à une vente publique de livres dans la rue Saint-Jacques; il y avait quarante ou cinquante personnes, la plupart abbés ou moines. Les livres étaient vendus avec beaucoup d'embarras inutile et de perte de temps, comme chez nous, et les prix étaient très-chers. L'*Hispania illustrata* d'André Schott, édition de Francfort, proposée à 20 livres, monta par de petites enchères successives à 36 livres,

---

(1) Ces premiers *Mémoires*, en latin, 1698-99, reparurent avec des augmentations importantes en 1701, et depuis ils ont été continués en français, sans interruption. Les *Transactions* ou Mémoires de la *Royal Society* avaient commencé à paraître en 1665.

(2) Claude Mellan, mort en 1688, mérite en effet les éloges que lui donne Lister. Nous croyons qu'il s'agit non de l'empereur Justinien, mais du portrait du marquis Vicenzio Giustiniani, placé en tête de la *Galleria Giustiniana* Rome (1640, 2 vol. in-folio).

prix auquel elle fut adjugée. On passa ensuite à un mince volume in-folio couvert de vieux parchemin, un catalogue de livres français, par Lacroix du Maine ; il fut payé 8 livres. Je les laissai se débrouiller entre eux.

JAMET LE JEUNE ET SA BIBLIOTHÈQUE.

Le nom que nous venons d'écrire est fort connu
des curieux; nous avons pensé qu'il ne serait pas
sans quelque intérêt de chercher à refaire en partie
le catalogue de la bibliothèque d'un amateur instruit
et singulier, unique en son genre. Nous avions communiqué cette idée à un littérateur des plus distingués, passionné lui-même pour les livres, et qui nous
avait fort engagé à l'exécuter; c'est de Charles Nodier que nous voulons parler, et voici en quels termes l'ingénieux académicien s'exprimait lui-même
dans le livre charmant qu'il a intitulé *Mélanges
extraits d'une petite bibliothèque :* « Jamet le jeune doit
sa célébrité parmi les bibliophiles aux notes dont il
aimait à couvrir les gardes, les frontispices et les
marges de ses livres. Il se laisse trop souvent aller à

un cynisme révoltant de pensées et d'expressions.
On ne peut lui refuser une vaste et curieuse érudition, et la plus grande facilité à saisir des analogies
ingénieuses entre des auteurs qui ne présentent aucun rapport apparent. Sa bibliothèque était d'ailleurs
fort peu nombreuse et fort peu soignée, et il n'y a
guère qu'une douzaine de volumes annotés par lui qui
puissent prendre place sur les tablettes d'un amateur
délicat; mais ceux-là y figurent honorablement parmi
les curiosités les plus piquantes. Ce philologue original avait été gendarme à Lunéville, circonstance qui
explique le ton de son esprit et la direction de sa
critique. Il était intimement lié avec dom Calmet; sa
collection de livres se composait en grande partie de
ceux que lui avait légués ce laborieux bénédictin; il
en devait d'autres à l'amitié de Lancelot. »

Né en 1710, mort en 1778, Jamet est l'objet, dans
la *Biographie universelle*, d'un article de M. Weiss,
auquel nous renvoyons, mais qui n'est pas très-
exact lorsqu'il avance que les livres de Jamet sont
d'une parfaite condition. Il est regrettable qu'un
homme aussi instruit n'ait rien publié, si ce n'est
quelques articles perdus dans les recueils du temps.
M. Quérard signale, entre autres, une *Lettre sur la cérémonie des flambards en Normandie*, dans l'*Année littéraire*, et une *Bibliothèque des livres sur la chasse*, dans
le tome II des *Lois forestières de France*, 1753. — A
la vente Parison on a vu figurer (n° 1427) un *Jame-
tiana*, ou recueils d'articles de Jamet, insérés dans

divers journaux, réunis par lui et accompagnés de notes.

Un manuscrit de Jamet, relatif aux Jésuites, est porté au catalogue Leber, n° 3266. Ce collectionneur avait la manie de former des recueils factices d'opuscules et brochures, parfois de fragments enlevés à divers ouvrages et relatifs à un sujet donné ; il faisait relier le tout, y joignait force notes en marge, et donnait le titre de *Stromates* aux collections qu'il créait ainsi. On a vu passer aux enchères (1) les *Stromates sacrés* (De Bure, 4e vente, supplément, n° 88) ; *Stromates sur la comédie*, 9 volumes (cat. Soleinne, 5e partie, n° 674) ; *Polyantheu, Stromates, ou Miscellanea ou chaos*, 2 vol. in-4°, recueil composé de pièces presque toutes manuscrites : beaucoup sont en vers. Il commence en 1730 et va jusqu'en 1740 (cat. Chardin, n° 2062 ; vendu 160 fr. et acheté par la Bibliothèque impériale). Les deux volumes forment 2136 pages. C'est un journal dans lequel Jamet enregistre une foule de circonstances relatives à sa vie intime (souvent très-insignifiantes), pêle-mêle avec des morceaux qui circulaient alors clandestinement. La poésie

---

(1) Une vente faite au mois de juin 1863 par M. Potier nous offre un gros volume in-12, recueil factice de 21 ouvrages ou extraits d'ouvrages sur les moines, avec ce titre factice de la main de Jamet : *Bigarrures ou Stromates sur les livrées et les mœurs cléricales et monacales.* Des notes nombreuses, des citations, accompagnent, comme d'usage, cette collection. Le volume a été adjugé 47 francs.

pis que légère et les querelles du jansénisme y occupent une large place. A côté d'un conte malhonnête de Grécourt, dont une copie était parvenue jusqu'à Jamet, qui se hâte de la transcrire dans son recueil, on trouve des fragments des *Nouvelles ecclésiastiques*, feuille vivement et infructueusement traquée alors par la police.

Une réunion considérable d'imprimés relatifs aux femmes, formant 57 volumes in-12, est porté sur le catalogue Chardin (1823, nº 1980); acquise au prix peu élevé de 150 fr., elle est entrée à la Bibliothèque impériale. Cet immense dépôt possède également une édition de Rabelais, 1566; nous l'avons examinée, mais les notes qu'elle renferme ne sont ni nombreuses ni importantes (1). Nous allons indiquer les titres de cent deux ouvrages différents, portant des notes de Jamet, que nous avons rencontrés dans différents catalogues; nous savons très-bien que cette liste n'est pas complète, mais, pour lui donner plus d'extension, il faudrait des recherches pénibles, et leurs résultats n'offriraient quelque intérêt qu'à un bien petit nombre de curieux.

---

(1) M. Weiss signale dans la *Biographie universelle* un travail de Jamet sur Montaigne. Nous ignorons ce qu'est devenu cet écrit, qui mériterait bien d'être recherché; il nous semble que l'homme au monde le mieux au fait de tout ce qui concerne Montaigne, M. le docteur Payen, n'en fait pas mention dans ses divers écrits sur les *Essais* et sur leur auteur.

THÉOLOGIE.

Heures à l'usage de Paris, Gilles Couteau, 1513, in-8°, exempl. sur peau vélin (cat. du bibliophile voyageur (Leblanc), mars 1839, n° 2).

Heures à l'usage de Toul (vente D. (Donnier) et de V. (Morel de Vindé), 1805, n° 83). — Longue note, très-piquante, sur Adam et Ève.

Heures latines, manuscrit du XV° siècle (cat. Duriez, n° 186).

Hiérothonie de Jésus-Christ (Nodier, vente de 1830, n° 19).

Explication du Cantique des cantiques, par Bourdaille, *Paris*, 1689 (cat. Aimé Martin, n° 1784, et M. (Techener), 1859, n° 106).

Saint Eucher, Du Mépris du monde, traduit par Arnauld d'Andilly, *Paris*, 1672, in-12 (*Bulletin du bibliophile*, 1837, n° 886).

Via vitæ æternæ, auct. Sucquet, 1630 (cat. de Bure, 4° vente, n° 1454).

Sept rares méditations sur la Passion, *Lyon*, 1617, in-12 (cat. Potier, 1863, n° 327).

Réflexions pieuses et prières pour les malades, par Guilbault, *Paris*, 1675 (cat. Motteley, 1843, n° 542, et Monmerqué, n° 149).

Catéchisme en vers, par d'Heauville, *Rouen*, 1706, in-12 (cat. Jannet, 1852, n° 4918).

Traité de l'invocation des saints, par Cordemoy, 1686 (cat. de Bure, 4ᵉ vente, n° 42).

L'Arbre de probation devant la tente d'Abraham, par N. de Lachau, 1618 (cat. Leber, n° 416).

Melchisedech, discours sur ce grand prestre roy, par d'Auzoles, 1622 (cat. Potier, 1856, n° 88).

Le Clerc tonsuré, par Lambert, *La Flèche*, 1673 (cat. Parison, n° 249).

Analyse de l'esprit du jansénisme, par Denesle, *Amsterdam*, 1760, in-12 (cat. Chardin, n° 2346).

La Marmite renversée, par Beaulxamis, 1572 (cat. de Bure, 4ᵉ partie, et Aimé Martin, n° 84).

Maximes sur le ministère de la chaire, 1711 (cat. Leber, n° 288).

Oraison panégyrique, par Doré, 1550, in-8° (*Bulletin du bibliophile*, 1842, p. 38).

Traité des scrupules, par Duguet, 1718 (cat. Chalabre, n° 147, et Pixérécourt, n° 44).

La Sainte Curiosité, par D., *Paris*, 1644, in-8° (cat. Pont-la-Ville, n° 487).

De l'Institut des Carmélites réformées, *Bar-le-Duc*, 1736 (cat. Barbier, n° 85).

Histoire de la religion des Banians, *Paris*, 1667 (cat. Gratiano, n° 19).

JURISPRUDENCE.

Code Lambert sur la gérance des bâtiments de l'Hôtel de Ville, 1729, in-12 (cat. Hérisson, n° 1661).

Factum du procès criminel et comique du violon Travenol et de Voltaire, in-4° (cat. Bignon, n° 361).

Discours sur l'impuissance, par Tagereau; Principes de la nullité du mariage, par Boucher d'Argis (vente P., 1836, n° 90).

Lettres sur la vérification des écritures arguées de faux, par d'Autrep, *Paris*, 1770 (cat. Barbier, n° 133).

Recueil d'opuscules de Linguet sur la jurisprudence (cat. Chardin, n° 542).

SCIENCES ET ARTS.

La doctrine curieuse des beaux esprits de ce temps, par Garasse, 1624, in-4° (cat. Menin des Pinssarts, 1843, n° 390).

Pensées antiphilosophiques, par Camusot, *Paris*, 1770 (cat. Chardin, 1823, n° 2011; cat. Duriez, n° 307).

Réflexions de La Rochefoucauld, 1672 (cat. Chardin, n° 651).

Traité de l'excellence du mariage, par Chaussé, 1707, in-12 (cat. Barbier, n° 66).

Baston de défense et mirouer des professeurs, *Angers*, 1586, in-4° (cat. Buvignier, n° 197).

Réflexions politiques sur les finances, par Dutot, 1738 (cat. Jacob, n° 93).

Le Nicoclès d'Isocrate, ou de la Royauté, traduit par L. Leroy, *Paris*, 1585 (cat. Hérisson, n° 337).

La Véritable Étude des souverains, par Boursault, *Paris*, 1671, in-12 (notes nombreuses, cat. Jannet, 1852, n° 4799).

Les Vraies Centuries de Nostradamus, 1689 (cat. Chardin, n° 944).

La Clé de Nostradamus, 1730, in-12 (cat. Buvignier, en 1849, n° 361).

Les Curiositez naturelles, les causes de la veille et du sommeil, par Dupleix (cat. M. (Jannet), avril 1850).

Recueil de pièces sur la médecine (cat. Leber, n° 1150).

Établissement du laboratoire de S. A. R. avec le combat de la médecine galinique, par D. de Coppenay, *Chambéry*, 1684 (cat. Parisson, n° 494).

Essai sur la peinture, par de Bachaumont, 1752, et autres pièces (cat. Chardin, n° 962).

Les Leçons royales, ou la manière de peindre en miniature, par C. Perrot, *Paris*, 1686 (cat. C. D. L. M., mars 1854, n° 118).

Dictionnaire des monogrammes, par Christ, 1750, in-8° (cat. Hangard, 1789, n° 728).

BELLES-LETTRES.

Oraison panégyrique pour Claude de Lorraine, duc de Guise, par Doré, 1550 (cat. J. G., 1844, n° 746).

Le Celt-Hellénisme, par Trippault, 1580 (cat. Nodier, 1844, n° 179).

N. Duesii Epitome dictionum æquivocarum in lingua gallica, *Lugd. Bat.*, 1651 (cat. Méon, n° 1307, et Renouard, en 1829, n° 331).

Nomenclature françoise et espagnole, par Oudin, 1643 (cat. Parison, n° 698).

Anthologie, ou Recueil des plus beaux épigrammes, traduit par Tamisier, *Lyon,* 1618 (cat. C. (Techener), 1830, n° 206).

Horatius, in-12, 1613 (cat. Parison, n° 882).

Phædrus, 1729, in-32 (*Bulletin du Bibliophile*, 8ᵉ série, n° 224).

Epitres et élégies amoureuses d'Ovide, traduites par Basin, 1736 (cat. M. (Techener), 1850, n° 940).

Pétrone, traduit par Lavaux, 1726 (cat. de Bure, n° 55).

Œuvres de Mellin de Saint-Gelais, 1574 (*Bulletin du Bibliophile*, 8ᵉ série, n° 613).

Œuvres de J. Poille, 1623, in-8° (cat. Chardin, n° 1632; Lefèvre d'Alleranges, n° 645).

Œuvres de Marot, 1536 (cat. C. (Colomb de Batines), 1843, n° 152).

Les Chastes Amours de N. Renaud, *Paris*, 1565, in-4° (40 fr. Nodier, 51 fr. Baudelocque).

Œuvres de M. *** (Saint-Glass, abbé de Saint-Ussans), 1670 (*Bulletin du Bibliophile*, 1856, p. 957).

Adonis, poëme par La Fontaine, 1669 (cat. Chardin, n° 1944, et de Bure, n° 39).

Œuvres de Chaulieu, 1750 (cat. Peignot, n° 1493).

La Henriade, 1754; la Pucelle, 1755 (cat. Barbier, n° 513).

Poésies de Le Franc de Pompignan, 1763, in-4° (cat. Leber, n° 1774).

Recueil de cantiques spirituels, *Paris*, 1659 (cat. Tross, novembre 1856).

Le Plaisir, rêve, par le comte d'Estaing, *Otiopolis*, 1755 (*Bulletin du Bibliophile*, septembre 1838, p. 337).

Lettres sur les spectacles, par Joly, 1762 (cat. Soleinne, 5° part., n° 29).

Tragédie de Coligny, par Chantelouve (cat. Coste, n° 920).

Cléophon, tragédie, 1600, in-8 (cat. Potier, 1855, n° 2098).

Sainte Aldegonde, comédie, par d'Ennetières, 1645 (cat. Soleinne, n° 1222).

Les Visionnaires, comédie, par Desmarets, 1640, in-4° (cat. M., 1850, n° 1579).

La Célestine, *Paris*, 1527 (cat. Soleinne, n° 4810).

L'Académie militaire, par Godart d'Aucourt, 1747 (cat. de Bure, 4° vente, n° 28).

L'Heptaméron, par Marguerite de Valois, 1607, trois pages autographes de Jamet (cat. Tross, 1852, n° 5214).

Œuvres de Bruscambille, Rouen, 1629 (cat. de la librairie Techener, 1858, n° 12146). — Ces notes ont été insérées à la suite d'une réimpression de ce recueil facétieux. *Bruxelles*, 1863).

Le Moyen de parvenir (cat. Aimé-Martin, n° 799).

Maranzakiniana, 1730, in-24 (cat. Nodier, en 1830, n° 584 (1).

Recueil merdeux, foireux, venteux, etc. (cat. Leber, n° 2597).

Le Colporteur, par Chevrier, *Londres*, in-12 (cat. Chardin, n° 1955; H. de K., n° 757).

Cythériana, ou Recueil de pièces, tant imprimées que manuscrites, relatives aux femmes, in-8° (cat. Leber, n° 2777).

Le Livre jaune (2), 1748 (cat. Bignon, 1849, n° 909).

Jugement sur les Œuvres de Rabelais, par Bernier, 1697 (cat. T. S., 1851, n° 422).

Relation du Voyage de l'île de la Vertu, Paris, 1695 (cat. V. F. (Delion), 1852, n° 304).

---

(1) Ce livret, recommandé à l'attention des curieux par un chapitre des *Mélanges extraits d'une petite bibliothèque*, s'éleva au prix de 114 fr.

Le Maranzakiniana est une caricature des *Ana*, un recueil de platitudes et de non-sens; il existe un autre ouvrage du même genre, le *Gouleana* (Caen, 1812), de 22 pages, réimprimé à 26 exemplaires sans lieu ni date, grâce aux soins de M. Hécart de Valenciennes. M. Quérard (*Supercheries littéraires*, t. V, p. 375) donne quelques extraits de cette facétie.

(2) Voir sur ce livre singulier *Le Conservateur*, décembre 1757, et Du Roure, *Analecta Biblion*, t. II, p. 450. Un exemplaire broché, 30 fr. à l'une des ventes de Bure; un rel. en mar., 41 fr. 50, Duriez.

Voyage merveilleux du prince Fan-Férédin (par le père Bougeant), 1735 (cat. Chardin, n° 1843).

Le Nouveau Panthéon, ou le Rapport des divinités du paganisme et des princes surnommés grands, par de Vertron, 1686, in-8° (cat. C., 1843, n° 170).

Emblemata Alciati, *Lyon*, 1552, in-8° (cat. du Bibliophile voyageur, 1842, n° 284). — Une édition française, 1549 (même catalogue, n° 285).

Brossarti emblemata, 1588 (cat. Parison, n° 1437).

Pensées ingénieuses des anciens et des modernes, par Bouhours, *Paris*, 1692 (cat. Motteley, 1824, n° 1346).

Valesiana, 1693, in-12 (cat. Parison, n° 1424).

L'Esprit de Guy-Patin, 1709 (cat. Buvignier, n° 1014).

Les Oracles divertissants de Vulson de la Colombière, 1652 (cat. Aimé-Martin, en 1825, n° 1784).

Lettres galantes du chevalier d'Her..., par Fontenelle, 1708, in-12 (*Bulletin du Bibliophile*, 1836, n° 204).

HISTOIRE.

Nouvelle Relation du voyage du Port-Royal de l'Acadie ou Nouvelle-France (cat. Tross, n° 1232).

Voyage du prince don Fernando, par Chifflet, *Anvers*, 1635 (même cat., novembre 1856, n° 1123).

Histoire de la conjuration de Catilina, en françois, *Paris*, 1575 (cat. Techener, 1855, n° 4251).

Dissertation sur sainte Marie-Madeleine, par An-
quetin, 1699, in-12 (cat. Potier, 1856 n° 53).

Le Bouquet historial, par F., avocat, 1667 (cat.
Pont-la-Ville, n° 1667).

Histoire de Jeanne d'Arc, par Lenglet Dufresnoy,
1753, 3 vol. (cat. Méon, n° 4129).

Problème historique sur la Pucelle d'Orléans, par
Polluche, 1749 (cat. de la librairie de Bure, 4ᵉ vente,
supplément, n° 49; cat. Leber, n° 3859). — Une
notice de 10 pages de la main de Jamet, intitulée
Bibliothèque de la Pucelle d'Orléans.

Ordre tenu au sacre de la royne Catherine, *Paris*,
1549 (cat. du Bibliophile voyageur, 1843, n° 937).

Journal de ce qui s'est passé en Lorraine à l'arrivée de Mesdames, 1762 (cat. Buvignier, n° 1456).

Etablissement de l'Université à Pont-à-Mousson,
et autres pièces (cat. du comte de R. (Techener),
1844, n° 958).

Traité de la guerre de Malte, par Villegaignon,
Paris, 1553, in-4 (cat. Heber, vente à Paris en 1836,
n° 1702).

Origine de quelques coutumes, par Moysant de
Brieux (cat. Nodier, en 1830, n° 265).

Lettre aux journalistes de Trévoux, par Mercier de
Saint-Léger, et Réponse de de Bure, 1763 (cat. Barbier, n° 1384),

Catalogue de la bibliothèque Lancelot, 1741, in-8
(cat. Peignot, n° 4111).

Recueil de pièces réunies par Jamet, imprimées ou copiées, in-4 (cat. Monmerqué, n° 2093). — Entre autres pièces contenues dans ce volume : Catalogue des livres composés par l'abbé de Marolles, Voyage des terres australes, Anecdotes sur Pierre le Grand, etc.

Mémoires pour l'histoire des hommes illustres de Lorraine, par Chevrier, 1754, 2 vol. (cat. Chardin, n° 2754). — Cet ouvrage contenait aussi des notes de l'abbé Mercier de Saint-Léger.

Recueil de pièces sur Cartouche et sur Mandrin (cat. Chardin, 1823, n° 2762).

Le goût de Jamet pour tracer des notes sur les marges de ses livres nous conduirait à parler de divers savants ou littérateurs qui se sont également adonnés à cet exercice; pour en connaître le charme, il faut l'avoir goûté.

Dans un autre chapitre des *Mélanges* que nous avons déjà cités, Nodier, revenant sur les livres annotés, mentionne spécialement deux philologues, Fr. Guiet et Lohier, comme ayant eu beaucoup de goût pour ce genre de travail. Il possédait du premier :

Oppianus, *De Venatione*, 1597.

Adagia Græcorum, 1612.

Lucani *Pharsalia*, 1626.

Nous trouvons dans divers catalogues l'indication de plusieurs autres ouvrages que recommande la même particularité.

Dittionario toscano compilato dal A. Politi, *Venetia*, 1629 (cat. Parison, n° 697).

Suidas. Lexicon, 1544, in-fol. (cat. de la librairie Potier, 1856, n° 1016).

Pindarus, 1586 (*id.*, n° 822).

Apollonius Rhodius, 1574 (Renouard, cat. d'un amateur, t. II, p. 182).

Nicander, 1557 (*id.*, p. 188).

Virgilius, 1541, in-4 (cat. Parison, n° 870).

Valerius Flaccus, 1637 (*id.*, n° 934).

Terentius, 1622, in-4 (*id.*, n° 1158).

Quant à Lohier, « dont les notes manuscrites augmentent beaucoup le prix d'un volume, et qui n'en a jamais publié une seule », Nodier possédait deux ouvrages de nature très-différente : les *Eléments primitifs des langues* de Bergier, et la *Dissertation historique sur la population des anciens temps*, par Wallace, « l'un et l'autre chargés, du commencement jusqu'à la fin, des annotations les plus doctes et les plus curieuses. » Mentionnons quelques autres volumes qui se sont offerts à nos investigations :

Horatius, 1670, in-8 (cat. Leber, n° 1628).

Gaguini Epistolæ, 1498 (cat. Barbier, n° 705).

L'Art de vérifier les dates, 1750, in-4 (cat. Monmerqué, n° 1830).

Histoire de l'abbaye de Saint-Mihiel, par Delisle, *Nancy*, 1758, in-4 (*Bulletin du Bibliophile*, 1835, n° 1654).

In Pharum Galliæ antiquæ disquisitiones, aut.

N. Janson, 1647 (cat. Lefebvre d'Allerange, n° 1194).

Keuchenii Antonius pius, 1667 (cat. Barbier, n° 1803).

De l'Origine des postes, par Lequien de la Neuville, 1718, in-12 (cat. Leber, n° 3120).

Les écrivains qui ont signé ou annoté leurs livres ont été l'objet de quelques recherches dans le *Bulletin du Bibliophile belge*. Nous avons nous-même fait à cet égard un travail étendu, mais qui ne saurait trouver place ici. Parmi les noms que nous avons recueillis figurent Luther, Politien, Tasse, de Thou, Scaliger, Desportes, Saumaise, Bochard, Baluze, Balesdens, Mme de Sévigné, Bachet de Méziriac, Huet, Burmann, l'abbé Sepher, Secousse, Grosley, Goujet, le chansonnier Collé (1), l'abbé Mercier de Saint-Léger (dont les travaux en ce genre sont immenses), l'abbé Rive, Morellet, Adry, Barthélemy, Caron (2), Alfieri, Naigeon, Delambre, Bast, Char-

---

(1) Il écrivait sur les volumes de sa bibliothèque, qui paraît avoir été fort peu nombreuse :

A Collé ce livre appartint
Auparavant qu'il le parvint.

(2) Ce bibliophile, dont le souvenir est cher aux amis de notre vieille littérature facétieuse, écrivait sur les livres qui lui appartenaient un distique offrant un jeu de mots :

M'acheter pour me lire,
Car-on s'instruit ainsi.

don de la Rochette, Brunck, Malesherbes, l'astronome Lalande, Wyttenbach, Villoison, Héber, l'insatiable bibliophile, Eusèbe Salverte, le poëte Lebrun, Dulaure, P.-L. Courier, Charles Nodier, Letronne, Eloi Johanneau, Boissonade et bien d'autres. Voltaire et Napoléon ont laissé des volumes annotés de leur main.

Nous nous en tiendrons à de brèves indications à l'égard de deux auteurs dont les noms sont chers aux curieux.

Tabourot, ou le seigneur des Accords, l'auteur de ces *Bigarrures* qui restent un des meilleurs recueils facétieux que possède la langue française, avait une bibliothèque dont nous avons rencontré quelques traces :

Euclide, 1545, in-fol. (cat. Labey, n° 1769).

Historiæ Veteris Testamenti, gravures d'Holbein, 1554 (cat. de la librairie Claudin, 1857, n° 3790).

Hérodote, 1526, in-fol. (cat. G., 1830, n° 655).

Icones, auct. Th. Beza, 1580 (cat. Renouard, 1818, IV, 286, et vente de 1830, avec cette devise autographe : *Contumeliam nec fortis potest nec ingenuus pati.*

La Monnoie, ce spirituel philologue qui savait unir à un goût des plus prononcés pour la littérature enjouée une érudition des plus solides, figure au premier rang des annotateurs de livres; près de cent vingt ouvrages divers qu'il avait ornés de sa jolie écriture figurent au catalogue des livres de Gluc de

Saint-Port, (*Paris*, Prault, 1749). Il y inscrivait habituellement sa devise : *A Delio nomen*. Voici quelques titres que nous avons glanés dans divers catalogues :

Arati Phænomena, 1559 (Renouard).

Origine della lingua italiana, 1562 (cat. Libri, 1847, n° 57).

OEuvres' d'Helisène de Crenne (cat. du prince d'Essling, n° 665).

Poésies de Malherbe, 1666 (cat. Tross, 1856, n° 884).

La Manière de bien penser dans les ouvrages d'esprit, par Bouhours.

OEuvres de Villon (cat. Nodier, n° 300).

La Farce de Pathelin (cat. Soleinne, exemplaire adjugé à 202 fr.).

H. Sussanei Ludi, 1583 (*Bulletin du Bibliophile*).

Bezæ Poemata (cat. Monmerqué).

Contes de Bonaventure Desperriers, 1735, 3 vol. in-12. (Cet exemplaire est à la Bibliothèque impériale.)

OEuvres de Saint-Gelais, 1575 (cat. Parison, exemplaire acheté par le libraire Jannet, qui se proposait de donner une nouvelle édition de cet aimable poëte).

OEuvres de Tabarin, *Lyon*, 1625 (cat. Courtois).

Dialogo di Aretino, *Torino*, 1536 (cat. Libri, n° 2493).

Epistolæ obscurorum virorum, 1643 (cat. P. J. D., 1856, n° 1137).

Bunelli familiares epistolæ (cat. de la librairie de Bure, 4ᵉ vente, supplément, n° 12).

NOTICE SUR LA BIBLIOTHÈQUE DE GROLIER.

Nous croyons inutile de reproduire ici des détails déjà connus à l'égard de la vie de ce bibliophile célèbre. On sait que, né en 1479, il fut chargé de l'administration financière du duché de Milan occupé par les armées de François Ier; il devint ensuite trésorier de France, tomba en disgrâce, et mourut à Paris en 1569. Colonia, dans son *Histoire de Lyon*, t. II, p. 788; Pernetty, dans ses *Lyonnais dignes de mémoire*, ont réuni ce qu'on sait sur son compte.

Sa bibliothèque, à laquelle il doit son illustration, et qu'il avait formée avec beaucoup de soin en y plaçant avec prédilection les impressions des Alde, se composait de 3,000 volumes environ. Elle fut conservée à Paris jusqu'en 1675, époque où elle fut dispersée. Le père Jacob en parle dans son *Traité des plus belles bibliothèques*, ainsi que Vigneul-Marville (pseudonyme du chartreux B. d'Argonne) dans ses *Mélanges*, t. I, p. 186. On peut consulter surtout la permière édition (restée inachevée) in-folio du *Catalogue des livres imprimés sur vélin*, dressé par M. Van Praet (Paris, 1805), catalogue où a été intercalée une liste de 112 ouvrages ayant appartenu à Grolier; 41 d'entre eux se trouvent à la Bibliothèque impériale.

Grolier avait pour devise un groseiller : *Nec herba, nec arbor*. Il avait aussi fait choix d'un emblème qui, ainsi que le remarque M. Van Praet (*Catalogue des livres sur vélin*, t. IV, p. 72), se remarque sur le Lucrèce de 1501, et présente une main sortant d'un nuage et enveloppée d'une banderole sur laquelle on lit : *Neque difficulter;* elle essaye. d'arracher avec effort un fer en forme de clou fixé sur la cime de plusieurs monticules réunis en cône. L'écusson de cet homme illustre est formé de trois étoiles et au-dessous trois *O*.

Les ornements, tracés avec un goût exquis et probablement d'après ses dessins, qui couvrent les plats des volumes ayant appartenu à Grolier, ont depuis longtemps séduit les amateurs. (Voir un article de M. Ed. Fournier *sur la reliure*, dans *l'Artiste*, 21 septembre 1856, et quelques notes de M. Deschamps, dans la *Gazette des Beaux-Arts*, 15 janvier 1859.) Pas un bibliophile n'ignore que les volumes dont il fut propriétaire portent sur l'un des plats *J. Grolierii et amicorum* (1), mots souvent répétés à la main, et parfois avec l'addition du mot *Lugdunensis*. Sur l'autre plat, on trouve cette devise : *Portia mea, Domine, sit in terra viventium ;* elle est en lettres majuscules et disposée sur plusieurs lignes.

Les livres à la reliure de Grolier ont acquis dans ces dernières années une valeur extraordinaire, et qui ne semble pas destinée à s'affaiblir. Les prix atteints, en 1863, à la vente de M. Léopold Double, ont grandement dépassé ce qu'on avait vu jusqu'ici.

Parmi les amateurs qui se sont attachés avec persévérance à rechercher les volumes à la reliure de Grolier, on distingue le comte de Hohendorf, gentilhomme autrichien, qui avait formé une très-belle bibliothèque, dont le catalogue a été imprimé en 1724, et qui, achetée par l'Empereur, est entrée dans la bibliothèque de Vienne. Plus tard, nous rencontrons un libraire à qui on doit d'excellents ouvrages de bibliographie, l'historien des Alde et des

---

(1) « Véritablement, ce célèbre amateur était fort communicatif ; il est indubitable que, dans ces temps où les livres étaient moins abondants qu'ils ne le sont aujourd'hui, il aura plus d'une fois mis à la disposition d'amis studieux ses Virgile, ses Horace, ses Homère, les plus richement décorés d'initiales dorées et peintes. C'est sans doute pour pouvoir communiquer plus librement ses richesses littéraires qu'il a fait relier jusqu'à trois exemplaires d'une même édition. » (Renouard, *Catalogue d'un Amateur*, t. IV, p. 293.) Un bibliophile belge, Bathis, de Bruxelles, écrivait en grec sur ses livres l'avis qu'ils étaient à ses amis tout autant qu'à lui-même. (Cat. Chardin, 1811, p. 29.)

Estienne, M. Renouard, dont nous citons à diverses reprises le *Catalogue d'un amateur*, publié en 1818 en 4 volumes in-8. Quelques-uns des Grolier réunis par ce bibliophile ont figuré dans les ventes qu'il fit à Londres, en 1828 et 1829, de sa collection aldine ; d'autres, qu'il conserva jusqu'à sa mort, ont paru dans la vente opérée en 1853, après son décès. De nos jours, M. Libri (1) et M. Solar ont réuni quelques beaux Grolier, mais souvent on ne découvre qu'un ou deux de ces volumes sur les catalogues des plus riches collections. M. Double en avait toutefois, en prodiguant les billets de banque, réuni jusqu'à cinq qui ont produit ensemble la somme fort respectable de 13,805 fr.

---

(1) Dans la préface mise en tête de son catalogue publié à Londres en 1859, M. Libri a rendu justice à Grolier. Nous traduirons quelques lignes empruntées à cette appréciation judicieuse : « Ce n'est pas seulement à cause de l'élégance des ornements qui décorent les plats de ces volumes que les livres ayant appartenu à Grolier sont recherchés avec un empressement des plus vifs ; c'est encore parce que ce célèbre amateur, ami des Alde et de quelques-uns des plus illustres imprimeurs de cette époque, avait soin de choisir des exemplaires d'élite sur vélin ou sur papier supérieur, et toujours d'une condition parfaite. On peut le considérer comme le fondateur de l'école française en fait de reliure ; les fers qu'employaient ses relieurs ont servi ensuite pour des volumes qui ressemblent fort à ceux de l'illustre bibliophile, mais qui, n'ayant plus son nom pour les recommander, sont loin de provoquer un enthousiasme aussi fervent. » (Des volumes dans ce style Grolier figurent au catalogue en question, n°s 433, 652, 1095, 1238, 1256, 1336, 1338, 1479, 1485, 1955, 2288, 2400, 2603, etc.)

Nous avons pensé qu'il y aurait quelque intérêt à dresser un catalogue méthodique de tous ceux qui sont venus à notre connaissance. Nous ne nous dissimulons point d'ailleurs ce que cet essai a de défectueux, et nous appelons de tous nos vœux la publication du travail tout autrement complet et savant que M. Le Roux de Lincy annonce depuis longtemps sur Grolier et sur sa bibliothèque, mais qui se fait trop attendre au gré des amateurs.

Nous suivons dans notre énumération l'ordre bibliographique adopté en France.

THÉOLOGIE.

Deux manuscrits sur vélin relatifs au Concile de Trente, *Catalogue d'un Amateur* (Renouard), 1818, t. I, p. 47.

Biblia latina, *Tiguri*, 1543, in-fol. (cat. Hennin, 1793, n° 9).

Erasmi Annotationes in Novum Testamentum, 1539, in-fol. (Bibliothèque impériale).

Erasmi Paraphrasis in Novum Testamentum, *Basileæ*, 1541, 2 vol. in-fol., 389 fr. vente Cailhava, n° 7.

Assertio septem sacramentorum adversus Lutherum, edita ab Henrico VIII (1), *Romæ*, 1543, in-4

---

(2) Cet ouvrage, qui a de la valeur en Angleterre, a été souvent réimprimé au XVI° siècle. L'édition de Lyon, 1561, in-4, renferme une bonne introduction historique due à G. de Saconay.

(cat. Hohendorf, part. II, n° 56). M. Van Praet signalait aussi, en 1805, un exemplaire chez M. de Bure.

Heures de la Vierge, Geoffroy Tory, 1527, in-8 (figurait à l'exposition de Manchester).

Clementis Alexandrini opera, *Florentiæ*, 1551, in-fol. (vente de Cotte en 1804, n° 86 ; à la Bibliothèque impériale).

Euthymii monachi Commentationes in Psalmos, *Veronæ*, 1530, in-fol., mar. vert; 1220 fr. vente Solar en 1861, n° 74 ; rendu pour quelques imperfections et revendu 1020 fr. (1).

Cailleau, Paraphrase sur les Heures de Nostre-Dame, *Poictiers*, 1548, in-8 (exemplaire porté au *Bulletin du Bibliophile*, novembre 1842, p. 468).

M. A. Nattæ de Deo libri XV, *Venetiis*, 1519, in-fol.; 250 fr. Bearzi en 1855, n° 912.

Sadoleti interpretatio in Psalmum : Miserere mei, *Lugduni*, 1534, in-8, 50 fr., *v. t. d.*, vente faite par M. Tross, à Paris, en décembre 1855, n° 9.

Litterarum quibus Henricus VIII respondit..., cat. Hohendorf, part. II, n° 57.

---

(1) Voir dans le *Manuel du Libraire*, 5e édition, t. II, col. 1115, quelques détails au sujet de ce volume, qui avait été mis sur table à 15 fr. seulement à la vente Quatremère (3e partie, n° 1441), et qui fut cédé à M. Solar au prix de 1500 fr.

SCIENCES ET ARTS.

Cardanus. De Subtilitate, 1554 (Bibliothèque impériale). Un autre exemplaire, 50 fr. Mac-Carthy, en 1816, et 700 fr. de Bure, 1853, n° 293, acheté par M. Yemeniz à Lyon.(1).

T. Beroaldus. De Felicitate, *Bononiæ*, in-4 (Bibliothèque impériale).

Il Libro del Cortigiano, del conte B. Castiglione, *Venetia*, *Aldo*, 1528, in-fol., 519 fr. vente Libri, en 1847, n° 2701; acheté par M. Yemeniz à Lyon.

Il Nuovo Cortigiano, in-4 (vers 1530), cat. de Bure, 4° vente en 1836.

L'Anthropologia di Galeazzo Capella, *Venetia*, Aldo, 1532, in-8; exemplaire indiqué au *Catalogue d'un Amateur* (Renouard), t. I, p. 198.

M. Bossi. De instituendo sapientiæ animo, *Bononiæ*, 1495, in-4 (cat. Boutin, 1781, n° 82; Chabrol, n° 847).

Ciceronis Officia, *Lugduni*, 1532, in-8; mis à

---

(1) La bibliothèque de M. Yemeniz, riche en éditions de choix des classiques, en anciennes productions de la typographie lyonnaise, en romans de chevalerie, est une des plus belles qu'ait réunies en France un particulier. On trouve une notice déjà ancienne à son égard dans un journal qui a cessé de paraître depuis longtemps, le *Moniteur de la Librairie* (1843).

1000 fr. sur un catalogue de M. Potier, libraire à Paris, 1856, n° 526; 1115 fr. vente Solar, en 1860. Le rédacteur du catalogue ajoute : « Exemplaire avec la devise de Grolier et son nom sur le dos, particularité qu'il ne nous a été donné de rencontrer que deux fois. »

Plinius, *Venetiis*, 1469, in-fol., à la bibliothèque de Lausanne (*Bibliothèque universelle* de Genève, septembre 1849, p. 106).

Istoria naturale di Plinio, *Venetia*, 1473, in-fol. (Cet exemplaire était chez Edwards, qui de 1788 à 1815 exerça avec succès à Londres la profession de libraire.)

P. Jovius. De Romanis Piscibus, *Basileæ*, 1531 , in-8, 940 fr. vente Bourke à Londres, en 1857. C'est sans doute le même exemplaire qui avait successivement été payé 10 fr. La Vallière en 1784, 17 fr. Saint-Céran en 1787, 36 fr. Saint-Martin en 1803, 37 l. st. 10 sh. Utterson en 1857, 34 l. st. Libri en 1859, n° 331.

Vesalii Epistola, *Basileæ*, 1546, in-fol. (Bibliothèque impériale).

Celsus. De Medicina, *Venetiis*, 1497, in-fol. (bibliotheca Grenvilliana, p. 129). Exemplaire avec deux médaillons en *terracotta* sur les plats.

Sextus Placitus. De Medicina animalium, 1549, in-8 ; 140 fr. vente Hallé.

Aetii Antiocheni de cognoscendis et curandis morbis..., *Basileæ*, 1533, in-fol., chez M. Yemeniz.

Rei rusticæ scriptores, *Bononiæ*, 1493, in-fol. (Bibliothèque impériale).

Rei rusticæ scriptores, *Venetiis*, Aldus, 1504, in-8 (cat. Fléchier, Londres, 1725).

Ficinus. De Sole (*sine loco*, vers 1490), in-4; 1,500 fr. vente Coste, en 1854, nº 324. Exemplaire relié en maroquin et remarquable par l'élégance de la dorure des plats; le dos, qui est de la plus grande simplicité, avait été refait. Cet exemplaire avait figuré au *Catalogue d'un Amateur*, t. I, p. 242; il avait été acheté en 1789, et peut-être au-dessous du dixième de ce qu'il a été payé en 1854.

Il Magno Palazzo del cardinale di Trento, da A. Matthioli, *Venetia*, 1539, in-4º (Bibliothèque impériale).

Il terzo libro di Serlio, *Venetia*, 1540, in-fol. (Bibliothèque impériale). Exemplaire relié en mar. citron.

Machiavelli. Libro dell'arte de la guerra, *Vinegia*, Aldo, 1540, in-8; 625 fr. vente Cailhava, en 1842; 150 liv. st. Libri, en 1859, nº 1490; acheté par M. Double et adjugé à 3,650 fr. en mars 1863.

Franchinus. De Harmonia, 1518, in-fol. (chez lord Spenser, indiqué par Dibdin, *Ædes Athorpianæ*).

Apologia Francisci Gaffurii musici, *Taurini*, 1520, in-fol. L'écusson qui précède la souscription est celui de Grolier et porte en légende : *Musarum cultor Joannes Grollerius*.

Jamblichus. De Mysteriis (Ægyptiorum), *Venetiis*,

Aldus, 1516, in-fol., veau fauve (*Catalogue de la bibliothèque d'un Amateur*, t. I, p. 174). Exemplaire d'une beauté remarquable.

BELLES-LETTRES.

Dictionnarium Græcum, *Venetiis*, Aldus, 1524, in-fol. Exemplaire en mar. vert indiqué au *Catalogue d'un amateur* (Renouard) t. II, p. 21 ; adjugé à 4 l. st. 8 en 1828 ; mis à 10 l. 10 sur un catalogue de Payne et Foss en 1829.

Vocabolario dei vocaboli toschi da F. Lana, *Napoli*, 1536, in-4 (cat. Hohendorf, n° 2011).

Annotationes linguæ latinæ J. B. Pii, *Bononiæ*, 1505, in-fol. (cat. La Vallière, 20 fr., n° 2196 ; aujourd'hui à la Bibliothèque impériale.)

Priscianus, *Venetiis*, Aldus, 1527, in-4 (Bibliothèque impériale).

N. Parthenii pro lingua latina oratio, *Venetiis*, Aldus, 1545, in-4 (cat. Hohendorf, n° 1472).

Erasmus. Ecclesiasticæ sive de ratione concionandi, *Basileæ*, 1535, in-fol.; 120 fr. vente Nugent en 1826, n° 52 ; 49 fr. Chalabre en 1829, n° 149 ; 530 fr. vente Coste en 1854, n° 514. L'exemplaire, relié en veau fauve, tr. d., avait le dos refait.

Ciceronis Opera, *Venetiis, Junta*, 1534-1537, 5 vol. in-fol., magnifique exemplaire, à la Bibliothèque impériale. Un autre exemplaire, **rel.** en maroquin, fut payé 1485 fr. vente de Cotte. En 1804, il passa chez M. Firmin Didot, où il fut, en 1811, adjugé à 902 fr. En 1835, à la vente *** (de Noailles), faite à Londres, il a été payé 47 l. st. (n° 363).

Ciceronis Orationum volumen primum, *Venetiis*, Aldus, 1519, in-8 (Bibliothèque impériale).

Ciceronis Philippicæ, 1501, in-fol.. (Bibliotheca Harleyana, 1703, n° 5078).

Aristotelis Poetica, 1536, in-8 (cat. Fléchier).

P. Crinitus. De Poetis latinis, *Florentiæ*, 1505, in-fol. (cat. Paris, Londres, 1791, n° 186 ; vendu 1 l. st. 9 sh.).

Poetæ christiani, *Venetiis, Aldus,* 1501, in-4. Le tome 1er à la bibliothèque Sainte-Geneviève. On trouve au catalogue Fléchier le Prudentius faisant partie de cette collection.

Anacreontis Carmina, *Lutetiæ*, H. Stephanus, 1554. Un exemplaire sur vélin chez le duc de Marlborough, au château de Bleinheim (Renouard, *Annales des Estienne*, p. 114).

Dictys Cretensis. De Bello Troiano libri VI, etc. *Basileæ*, 1524, in-8 (*Biblioth. Grenvilliana*).

Catullus, *Venetiis*, Aldus, 1515, in-8 (cat. Fléchier). Un exempl., peut-être le même, 935 fr. vente Libri en 1847, n° 315 ; 2500 fr. vente Hebbelinck en mars 1856, n° 830.

Virgilius, *Venetiis*, 1486, in-fol. Cet exempl., porté au cat. Boze, n° 117, et à celui de Boutin (1781, n° 534), a été acquis pour la Bibliothèque impériale.

Virgilius, Aldus, 1527, in-8. Un exemplaire se trouve à la Bibliothèque impériale, un autre est signalé par Van Praet comme étant en 1805 chez le libraire Chardin; peut-être est-ce le même que celui qui, relié en maroquin jaune, appartenait à M. Renouard, vendu 1600 fr. en 1854, n° 1072; il figure en 1818 au *Catalogue d'un amateur*, t. II, p. 238; il a été revendu 1905 fr. vente Solar, et 2850 fr. vente Double.

Un autre exemplaire venant de la bibliothèque Lamoignon, au Musée britannique, fond Cracherode.

Un quatrième, relié en maroquin noir, parfaitement conservé et très-grand de marges, avec les lettres capitales peintes en or, 1260 fr. vente Ch. G. (Charles Giraud) en 1855, n° 1036. Il porte sur la feuille de garde la signature de J. de l'Aubespine, évêque d'Orléans (1590). Est-ce celui qui est indiqué au *Bulletin du bibliophile*, 11° série, n° 1527, avec un *fac-simile* de la reliure? — Un cinquième exemplaire de ce Virgile est dans la bibliothèque Trivulzio à Milan, collection qui nous a été signalée comme possédant de beaux Grolier; malheureusement, nous manquons de détails à leur égard.

Servii Commentarii in Virgilium, *Romæ*, *Udalricus Gallus* (circa 1470), in-fol. (cat. Peteau, n° 1310).

Horatius, 1498, in-fol., (cat. Hoym, n° 1893), vendu 7 livres 5 sols seulement.

Horatius, *Venetiis*, Aldus, 1517, in-8, (cat. Hohendorf, n° 2918).

Ovidius, *Venetiis*, 1517, in-fol. (Bibl. impér.).

Ovidius, *Venetiis*, Aldus, 1503, in-8 (Biblioth. impér.). — Cet exempl. a deux médaillons au bas du 2ᵉ feuillet.

Ovidius, *Venetiis*, Aldus, 1502, in-8. Sur les trois volumes de cette édition, M. Brunet, l'auteur du *Manuel du Libraire*, possède les deux derniers; il l'annonce dans la 5ᵉ édition de son grand ouvrage, tom. IV, col. 269.

Juvenal, *Venetiis*, Aldus, 1501, in-8 (Bibliothèque impériale). — Un autre exemplaire (cat. Hohendorf) au Musée britannique, fond Cracherode (1).

Juvenal, *Venetiis*, Aldus, 1535, in-8 (Bibliothèque impériale) Un autre exemplaire porté au *Catalogue d'un amateur*, tom. II, p. 291, 4 l. st. 5 sh., en 1828. C'est peut-être le même que celui que nous trouvons signalé comme vendu 575 fr. à Londres en 1857, vente Bourke; il portait les armes du président de Thou. — Un troisième exempl. relié en maroquin vert, *Biblioth. Grenvilliana*, pag. 382.

---

(1) Ce M. Cracherode, ecclésiastique anglais, mort en 1788, était fils d'un officier qui, ayant accompagné l'amiral Anson dans son célèbre voyage autour du monde, avait acquis une certaine fortune aux dépens des Espagnols. Il avait formé une collection fort bien choisie de livres, qu'il légua au Musée britannique. On y remarque des exemplaires sur vélin de la Bible de Fust et Schœffer et de l'édition princeps de Catulle, l'édition originale de Shakespeare, in-fol., etc. Dibdin parle de ce bibliophile dans plusieurs de ses ouvrages.

Lucanus, *Venetiis*, Aldus, 1515, in-8; 300 fr. vente Mac-Carthy.

Martial, *Venetiis*, Aldus, 1501, in-8. Deux exempl. sur vélin à la Bibliothèque impériale; un d'eux est d'une beauté extraordinaire.

Statius, *Venetiis*, Aldus, 1502, in-8 (cat. Hohendorf, n° 2923).

Lucretius, *Venetiis*, Aldus, 1500, in-8 (cat. Fléchier). — Un exemplaire de l'édition aldine de 1515 figure au *Catalogue d'un amateur*, tome II, p. 226, vendu 200 fr. en 1854, n° 1057; il était en mauvais état. — Un exemplaire sur vélin, acquis en 1818, est à la Bibliothèque impériale.

Silius Italicus, *Venetiis*, Aldus, 1533, in-8 (cat. Soubise, n° 5811.) Cet exemplaire n'était point annoncé comme ayant appartenu à Grolier; il ne dépassa pas le prix de 18 livr. C'est peut-être le même que possède le Musée Britannique, fonds Cracherode.

Ausonius, *Venetiis*, Aldus, 1522, in-8 (cat. Fléchier).— Un exempl., probablement le même, est au Musée Britannique, fond Cracherode; il est indiqué dans la *Lettre de M. Libri à M. de Falloux*, p. 85. — Un autre, cat. Hohendorf, n° 2922.

Diversorum in Priapum lusus, Aldus, 1534, in-8 (cat. Hohendorf).

Accursius, Diatribæ in Ausonium, Solinum et Ovidium, *Romæ*, 1524, in-fol., 6 liv. st. vente Hibbert,

Claudianus, *Venetiis*, Aldus, 1523, in-8, cat. Hohendorf, n° 2925. — Un autre exempl. chez M. le comte

Foy. Le *Bulletin du bibliophile*, février 1843, a donné un *fac-simile* de la reliure.

Pontanus, *Venetiis*, Aldus, 1513, in-8. A la fin de cet exemplaire, relié en mar. bleu, se trouve la signature du président de Thou (*Cat. d'un amateur*, t. II, p. 327).—Deux volumes des œuvres de Pontanus avec la date de 1516 et de 1518 (ce dernier sur grand papier), cat. de Selle, 1761, nᵒˢ 1244 et 1521.

Pontani Opera, *Venetiis*. 1512, in-fol. (*Biblioth. Grenvilliana*, p. 565).

Marulli Hymni et Epigrammata, *Florentiæ*, 1497, in-4 (*Catalogue d'un amateur*, t. II, nᵒ 325).—*Paris*, 1529, in-8, avec la signature de Grolier, 20 fr. Montmerqué en 1851, nᵒ 613.

Sannazarius. De Partu Virginis, *Venetiis*, *Aldus*, 1527, in-8 (*Biblioth. Grenvilliana*, page 639). — Un exemplaire de l'édition de 1533, en grand papier, à la Bibliothèque impériale. — Un autre exemplaire de 1527, relié en mar. vert, et indiqué dans le *Catalogue d'un amateur* (Renouard), tom. II, p. 320, fut adjugé à 3 l. st. en 1829 ; nous le retrouvons au prix de 2 l. 12 seulement dans un catalogue du libraire Thorpe ; il s'éleva à 300 fr. à la vente Libri en 1847, et à 500 fr. vente Coste, nᵒ 693.

Vidæ Christiados libri VI, *Lugduni*, 1536, in-8 (Bibliothèque impériale).

L. Curtii Epigrammata, libri X, *Mediolani*, 1521, in-fol. (cat. Chardin).

Plautus, *Florentiæ*, 1514, in-8 (catal. Petau). —

Un exemplaire sur vélin se trouvait dans la riche bibliothèque formée par le roi d'Angleterre George III, et que son fils a donnée au Musée Britannique. Dibdin (*Bibliographical Decameron*) signale cet exemplaire comme étant d'une beauté parfaite.

Achillis Bononiensis Apologia in Plautum, *Bononiæ*, 1508 (Bibliothèque impériale).

. Terentius, *Venetiis*, Aldus, 1517, in-8. Exempl. sur vélin (cat. Hohendorf, n° 2915).

Palladius. Coryciana, sive variorum carmina, *Romæ*, 1524, in-4°. — Un exemplaire ayant le titre et des lignes imprimées en or, 50 fr. vente Soubise, n° 2722.

Senecæ Tragediæ, *Venetiis*, Aldus, 1517, in-8 (Bib'iothèque impériale).

Sannazarii Opera, *Venetiis*, Aldus, 1535, in-8 ; 10 fr. seulement vente Courtois en 1822, n° 1383 ; 10 l. st. vente Dent à Londres en 1825. C'est, nous le croyons, le même exemplaire que celui relié en mar. brun qui a été adjugé à 2,050 fr. vente Double ; on assure que cet amateur l'avait payé 2500 fr. en 1858.

Arcadia del Sannazaro, *Venetiis*, Aldus, 1536, in-8 (exempl. en grand papier à la Bibliothèque impériale). — Un exemplaire de l'édition de 1534, 16 l. st. vente Dent.

Apuleius. Asinus aureus, *Bononiæ*, 1500, in-fol.; 10 l. st. 10 sh. vente Sykes en 1824, part. I, n° 153.

Hypnerotomachia Polyphili, *Venetiis*, Aldus, 1499,

in-fol. (Musée Britannique, fonds Cracherode). — On indique aussi un exemplaire sur vélin chez le duc de Devonshire, et un sur papier chez lord Spenser (1).

Heliodorus e græco sermone in latinum translatus a St. Warschewieczki, *Basileæ*, 1552, in-fol. — Un exemplaire porté à 7 l. st. 7 sh. (cat. Thorpe, 1830, n° 2188); 108 l. st. vente Libri en 1859, n° 1214; 3505 fr. L. Double, n° 344.

Geileri Speculum stultorum, *Argentorati*, 1511, in-4; 42 l. st. vente Edwards en 1815; aujourd'hui chez M. Inglis. Voir le *Bibliophile illustré* publié par M. J. Berjeau. (*Londres*, 1861, t. I, p. 56). On y trouve un *fac-simile* de la reliure.

Pandulphini Collenuceii Apologi. *Romæ*, 1526, in-4 (Bibliothèque impériale).

---

(1) Nodier, admirateur de ce livre, a consacré à son auteur une notice romanesque sous le titre de *Franciscus Columna*. Un article de M. de Goumont Loubens, inséré dans le *Complément de l'Encyclopédie moderne* (Didot, t. XII, col. 719), renferme, au sujet de l'*Hypnerotomachia*, une appréciation que nous reproduirons ici, car elle pourrait échapper à bien des bibliophiles : « Ce livre profond et charmant, qui renferme, on peut le dire, la chevalerie des beaux-arts, fut, vers la fin du XV° siècle, le puissant hiérophante de la seconde Renaissance. Il rêva l'antique rajeuni; il en eut la vision avec un sentiment passionné du beau dans cette contemplation éperdûment enivrée du genre antique; il posséda surtout le charme, le philtre de la jeunesse et de l'amour. Tout, dans ce merveilleux chef-d'œuvre, explique l'infatigable création italienne par l'affinité des arts entre eux. Enthousiasme et tendresse, voici l'essence de ce livre unique; il contient le baume extractif le plus pur et le plus odorant de la pensée italienne. »

Origine degli volgari proverbi di Fabrizio degli Cinthii, *Vinegia*, 1527, in-fol. (1). M. Van Praet (second Catal. des livres sur vélin, t. II, p. 113), dit que l'on connaît deux exemplaires de cet ouvrage à la reliure de Grolier : l'un fut acheté 95 florins à la vente Crevenna à Amsterdam, par un amateur irlandais, M. Quin ; l'autre est à la bibliothèque de Parme.

Erasmi Adagia, *Venetiis*, Aldus, 1520, in-fol.—Un exemplaire en mar. bleu est porté au *Catalogue d'un amateur*; t. III, p. 263 ; 1220 fr. en 1854, n° 2305. —Un autre exemplaire, relié en veau fauve, fut payé 400 fr. à la vente Coste, n° 1062. Il avait été vendu 250 francs en 1814. — Un troisième exemplaire fut adjugé 132 fr. vente Mac-Carthy. Sa condition laissait à désirer ; après avoir été réparé, il a été adjugé 20 l. st. à la vente Hibbert.

Lucianus, 1496, in-fol. (Musée Britannique, fonds Cracherode).

Lucianus, latine, 1538, in-fol. (Bibliothèque impériale).

Luciani Opuscula, 1516, in-8 (cat. de Selle, n° 1513, et *Catalogue d'un amateur* (Renouard), t. III, p. 276), 7 l. st. 12 sh. en 1828.

Lucianus. De Amicitia et Symposium, manuscrit

---

(1) On peut consulter, au sujet de ce livre célèbre, une notice de Liebrecht dans les *Annales* (en allemand) *de la littérature romane*, t. I (Berlin, 1858); les détails donnés à ce sujet ont été reproduits en grande partie dans le *Bulletin du Bibliophile*.

sur vélin exécuté en Italie, rel. en veau, 20 fr. vente
Chardin en 1824, n° 2030.

Aulus Gellius, *Venetiis*, 1515, in-8 (cat. Fléchier).

Macrobius, *Venetiis*, Aldus (cat. Fléchier).

Macrobius. De Somno Scipionis, *Brixiæ*, 1501,
in-fol. (cat. Payne et Foss, 1845, p. 135).

Campani opera, 1495, in-fol. (cat. St.-Céran, 1790,
n° 1809). Cet exemplaire a passé en Angleterre.

Cœlii Rhodigini Lectiones antiquæ, *Venetiis*, Aldus, 1526, in-fol. Colonia, *Histoire de Lyon*, t. II,
p. 79, indique un exemplaire qui se trouvait dans la
bibliothèque du collége de la Trinité dans cette ville.

Boccacius. Genealogia Deorum, *Basileæ*, 1522,
in-fol., mar. noir; 400 fr. vente Coste en 1854,
n° 1212.

Niger (Stephanus). Dialogus quo quicquid in græcarum litterarum penetralibus reconditum, *Mediolani*,
1517, in-fol.; l'exemplaire de dédicace, sur papier
fin, rel. en mar. vert, *Bibliotheca Grenvilliana*,
p. 492.

Diogenis, Bruti, Yppocratis epistolæ, 1487, in-4,
veau fauve, tr. dor.; 1100 fr. cat. Coste, n° 1190;
500 fr. M*** décembre 1856, n° 1512; 1200 fr. Solar,
n° 555.

Ciceronis epistolæ, *Venetiis*, Aldus, 1522, in-8,
rel. en mar. noir, 450 fr. Libri, n° 2722, en 1847,
et 905 fr. Coste, n° 1102.

Plinii Epistolæ, *Venetiis*, Aldus, 1502, 7 l. st.
2 sh. vente Hibbert, en 1824.

Plinii Epistolæ, *Venetiis*, Aldus, 1518, in-8. — On trouve indiqué au *Catalogue d'un amateur*, t. III, p. 333, un exemplaire en mar. bleu avec quelques notes de la main de Grolier. Un exemplaire en mar. vert, 825 fr. vente Coste, n° 1106.

Theodoreti Epistolæ, *Florentiæ*, 1522, in-fol.; vente Libri à Londres, en janv. 1849, n° 893, adjugé à 7 l. 11 sh.

Philelphi Epistolæ, *Venetiis*, 1502, in-fol. (catal. Hoym, 3136, vendu 31 livres).

P. Bembi Epistolæ, *Lugduni*, 1538, in-8, mar. (Cat. Hoym, n° 3140, vendu 2 livres 10 sous! Peut-être l'exemplaire était-il défectueux, car un prix aussi misérable s'explique difficilement).

Politiani Enchiridion Epistolarum, *Venetiis*, Aldus, 1498, in-fol. (Bibliothèque impériale).

HISTOIRE.

Ptolomæi Geographia, *Romæ*, 1508 (Bibliothèque impériale). Le nom de Grolier se trouve au second feuillet ainsi que ses armes, mais elles ne sont pas sur la reliure.

Lombardica Historia, auctore Jacobo di Voragine, *Basileæ*, 1490 (Bibliothèque impériale).

Orosius, *Venetiis*, 1500, in-fol. (cat. d'Osborne, libraire à Londres, 1758, n° 1690).

Pausanias. Descriptio Græciæ, latine, *Florentiæ*, 1551, in-fol. (cat. Folkes, de Londres, 1756, n° 3220).

Quintus Curtius, *Lugduni*, 1548, in-16 (cat. Petau).

Xenophontis opera, latine, *Basileœ*, 1534, in-fol.; 75 fr. vente Mac-Carthy en 1816.

Polybius, latine, *Venetiis*, Aldus, 1521, in-8 (Bibliothèque impériale). — Un autre exemplaire à la bibliothèque de la ville de Lyon.

Justini Epitoma in Trogi Pompeii Historias, *Venetiis*, Aldus, 1522, in-8, exemplaire sur pap. fin, rel. en mar. (*Biblioth. Grenvilliana*, p. 381.)

Sallustius, *Venetiis*, Aldus, 1509, in-8 (Bibliothèque impériale).

Sallustius, *Venetiis*, Aldus, 1522, -in-8 (vente d'un anonyme faite par Mauger, 13 vent. an VII, n° 922; probablement le même exemplaire, relié en veau, 22 fr. 50 vente Renouard, en 1804).

Tacitus, *Venetiis*, 1554, in-8 (*Bibliotheca Grenvilliana*, p. 706.)

Cæsaris Commentarii, *Romœ*, 1469, in-fol. (Bibliothèque de Dresde).

Titus Livius, *Venetiis*, Aldus, 1519-23, 5 vol. in-8, (Musée Britannique, fond Cracherode).

Discorsi di Machiavelli sopra la prima decade di Tito Livio, *Vinegia*, Aldo, 1549, in-8; 615 fr. vente Cailhava en 1844, n° 93; très-bel exemplaire (chez M. Yemeniz).

Florus, *Venetiis*, Aldus, s. a. (Bibliothèque impériale).

Valerius Maximus, *Venetiis*, 1534, in-8 (Bibliothèque impériale; exempl. en grand papier). — Un autre exemplaire figure au catalogue Hohendorf, n° 2859. — Un troisième, payé seulement 24 fr. vente Leblond en 1804, est porté au *Catalogue d'un amateur*, t. IV, p. 292 ; il est relié en mar. vert.

Ammianus, *Basileæ*, 1524, in-fol. (Bibliothèque impériale).

Herodianus, *Venetiis*, Aldus, 1524, in-fol. (dans la bibliothèque de Blickling; indiqué par Dibdin, *Introduction to the classics*).

Pii, pontificis maximi, Decadum Blondi Epitome, *Basileæ*, 1533, in-fol. (Bibliothèque de Lyon).

Chronicon Paradini, 1552, in-4 (cat Peteau, 1722).

Montis Ferrati Marchionum et principum successionum series, *Tridinis*, 1521, in-4 (Bibliothèque impériale).

Spectaculorum in successione Philippi... *Antverpiæ*, 1550, in-fol. (Bibliothèque impériale). — Un autre exemplaire relié en veau fauve, 1080 fr. Coste, n° 2370. Le dos était refait.

Bembo. Istoria veneta, 1551, in-fol.; 680 f. vente de Bure en 1853, n° 1540.

Chronici Carionis tertia pars, 1564, in-8, mar. brun; 655 fr. vente Bergeret, en 1858, n° 2278.

Budæus. De Asse, Aldus, 1522, in-4 (cat. Fléchier, 1725). — Un autre exemplaire sur peau vélin figurait au catalogue Soubise, n° 8010; il n'était pas annoncé comme tel, grâce à la négligence insigne qui avait présidé à l'inventaire des richesses de cette ma-

gnifique collection. Il fut adjugé à 402 fr., et il passa
dans le cabinet de M. le comte de Mac-Carthy à Toulouse. Revendu 1500 fr. en 1816, il fut acquis par
lord Spencer.

Le Imagini con tutti i riversi trovati... Enea Vico,
Venezia, 1548, in-4. — Un exemplaire en mar. rouge avec la signature de Grolier a été vendu 1800 fr.
vente Parison en 1856, n° 2343. — Un autre exemplaire rel. en mar. 500 f. Cailhava, n° 863, et 408 fr.
vente du marquis de C. en 1847, n° 544. C'est sans
doute le même que celui qui a figuré à l'exposition
de Manchester.

Discorso di S. Erizzo sopra le medaglie antiche,
Venetia, 1559, in-8 (Bibliothèque impériale).

Ex libris commentariorum in veterum imperatorum
numismata Æneæ Vici liber I, *Venetiis*, Aldus, 1541,
in-4. — Un exemplaire qui avait figuré aux ventes
Folkes et Askew est au Musée Britannique fonds
Cracherode.

Scotorum historia... impressa J. Badii typis (sans
date), in-fol. (chez M. Yemeniz).

Philostratus. Vita Apollonii, 1502, in-fol. (Bibliothèque impériale).

Freculphi Chronicorum libri duo, *Coloniæ*, 1539,
in-fol.; 6 l. st. 2 sh. Heber; la reliure est figurée
dans le *Decameron* de Dibdin.

Agricola. De Mensuris et ponderibus Romanorum,
Basileæ, 1550, in-fol. — Un exemplaire relié en mar.
vert, 34 et 36 fr. ventes Camus de Limare et Saint-

Céran. Le *Manuel* assure qu'on le payerait aujour-d'hui 1000 fr. On trouve au catalogue Thorpe, 1830, nos 31 et 32, deux exemplaires de cet ouvrage à la reliure de Grolier ; l'un d'eux porte la signature du président de Thou.

Polydori Virgilii de rerum inventoribus..., *Basileæ*, 1525, in-fol. — Un exemplaire relié en veau, *Bulletin du Bibliophile*, 1837, n° 1540 ; 500 fr. vente Coste, n° 2498.

De Viris illustribus ordinis Prædicatorum libri sex, auctore Leandro Alberto, *Bononiæ*, 1522, in-fol. (chez M. Yemeniz). Exemplaire payé 303 fr. vente W. et A. A. en 1841.

Vite de' pittori e scultori (secunda parte) di G. Vasari, *Firenze*, 1568 (Bibliothèque de la ville de Lyon).

Grolier ne se bornait pas d'ailleurs à réunir des livres d'élite ; il prêtait aux auteurs et aux savants un appui efficace. Des érudits le prenaient pour leur Mécène. L'ouvrage de Stephanus Niger, *Dialogus quo quicquid in græcarum litterarum penetralibus reconditum...,* (*Mediolani*, 1517, in-fol.,) lui est dédié, ainsi que le Suétone de Lyon, 1508, édité par Gaspar d'Argilensis de Bologne et l'*Opus Musicæ* de Gaffurius (*Mediolani*, 1518, in-fol.). Au verso du feuillet 54 de ce volume, on trouve une pièce de vers latins en son honneur.

La *Grammatica græca* d'Alde Manuce, 1515, contient une préface adressée à Grolier par M. Musurus. Alde dédia à ce patron de la littérature le Térence publié en 1517, et l'édition de l'*Andria*, donnée en 1514, contenait déjà une épître de F. d'Asola à Grolier. C'est encore sous ses auspices que furent publiées les *Lectiones antiquæ* de Rhodiginus et le Traité de Budé, *De Asse*.

On trouve, dans la correspondance d'Érasme, une lettre écrite de Louvain à Grolier, le 24 avril 1568 (*Opera*, t. III, pars I, p. 316). De Thou fait, dans son Histoire, l'éloge de notre bibliophile, et deux ou trois volumes qui ont appartenu au président, et qu viennent de chez le trésorier, démontrent que l'appréciation était dictée par un goût exercé.

Après avoir énuméré les ouvrages ayant appartenu à Grolier dont il avait connaissance, M. Van Praet signale ceux qui proviennent des collections de deux autres bibliophiles du seizième siècle, fort estimés des amateurs, quoiqu'ils ne possèdent pas toute la réputation du célèbre Lyonnais.

Thomas Majoli, qui vivait en 1549, a laissé des volumes dignes d'être placés à côté de ceux de Grolier. Il faisait inscrire sur un des côtés de la couverture le titre de l'ouvrage avec ces mots au bas : THO MAIOL ET AMICORVM, et de l'autre : *Inimici mei mea mihi* (ou *michi*) *non me mihi,* ou bien : *Ingratis servare nephas.* Le *Manuel du libraire* signale un ouvrage de Majoli qui portait la même devise que celle de Grolier : *Portia mea...*

D'après M. Libri (préface du catalogue de Londres, 1859), c'est à tort qu'on suppose généralement que Majoli fut le premier amateur italien dont les dessins servirent de modèle aux étrangers. Il existe des ouvrages du quinzième siècle dont les reliures ont un air de famille avec celles de Majoli, mais sont certainement antérieures. Il a existé un Michel Majoli, et M. Libri possédait (cat. de 1859, n° 474) son *Cœremoniale*, 1516, in-fol. richement relié. Voici l'indication des ouvrages à la reliure de Thomas Majoli qui sont venus à notre connaissance; de nouvelles recherches en feront sans doute encore découvrir d'autres :

Syriaci Interpretatio in Aristotelis libros de Metaphysica, a H. Baoglino latinitate donata, *Venetiis*, 1558, in-4 (Bibliothèque impériale).

Aristotelis Historia animalium, latine, *Basileœ*, 1534, in-fol.; 1260 fr. vente Solar, n° 535.

Susio. Della Ingiustitia del duello, *Venetia*, 1558, in-4. (A la bibliothèque de Dresde. Indiqué dans l'ouvrage de Falkenstein sur cette bibliothèque, p. 133.)

Aristotelis de Republica..., *Parisiis*, 1548, in-4 ; 5 l. st. 5 sh. vente Noailles, en 1836, n° 145.

Aristoteles et Theophrastus, *Basileœ*, 1534, in-fol. Le *Bulletin du Bibliophile* (11ᵉ série, n° 1349) donne un *fac-simile* de la reliure de ce volume, lequel, relié en mar., est offert à 1,000 fr. sur un catal. de M. Techener, 1855, n° 891.

Hortus sanitatis, *Argentorati*, 1536, in-fol. (Bibliothèque impériale).

Narrationes amatoriæ, fragmentum Achillis Tatii,

Lugduni, 1548, in-8. Exempl. rel. en mar. bleu, 85 fr. vente Parison, n° 1214.

Hypnerotomachia Polyphili, *Venetiis*, 1499, in-fol., au Musée Britannique.

Sallustius, *Venetiis*, 1546, in-fol. Cet exemplaire, adjugé 201 fr. vente Pont la Ville, n° 816, et 240 fr. A. Chenest, n° 240, a passé dans la bibliothèque de M. de Cortina à Madrid, qui l'inscrit au n° 7555 du catalogue imprimé de sa riche collection, et qui dit l'avoir payé 1240 réaux (310 fr.) à M. Techener.

Cæsar, *Romæ*, 1469, in-fol, au Musée Britannique.

Florus, *Parisiis*, 1539 (*Biblioth. Grenvilliana*, p. 251).

De Romanorum militia... ex Polybio, *Basileæ*, 1537, in-8 (Bibliothèque impériale).

Blondi (Flavii) de Roma triumphante..., *Basileæ*, 1531, in-fol. Un *fac-simile* de la reliure de cet exemplaire dans le *Bulletin du Bibliophile*, septembre 1858; il figure aux deux ventes Bergeret (novembre 1858, 2,000 fr. n° 2,279, et mai 1859, 2,600 fr. n° 2942).

Nauseæ libri mirabilium septem, *Coloniæ*, 1532, in-4, mar. olive ; 9 l. st. Libri en 1859, n° 1803.

Compendium annalium Francorum, auctore Trithemo, *Parisiis*, 1549, in-fol., veau brun ; vente de Bure en 1853, n° 1414, 320 fr.

Freculphi Chronicorum libri, 1539, in-fol, veau fauve, tr. dor.; 2,050 fr. L. Double, n° 353.

Le second bibliophile dont nous devons parler est

un Belge, un habitant de Bruges, Marc Laurin. Tout
comme les deux collectionneurs qui viennent de nous
occuper, il mettait sur ses livres : M. LAURINI ET
AMICORUM, et de l'autre côté de la couverture il
faisait graver la devise : *Virtus in arduo*. Nous connaissons comme lui ayant appartenu :

Juvénal, Aldus, 1531, in-8 (Bibliothèque impériale).

Ovidius, Aldus, 1515, in-8, exempl. en mar. bleu.
L'auteur du *Manuel du libraire* annonce qu'il le possède, l'ayant acheté à M. Techener.

Plautus, Aldus, 1522, in-8 (Bibliothèque impériale).

Senecæ Tragediæ, Aldus, 1517, in-8 (Bibliothèque impériale).

Xénophon, Aldus, 1515, in-fol., 175 fr. vente Cotte
en 1804; passé en Angleterre.

Plutarchi Vitæ, Aldus, 1509, in-fol., chez M. Lar-
cher, indication de M. Van Praet en 1805.

Ciceronis orationes, vol. primum, *Parisiis*, S. Co-
lines, veau f.; 543 fr. vente L. Double; acheté par
M. Van Trygt, libraire à Bruxelles.

Nous terminerons en consacrant quelques lignes à
un bibliophile italien dont le nom n'a fait de bruit
que dans ces dernières années, mais qui jouit d'une
brillante fortune dans le cercle des amateurs de curiosités de ce genre.

Il s'agit ici de Demetrio Canevari, médecin du
pape Urbain VII.

Il avait adopté pour toutes ses reliures un médaillon qui variait de grandeur pour les formats et les ornements de la dorure, mais dont le sujet restait le même : Apollon conduisant son char sur les flots de la mer.

Quatre volumes décorés de cet ornement ont été signalés depuis peu :

Galeni libri latini, *Veneliis*, 1541, in-fol., mar. vert; 42 l. st. Libri en 1859, n° 1066 ; 1600 fr. Double, n° 355.

Hyginus, *Basileœ*, 1535, in-fol. ; 73 l. st. Libri, n° 1298 ; 1600 fr. Solar.

Giusepo. Antichita Giudaiche, *Vinegia*, 1644, in-8 ; 11 l. st. Libri, n° 1122.

Diodoro Siculo, Justino, *Vinegia*, 1642, in-8, mar.; 1200 fr. Double, n° 1356.

DE QUELQUES TRADUCTIONS BURLESQUES

DE DIVERS POÈTES ANCIENS.

Personne n'ignore quelle fut pendant quelque temps, au milieu du XVIIᵉ siècle, la vogue du burlesque en France. Il y eut un moment où le public ne voulait pas autre chose; les lecteurs demandaient du burlesque chez tous les libraires, les éditeurs réclamaient du burlesque à tous les écrivains. En 1637 le mot n'était pas encore, douze ans après il se trouvait partout.

Une des formes qu'affecta spécialement ce genre de poésies, ce fut la parodie des poëtes les plus célèbres de l'antiquité, et Virgile devint sous ce rapport l'objet d'une prédilection spéciale.

Le *Virgile travesti* de Scarron est resté le chef-d'œuvre de cette branche de littérature. Une réimpression récente est venue grossir le nombre de ses nombreuses

éditions; bien d'autres essais similaires ont été ten-
tés. En 1649, Furetière parodiait le quatrième livre de
l'*Enéide*, et Dufresnoy s'exerçait sur le second livre.
L'année suivante, Brébeuf donnait le septième livre,
et Barciet mettait au jour la *Guerre d'Enée en Italie en
vers burlesques*. En 1652 paraissait le *Virgile goguenard, ou le douzième livre de l'Énéide travesti*. Nous
laissons de côté d'autres mascarades semblables et
fort oubliées (1).

Ovide fut presque autant mis en œuvre que Virgile.
L'*Ovide bouffon* de Richer eut plusieurs éditions de
1649 à 1653; l'*Art d'aimer*, le *Remède d'amour*, furent parodiés à diverses reprises; l'*Ovide en belle humeur* de Dassoucy, quoique fort goûté dans le temps,
ne paraît à un critique moderne qu'une facétie « souvent fort ennuyeuse et toujours fort plate, cherchant
surtout le burlesque dans les anachronismes les
plus violents »

Les *Odes d'Horace en vers burlesques* (Leyde, Sambix,

---

(1) Consulter dans l'ouvrage de M. Victor Fournel (*La Littérature
indépendante et les écrivains oubliés*) une étude sur *le burlesque en
France, et en particulier le Virgile travesti de Scarron*. On y trouvera des détails que nous nous garderons bien de reproduire. Le savant
critique mentionne divers ouvrages du même genre publiés au XIXᵉ siècle; nous ajouterons à ses indications l'*Enéide des gens du monde*,
imitation libre de Virgile, par Julien Bonhomme, premier livre (et unique), 1827, in-8, 96 pages; la *Quasi-Enéide, ou traduction libre de
l'Enéide en vers français*, liv. I, 1834, in-8, 48 pages.

1653, in-12, 64 pages) sont l'œuvre d'un très-mauvais écrivain, H. Picou, qui, la même année, publia l'*Odyssée en vers burlesques*. M. Daru a dit avec raison qu'heureusement cette misérable traduction n'est pas complète; elle est cependant, à cause de sa rareté, très-recherchée des amateurs d'impressions elzeviriennes.

Le dialecte patois du midi de la France se prêtait merveilleusement aux fantaisies du burlesque, et les rimeurs languedociens s'empressèrent de se jeter dans la voie que la mode leur indiquait. Dès 1648, Valès de Mountech publiait son *Virgile deguisat, o l'Eneïdo burlesco* (Toulouse, in-4). Ce volume ne contient que les quatre premiers livres, mais l'ouvrage entier subsiste, et le manuscrit est entre les mains d'un bibliophile aussi instruit que zélé, M. Noulet, docteur-médecin à Toulouse, qui donne à cet égard d'intéressants détails dans son très-curieux *Essai sur l'histoire littéraire des patois du midi de la France* (Paris, Techener, 1859, in-8., p. 125 et suiv.) : « Dans ce long « travail, Valès a suivi de tout point le système de « Scarron; les actions héroïques y sont constamment « converties en actions triviales, et le lecteur vient « fréquemment se heurter contre les anachronismes « les plus criants. Seulement le poëte languedocien, « moins sûr de lui ou plus contenu, ne s'égare que « rarement dans des digressions qui sont sans fin « dans le modèle. »

M. Du Mège (*Statistique des départements des Pyré-*

nées, t. II, p. 314) signale le travail de Valès comme très-remarquable; l'auteur y montre une grande connaissance des richesses de l'idiome qu'il avait adopté. La *Biographie toulousaine* (tome II, p. 361) donne quelques détails sur Valès et rapporte l'épître dédicatoire qui précède son travail.

En 1652, un habitant de Narbonne, Bergoing, fit paraître le quatrième livre de l'Enéide *revestit de naout et habilhat à la brullesco* (in-4). M. Noulet juge cette parodie avec quelque sévérité; cette composition, qui paraît avoir été soigneusement travaillée, offre constamment le terre à terre du burlesque sans la triviale mais parfois spirituelle faconde et les traits risqués dont Scarron avait assaisonné ce genre.

Une des productions les moins connues de la muse patoise en ce genre (1) est un petit volume in-12 de 276 pages contenant les livres I, II, IV et VI, par L. B., avocat à Béziers (*Béziers, Martel*, 1682).

Nous ne voulons point donner trop d'étendue à des citations en dialecte languedocien, qui ne serait pas intelligible pour tous les lecteurs, mais nous croyons cependant pouvoir transcrire quelques passages de cette *traductieou*.

---

(1) Consulter, sur ces diverses imitations en patois, un article dans la *Revue du Midi*, seconde série, tome I (*Montpellier*, avril 1844), p. 244-256.

Voici comment l'avocat de Béziers a rendu le mor
ceau si connu qui débute par ce vers :

Conticuere omnes, intentique ora tenebant :

L'uché per touto l'audiensso ,
Cridet : La pax et lou silensso !
Degus n'oun gausavo parla ,
Ausias uno mousco voula.
Alaro Enco, lou boun pero ,
D'el liech an lou cap sul coulissi
Ple de chagrin et de souci
D'un souveni que l'impourtuno ,
Coumensso aital soun infourtuno :
« Princesso , toun coumandamen
Me renouvelo moun tourmen
Coussi lous Grecs ferou lour proyo
D'el paure rouyaume de Troyo,
Taleñ que fouguerou dedins :
N'autres, coumo lous Granadins,
Aven souffert, incaro pire ,
De mals qu'oun se podou pas dire ;
Degus nou sap miliou que yeou
Per ave vist touto l'actieou :
Et peï qu'al despens de ma vido
Naï fach la miliouno partido...
Et la neit a couvert lou sol
Deja de sa raubo de dol ;
L'astre d'el jour et las planctos
Que s'en van fa las candeletos
Per tourna prene lour cami
Me disou de m'ana dourmi ;
Maïs pei que l'evejo te pico
De saupre l'histoiro tragico,

D'ausi nostro desoulatieou,
Per satisfaïre à ta passieou,
Incaro que moun cor fougisco,
De s'en souveni tant qu'yeou visco,
Dins pauc de mouts yeou te diraï
Princesso, so qu'yeou ne sauraï. »

Citons aussi les imprécations de Didon, lorsque Énée lui déclare qu'il doit, d'après l'ordre des dieux, quitter Carthage pour se rendre en Italie. Nous choisissons ce passage afin qu'on puisse le comparer avec l'imitation correspondante qui fait partie du *Virgile virai en bourguignon*, et qui est reproduit dans les *Mélanges extraits d'une petite Bibliothèque* (1), par Charles Nodier (*Paris*, 1828, in-8, page 149).

El acavabo de parla
Qu'an de cops d'els deça dela
Didoun d'haut en bas lou regardo :
Ajet prés del nas la moustardo,
D'ausi tant de rasounamen :
Et l'y respoundet brusquomen,
Lous els hors d'el cap de coulero :
« Tu n'as jamaïs agut per mero
Cytherco, et jamaï Dardan
Oun t'avouet per soun effan :

---

(1) Didon en padi coutenance
Et pendant qu'Aigniai debridòo
Lai daime vo le regardòo
Depu lé pié jusqu'ai lai tête,
« Quel Juda, fit elle, quei trète !... »

Cal qu'uno tigresso cruelo
T'ajo nourrit de sa mamelo ,
Dins cauque desert escartat ,
Per t'inspira sa cruautat.
Que servis de s'en faïre creïre,
Ma t'y jamaï voulgudo veïre
Lou traïte per me counsoula ?
N'oun cal pas res dissimula ,
A-t-y gitado cap de larmo ?...
Aro noun y a ges de franchiso ;
Laï mes al pan de ma camiso ,
Aï retirat aquel maudit ,
Al tems qu'ero foro bandit ,
Miserable sus moun rivatge ,
L'yaï baillat moun septre en partatge ,
Aï sauvat sas gens de la mort ,
Ha moun armo és dins lou transport ,
D'ausi tout aquel badinatge :
Jupiter l'y mando un messatge ,
Apolloun lou ven averti
D'ana dins lou païs lati ,
Hé qu'uno plasento impousturo !
A vist dins moun palaïs Mercuro ,
Coumo s'al miềch de lour repaus ,
On creï que lous Dicous sioù ta baus
De s'ana metre dins la testo
S'Eneo partis ou s'arresto.
Yeou n'oun voli pus t'escouta
Et mens incaro t'arresta.
Vaï ten al diables dins ta terro ,
Que lous vens té fassou la guerro ! »

Nous avons mentionné le *Virgile virai en bourgui-gnon*. Les deux premiers livres et le commencement

du troisième, imprimés en 1718-20, forment un volume
devenu rare. Les livres II, IV et VI, avec quelques
épisodes empruntés aux autres livres, ont été imprimés à Dijon en 1831, grand in-18, avec un discours préliminaire signé G. P. (Gabriel Peignot).
M. Raynouard a consacré, dans le *Journal des Savants*
(janvier 1832), une notice à cette œuvre badine. Il
trouve qu'elle se distingue par un style naturel et
naïf parsemé de traits d'esprit d'autant plus frap-
pants et agréables qu'ils semblent n'être que la simple expression de la bonhomie et de la candeur. Toutefois il ne faut pas s'y méprendre; sous cet air de
bonhomie, il y a un cachet de finesse narquoise;
l'esprit bourguignon n'aurait pas abjuré ses droits
ni dissimulé ses tendances dans une œuvre badine
de ce genre. Il existe diverses copies du *Virgile virai*
offrant entre elles des variantes nombreuses; renvoyons au livre fort estimable de M. Mignard : *Histoire de l'idiome bourguignon et de sa littérature*,
Dijon, 1856, p. 218 et suiv.

Les divers écrivains qui, soit en français, soit en
patois, s'étaient proposé de parodier le chantre
d'Énée, avaient tous essayé, avec plus ou moins de
bonheur, de jeter de la gaieté dans leurs productions.

La plus malencontreuse et la moins amusante
de ces tentatives vit le jour en 1807 sous le titre
de :

Virgile en France, ou la Nouvelle Énéide, poëme

héroïcomique en style franco-gothique, par Le Plat du
Temple (*Offenbach* 1807, 2 vol. in-8). L'auteur de
cette étrange production était un royaliste fort ennemi de la Révolution, et faiblement disposé en faveur
du gouvernement impérial. Dans ses récits, il mêle
l'histoire moderne aux aventures d'Énée et de Didon,
et il produit ainsi le plus bizarre assemblage. Il
expose lui-même sa théorie :

« L'application des événements de nos jours est
« répandue dans tout l'ouvrage pour autant que le
« texte original a pu le comporter, avec les légers
« changements que j'y ai faits, et j'ai tâché de faire
« entrer dans les épisodes convenables les traits les
« plus marquants de notre histoire. »

Ce prétendu poëme avait d'abord été écrit en fla-
mand ; mais des connaisseurs, des juges éclairés et
impartiaux, ayant voulu le voir sous une nouvelle
forme un peu plus imposante en français, M. Le Plat
du Temple consentit à le faire passer dans notre langue, tout en s'avisant d'un procédé sans exemple,
et qui sans doute ne trouvera pas d'imitateurs. Il
s'est essayé à parodier le texte même de Virgile, à
mettre dans les vers de l'Énéide une multitude de
barbarismes, de solécismes, de fautes de quantité,
de bévues, qui attireraient un juste châtiment sur un
écolier de sixième.

Dans le second chant, par exemple, c'est saint Denis qui apparaît à Énée au lieu d'Hector ; mais, le nom du saint étant omis, on ne sait trop ce que signifient ces lignes barbares :

Mæsissimus heros,
Captatus liviis, ut quondam, æterque cruenta
Pulvere, perque manus sua portans ora trementis.

« Un héros affligé, pris comme autrefois dans un « carrefour, portant sa tête dans ses mains trem- « blantes. »

A côté des vers latins qu'il défigure outrageusement, Le Plat du Temple place une traduction digne du texte qu'il a refait.

« Tout à coup j'aperçus, ce n'est pas un mensonge,
Notre grand saint Denis qui m'apparut en songe,
Portant dans ses deux mains son chef encor saignant ;
Il s'avançait vers moi d'un pas très-chancelant.
Grand Dieu, qu'il était laid ! Tout couvert de poussière,
Des larmes échappaient à sa large paupière ;
Sa barbe se collait à sa bouche, et le sang
De son vieux col tronqué l'arrosait en tout sens. »

Dans le festin que la reine de Carthage donne à Énée, on chante la *Marseillaise* et le *Réveil du peuple*.

Parmi les convives figurent des Cophtes, des Juifs et des Jacobins :

Cent paladins couverts de féerique brodure,
Les monarques, les beys, les chefs de préfecture,
Le corps diplomatique et les grands alfaquins,

Assistaient en costume à ces banquets divins !...
Cent estaflers dorés, sous livrée amarante,
En madrés cristallins présentent l'Alicante,
Et les perles d'Aï, les rubis de Vougeot,
Disputoient la victoire au nectar cypriot.
Tandis qu'on dépeçoit la volaille du Phase,
On raffine le jeu de la paranomase;
On éclate en bons mots, en calembours d'esprit;
On pointille, on badine, on applaudit, on rit. »

Après s'être levé de table,

On se rend au théâtre,
Où l'on représentait *César et Cléopatre*.

De retour au salon, les courtisans font une bouil-
lotte, tandis qu'Énée et Didon se retirent dans un
coin pour faire une partie de piquet.

Didon, sans cesse au jeu cherchant les yeux d'Enée,
D'un roi pour un valet régaloit la livrée;
Le général adroit comprit ce double jeu;
Ses yeux pompaient autant qu'il inspiroit de feu.

Dans le récit de la prise de Troie, Virgile mentionne un guerrier du nom de Dymas; mais ce qu'aucun commentateur n'aurait soupçonné, c'est que ce
Dymas était le général Dumas.

« Le général Dumas, avec son adjudant
Et deux de ses amis, nous joignit à l'instant,

Avec sa troupe errante, au beau clair de Diane,
Près du bureau central il battoit la diane.
Nous fûmes renforcés par le jeune Mygdon,
Le fils d'un général fabricant d'amidon ;
C'étoit par pur hasard qu'il se trouvoit en ville
Pour venir épouser de Cassandre la fille ;
Il voloit au secours des partisans des rois,
Car son beau-père étoit royaliste deux fois. »

Constatons, non sans plaisir, que le nouveau Virgile est bien plus inquiet de sa femme. Après l'avoir perdue, il fait, pour la retrouver, beaucoup de chemin ; du fond du faubourg Saint-Antoine, il va à l'extrémité des Champs-Élysées ; il parcourt les Tuileries, où :

Des Jacobins choisis
Dévastoient les lambris des augustes pourpris.

« Je regagne bientôt la barrière du Trône
Pour découvrir les pas de ma bonne matrône,
Car elle avait le pied si mignon, si petit,
Que même je l'aurais reconnu dans la nuit...
Je courus du palais au faubourg en Chartreuse,
Criant à haute voix : ô ma femme ! ô ma Creuse !
Auriez-vous eu le sort de la fille de Loth,
Puisqu'à mes cris plaintifs vous ne répondez mot ? »

Mais nous nous sommes arrêté trop longtemps sur ces platitudes ; notre excuse sera que le *Virgile en France* est un livre très- rare et resté inachevé ; l'édition fut détruite par ordre du gouvernement français, immédiatement après l'impression (*Catalogue Van Hulthem*, n° 24,282). Un journal fort peu lu aujourd'hui, le *Mercure*, 1808, t. XXXI, p. 130, consacre un article au premier volume, et fait remarquer que l'auteur faisait rimer *chaviré* avec *importés*.

FIN.

TABLE.

—